親切的、活潑的、趣味的、致用的

實用歷史叢書

遠流出版公司

曇花王朝：隋帝國的短暫與輝煌

作　　者——張　程
責任編輯——陳穗錚
發 行 人——王榮文
出版發行——遠流出版事業股份有限公司
臺北市10084南昌路2段81號6樓
電話／2392-6899　傳真／2392-6658
郵撥／0189456-1
著作權顧問——蕭雄淋律師
2015年7月1日　初版一刷
售價新台幣 320 元　（缺頁或破損的書，請寄回更換）

ISBN 978-957-32-7660-9

YLib 遠流博識網
http://www.ylib.com　E-mail:ylib@ylib.com

實用歷史叢書

曇花王朝：隋帝國的短暫與輝煌

《實用歷史叢書》

出版緣起

王榮文

‧歷史就是大個案

《實用歷史叢書》的基本概念，就是想把人類歷史當做一個（或無數個）大個案來看待。

本來，「個案研究方法」的精神，正是因為相信「智慧不可歸納條陳」，所以要學習者親自接近事實，自行尋找「經驗的教訓」。

經驗到底是教訓還是限制？歷史究竟是啟蒙還是成見？——或者說，歷史經驗有什麼用？可不可用？——一直也就是聚訟紛紜的大疑問，但在我們的「個案」概念下，叢書名稱中的「歷史」，與蘭克（Ranke）名言「歷史學家除了描寫事實『一如其發生之情況』外，再無其他目標」中所指的史學研究活動，大抵是不相涉的。在這裡，我們更接近於把歷史當做人間社會情境體悟的材料，或者說，我們把歷史（或某一組歷史陳述）當做「媒介」。

‧從過去了解現在

為什麼要這樣做？因為我們對一切歷史情境（milieu）感到好奇，我們想浸淫在某個時代的思考環境來體會另一個人的限制與突破，因而對現時世界有一種新的想像。

通過了解歷史人物的處境與方案，我們找到了另一種智力上的樂趣，也許化做通俗的例子我們可以問：「如果拿破崙擔任遠東百貨公司總經理，他會怎麼做？」或「如果諸葛亮主持自立報系，他會和兩大報紙持哪一種和與戰的關係？」

從過去了解現在，我們並不真正尋找「重複的歷史」，我們也不尋找絕對的或相對的情境近似性。「歷史個案」的概念，比較接近情境的演練，因為一個成熟的思考者預先暴露在眾多的「經驗」裡，自行發展出一組對應的策略，因而就有了「教育」的功能。

・從現在了解過去

就像費夫爾（L. Febvre）說的，歷史其實是根據活人的需要向死人索求答案，在歷史理解中，現在與過去一向是糾纏不清的。

在這一個圍城之日，史家陳寅恪在倉皇逃死之際，取一巾箱坊本《建炎以來繫年要錄》，抱持誦讀，讀到汴京圍困屈降諸卷，淪城之日，謠言與烽火同時流竄；陳氏取當日身歷目睹之事與史實印證，不覺汗流浹背，覺得生平讀史從無如此親切有味之快感。

觀察並分析我們「現在的景觀」，正是提供我們一種了解過去的視野。歷史做為一種智性活動，也在這裡得到新的可能和活力。

如果我們在新的現時經驗中，取得新的了解過去的基礎，像一位作家寫《商用廿五史》，用企業組織的經驗，重新理解每一個朝代「經營組織」（即朝廷）的任務、使命、環境與對策，竟然就呈現一個新的景觀，證明這條路另有強大的生命力。

我們刻意選擇了《實用歷史叢書》的路，正是因為我們感覺到它的潛力。我們知道，標新並不見得有力量，然而立異卻不見得沒收穫；刻意塑造一個「求異」之路，就是想移動認知的軸心，給我們自己一些異端的空間，因而使歷史閱讀活動增添了親切的、活潑的、趣味的、致用的「新歷史之旅」。

你是一個歷史的嗜讀者或思索者嗎？你是一位專業的或業餘的歷史家嗎？你願意給自己一個偏離正軌的樂趣嗎？請走入這個叢書開放的大門。

目錄

曇花王朝。

隋帝國的短暫與輝煌

張程——著

第一章

百年亂世出新朝

當今的大丞相從自己外孫的手裡篡奪了天下，坐上了龍椅。這個不厚道的外祖父就是隋朝的開創者楊堅。更猛的「爆料」是：楊堅的丞相職位是乘女婿皇帝暴斃之機，勾結兩個深宮近臣，偽造詔書自己任命的。如此匪夷所思的情節，讓許多人難以接受楊堅這個人物。但北周的臣民們坦然接受了這樣的結果。因為他們見過太多的改朝換代和篡位陰謀了，並不吝嗇也給楊堅一次表現的機會，或許他還能給天下帶來積極的變化也說不定。

事實上，楊堅的確給天下帶來了積極的改變。他是本章毫無疑問的主角。高熲是居功甚偉的配角。

西魏大統三年（西元五三七年），北方的西魏王朝和南方的梁朝經過外交協商，接收了一批流亡在梁朝的西魏將領。這些將領包括賀拔勝、獨孤信等名將。西魏權相宇文泰非但沒有懲罰他們，還熱情接見，封官晉爵（比如賀拔勝被封為太師，獨孤信被提升為驃騎大將軍，加侍中、開府）。「歸來」的遊子們立即感受到了「組織的溫暖」。

將領名單中有一個不起眼的角色——獨孤信的部將楊忠。宇文泰第一眼看見楊忠，就注意到了他那漂亮的髭鬚和威猛的體態，再一仔細詢問，宇文泰更是吃驚：楊忠將軍不僅相貌不凡，膽子更佳。人家是提刀射箭去殺野獸，楊忠是左臂夾住野獸腰，右手拔掉野獸的舌頭，赤手空拳幹掉一頭猛獸。宇文泰當即拍板：人才，難得的人才啊，楊忠調入我的帳下聽用。

如果宇文泰知道正是楊忠的兒子日後篡奪了宇文氏的天下，他很可能會為自己對楊忠的信任和重用感到後悔。

普六茹一家

一

楊忠作為宇文泰的心腹重將，追隨宇文泰，在對突厥、東魏和南梁的戰爭中屢建戰功。宇文家族後來創建了北周王朝，楊忠也就成為了王朝的開國元勳。

宇文泰特別感激楊忠的忠誠和功勞，決定給楊忠家族賜姓「普六茹」。

「楊忠」也就變成了「普六茹忠」。姓氏的改變，在漢人看來是一件大事，說得不好聽一點，是「數典忘祖」的表現。可在宇文泰看來，這是一個天大的恩賜。宇文泰是鮮卑人，當時的華北是鮮卑等少數民族的天下。北魏王朝也好，宇文泰建立的北周王朝也好，都是少數民族建立的王朝。楊忠是正兒八經的漢人，出身於北魏邊鎮晉北的漢族家庭，在血與火的戰場上立下再大的功勞，當了再大的官，在少數民族統治者看來依然是個異族的奴才，「非我族類，其心必異」。現在，宇文泰賜姓，是少數民族統治者從內心裡認同楊忠是自己人，是族人。這不是天大的恩賜，是什麼？

楊忠只能接受這樣的恩賜，誰讓你是人家帳下的奴才呢。

在亂世之中，楊忠已經是一個幸運兒了。楊忠出身於陰山腳下的武川鎮。北魏王朝為了抵禦北方游牧民族，在北方設置了六大要塞，屯兵把守，稱為六鎮。武川是其中之一。六鎮官兵多是胡漢雜處，在北魏政治格局中逐漸邊緣化，境遇每況愈下，六鎮也就成了禍亂的策源地。北周的宇文氏、北齊的高氏、隋朝的楊氏、唐朝的李氏，其實都出自六鎮的兵家。

楊忠生長在武川鎮一個胡化的漢人家族，出身很低。儘管正史給楊忠安上了將門世系，但是真假難辨。少年楊忠的日子很苦，年輕時又遇到邊鎮騷動、北方大亂。一開始，楊忠不想像多數年輕人一樣去當兵，而是希望過平穩安逸的生活，所以就拚命地往南方逃亡。但是跑到北魏南部邊境的時候，那裡也在打仗。楊忠不得已，也參了軍，做了一名北魏政府軍士兵。爾朱榮發動河陰之變❶後，北魏的北海王元顥等宗室和高官南逃投降了梁朝。楊忠也莫名其妙地被裹挾在這股南逃的潮流中，到了江南。不久，南梁扶持元顥返回中原爭奪帝位，楊忠又莫名其妙地隨軍返回了中原。爾朱榮打敗了這股北上的軍隊，楊忠做了俘虜。因為身強體壯，楊忠被編入爾朱榮麾下將軍獨孤信的部隊，繼續當兵吃糧。北魏分裂後，楊忠追隨獨孤信西入關中，投入宇文泰的陣營。獨孤信的部隊被派去收復東魏的荊州，結果一敗塗地。獨孤信、楊忠等人只好逃亡江南，這一遊蕩就是三年，直到被宇文泰交涉接收回北方。

宇文泰死後，遺命姪子宇文護輔佐年幼的兒子宇文覺執政。楊忠繼續是宇文政權的鐵桿將領，因功受封為柱國、隨國公（後改為隋國公）。楊忠歷經了宇文泰、宇文覺（孝閔帝）、宇文毓（明帝）、宇文邕（武帝）四朝，在北周天和三年（五六八年）因病結束征戰生活，回到京城長安（今陝西西安）。皇帝宇文邕和主政的宇文護親自到楊家探望病情，授予楊忠帝國元勳的榮耀。幾天後，楊忠死在家中。

《隋書》對楊忠的記載相當簡單：「皇考從周太祖起義關西，賜姓普六茹氏，位至柱國、大司空、隋國公。薨，贈太保，謚曰桓。」

二

楊忠留下了一個了不起的兒子：楊堅（普六茹堅）。

大統七年（五四一年）六月癸丑夜，楊堅出生在馮翊的般若寺，母親是呂氏。亂世裡養活一個孩子很難。楊忠很迷信，就把楊堅放在寺廟中，覺得那樣可能會好養活一點，還給兒子取了個小名「那羅延」。那羅延是鮮卑語，原義是「金剛不壞」。楊堅果然沒壞，在寺廟生活了十二年。

等楊堅大富大貴以後，官方給楊堅的出身和出生造了很多「謠言」，什麼楊堅誕生的時刻「紫氣充庭」、小時候頭上長龍角等等。得到楊堅本人肯定的一個「謠言」說楊堅出身於著名的弘農楊氏❷，是漢太尉楊震的第十四世孫。這樣顯赫的出身已經難以考證，可以確定的是起碼楊堅的父親楊忠沒有享受到這樣的出身帶來的任何好處。楊忠奮鬥一生，留給兒子最大的遺產就是「普六茹」的姓氏。

人一旦出名了，是非就多，就很難被他人看清楚。當時的大學問家李德林後來專門寫了〈天命論〉，吹捧楊堅的外貌說：「帝體貌多奇，其面有日月河海，赤龍自通，天角洪大，雙上權骨，彎迴抱目，口如四字，聲若鍾鼓。手內有王文，及受九錫，王生文加點乃為主，昊天成命，於是乎在。顧盼閒雅，望之如神，氣調精靈，括囊宇宙，威範也可敬，慈愛也可親，早任公卿，聲望自重。」李德林將楊堅身上的特徵都和天命、日月等敏感事物聯繫在一起，極力論證楊堅的形象就注定了他必將成為皇帝。實際上，楊堅因為遺傳的關係，長得像楊忠一樣威猛魁梧——我們看那一時期的雕塑，武將的形象大致如此。一代梟雄宇文泰看了楊堅後，感歎說這個小孩子長得很好，不像是來自於晉北那樣的北方邊鎮。宇文毓即位後還曾經派遣善於相面的趙昭去觀察楊堅，看看這個小孩子日後會不會成為奸雄。趙昭回來對宇文毓說：「楊堅不過是做柱國的料。」杜國類似於大將軍，意思是說楊堅日後最高也就做到大將軍，不會對北周的皇位造成威脅。但是一轉身，趙昭就悄悄對楊堅說：「你以後肯定會登基做皇帝的，但是要先經歷一場殘酷的殺戮才能平定天下。」

楊堅十四歲的時候得益於家庭的幫助進入政壇，在首都做了一名功曹。因為父親的功勳，楊堅在兩年時間裡就升到了驃騎大將軍的高位；宇文毓即位時，進封大興郡公。宇文邕登基後，任命不滿二十歲的楊堅做了隨州刺史的實職。

天和元年（五六六年），楊忠的好朋友、柱國大將軍獨孤信把剛十四歲的女兒伽羅許配給楊堅。獨孤伽羅就是日後著名的獨孤皇后。兩家聯姻，關係更進一步。獨孤信所代表的關隴軍隊勢力站到了楊堅一邊。順便說一句，這個獨孤信非常厲害，分別將三個女兒嫁給了周明帝宇文毓、楊堅和貴族李家。嫁入李家的那個女兒生前沒有另兩個姊妹的榮耀，但生下了唐高祖李淵，在唐代很得好處。

楊堅進入仕途之初，宇文護主政北周。宇文護不知為什麼，看楊堅特別不順眼，多次想加害他。他曾晉升楊堅職位，想拉攏他為自己所用。楊堅問父親怎麼辦，楊忠只淡淡說了一句：「少說話多做事，要和權臣保持距離，要學會明哲保身。」楊堅照做了，宇文護也無計可施。不久楊忠病死，楊堅襲爵為隋國公。不滿宇文護的周武帝宇文邕聘楊堅的長女楊麗華為皇太子妃，給楊堅的地位上了一層保險。

楊忠死後四年，宇文邕誅殺了主政的宇文護，開始親政。北周的前兩任皇帝在位都很短，無所作為，宇文邕卻是一位偉大的君主。北周帝國在宇文邕的治理下，逐漸強大。他力排眾議，御駕親征，消滅了北齊王朝。從此北周擁有了黃河流域和長江上游地區。

這時，齊王宇文憲勸宇文邕說：「普六茹堅這小子有反相，不會甘心居於人下，應該早日除去這個禍害。」宇文邕說：「我只讓他做到大將軍，不會有事的。」話雖如此，宇文邕還是對相貌奇特、出身將門的楊堅產生了猜忌之心。內史王軌又勸宇文邕說：「皇太子不像是個好君主，而楊堅卻有反相，恐怕日後……」宇文邕見有人說自己接班人的壞話，不高興了：「有天命在，能怎麼辦，能有什麼事情？」

雄才大略的宇文邕下不了剷除功臣、親家楊堅的決心。楊堅聽了這些對話後不免心驚膽戰起來。在宇文護主政時，楊堅就學會了韜光養晦，現在繼續裝出一副平庸木訥的樣子來，「苦練內功」。儘管不斷有人想打擊楊堅，但楊氏家族、獨孤家族的勢力護衛著楊堅基本的地位，加上楊堅又是皇親國戚，所以這些明槍暗箭始終不能對楊堅構成致命的威脅。

三

吞併北齊的第二年（建德七年，五七八年），宇文邕在征討突厥時暴病而亡，年僅三十五歲。

宇文邕在世時，挑選長子宇文贇作為接班人。他對宇文贇的要求非常嚴格，動不動就施用體罰，頗有恨鐵不成鋼的意思。宇文邕嚴令太子的屬官們每月寫一份詳細報告，稟明太子在這個月的所作所為；還常常警告宇文贇：「從古至今被廢的太子數目不少，難道我別的兒子就不堪繼任大統嗎？」儘管父親從來沒有將更立太子的事情提上日程，但宇文贇始終生活在戰戰兢兢、如履薄冰的日子裡。宇文贇原本好酒好色，現在不得不壓抑自己的癖好，堅持每天和大臣們一樣，五六點鐘就佇立於殿門外等待父皇早朝，即使是嚴寒酷暑也不例外；堅持待人接物不卑不亢，說話溫文爾雅。因此，宇文邕對宇文贇的表現大致還是滿意的。

實際上宇文贇是個傑出的演員。宇文贇平常因為有老爹的嚴格管教，言行不僅正常，而且還多有值得稱讚的地方。歷史上出現過很多像他這樣登基之前規規矩矩，實則滿肚子男盜女娼的太子。一旦父親去世，沒有人再拘束他們，他們就會坐在皇位上將天下鬧得天翻地覆。

宇文邕早逝的時候，宇文贇剛好二十歲。父親的棺材還擺放於宮中沒有入殮，宇文贇就原形畢露。他不但絲毫沒有悲傷之色，而且還撫摸著腳上的杖痕，惡狠狠地對著父親的棺材大聲叫罵：「死得太晚了！」宇文贇將父親的嬪妃、宮女都叫到面前，排隊閱視，凡是長得漂亮、自己喜歡的都納入後宮，毫不顧及人倫綱常。從此，宇文贇開始了淫蕩荒唐的執政生涯。

宇文贇不僅胡作非為，還有嚴重的虐待和暴力傾向。他喜歡把雞隻和碎瓦倒懸在車上，聽雞的哀號。他喜歡打人，常常對大臣動粗，打起來不是一下兩下地打，而是一百下兩百下地打。宇文贇覺得誰有問題、有二心，就把誰叫到跟前來領「天杖」。所謂的「天杖」就是打板子。（據說，「廷杖」制度就是宇文贇發明的。）宇文贇喜怒無常，就連最得寵的嬪妃，也常常無理由地被毆打得遍體鱗傷。結果就造成了周宣帝時期，其他人看到皇帝，都重足而立，不敢呼吸。

周宣帝宇文贇在寶座上肆虐了九個月後，覺得做皇帝太麻煩了，亂七八糟的事情太多，乾脆在大成元年（五七九年）二月，才二十一歲的他就禪位給了年僅七歲的兒子宇文闡（周靜帝），做起了「太上皇」。其實是脫離了具體的事務，一門心思在胡作非為的道路上狂奔到底。禪位後的宇文贇就通過劉昉、鄭譯兩個人來上傳下達，掌握實權。

鄭譯、劉昉二人都是世家子弟出身，祖祖輩輩皆為大官。因為政治起點高，他們才能長期活動在宮廷中，又和宇文贇臭味相投，從小就和宇文贇廝混在一起。宇文贇將他們當作心腹。這樣的宮廷政治人物通常都輕浮奸詐，隨性妄動。比如劉昉「性輕狡，有姦數」，「及宣帝嗣位，以技佞見狎，出入宮掖，寵冠一時」。劉昉在宮廷中的輕浮狂妄的舉動，曾經使他受到廢黜。但宇文贇離不開這樣的角色，不久又任命他為大都督，升任小御正，與御正中大夫顏之儀一起主持宮廷事務。鄭譯的情況也差不多，先是在宮中歡歌狎飲被宇文邕除名為民，後來又擅自把修建皇宮的木材運回自己家造房子，被宇文贇削職為民。鄭譯雖然不成器，但很對宇文贇的脾胃。加上劉昉多次為鄭譯求情，宇文贇很快將鄭譯叫到後宮中陪吃陪喝陪玩耍，還把鄭譯作為自己和外面的聯絡人。

既荒唐又專制的宇文贇對岳父楊堅早起了疑心。

表面上，宇文贇即位後，楊堅的長女楊麗華升為了皇后。國丈楊堅跟著晉升為大司馬，封隋國公，看似尊貴無比。實際上，楊堅在暴君宇文贇統治下，遭遇了前所未有的危機。本來還想著女兒是皇后，比其他人多了一道護身符，想不到宇文贇廢除了一帝一后制，冊立了四位皇后。後來又另立一后。這樣，北周就同時有五位皇后了。五家外戚如何相處，難免產生矛盾。宇文贇每次都拿楊家出氣，衝著楊堅的女兒大叫：「我一定要族誅了你們楊家！」他好幾次召見楊堅，對左右衛士說：「如果一會楊堅在席上神色有所異常，就立即殺了他。」好在楊堅韜光養晦了幾十年，已經修煉得穩若泰山了，不管宇文贇說什麼，他都神色坦然，這才沒有遇害。宇文贇既沒有楊堅謀反野心的真憑實據，又礙於他是自己的岳父大人，更難下決心除掉楊堅了。

那麼楊堅到底有沒有「不臣之心」呢？北魏、北周延續下來的是一個到處君臣相殘、朝代興亡的亂世，形勢瞬息萬變。要讓一個人，尤其是位高權重的大臣，對某個王朝忠誠得死心塌地，是不太現實的事情。楊堅不是聖人，對北周王朝沒有「愚忠」。他前腳剛從宇文贇的鬼門關前撿回一條命來，後腳就對心腹說：「宇文贇這麼亂搞，遲早要出事的！我看他的相貌，是個短命相，而各個宗室親王又散居力弱，不久朝廷就會有大變亂了。」楊堅的這個判斷，現實得驚人，哪裡是一個「忠臣」應該說的話。

儘管楊堅對北周王朝懷有了異心，但最現實、最緊迫的問題是自己如何在暴君宇文贇的手下保命。只有保住了性命和地位，才能談宏偉藍圖。楊堅覺得不能和宇文贇硬碰硬，不如到地方上去任個實職，既可以避禍又實惠。楊堅就去找皇帝身邊的紅人、內史上大夫鄭譯幫忙。兩人年輕的時候，是國子監的同窗。楊堅俟機把鄭譯拉到一處小巷裡，偷偷拜託他說：「老同學，我的情況你也了解。我很想到外地藩鎮任職。你現在是皇上的心腹，希望你幫著留意一下機會。」楊堅是想遠離首都長安這個是非之地，找個天高皇帝遠的地方避鋒頭。鄭譯寬慰了楊堅幾句，把這事滿口應承了下來。他說：「以公德望，天下歸心，欲求多福，豈敢忘也。謹即言之。」巧了，不久之後，北周和南陳前方戰事緊張，宇文贇想派遣鄭譯南征。鄭譯就說自己能力不夠，請皇上挑選一位元帥，他們倆一起指揮打仗。宇文贇問鄭譯有沒有推薦人選。鄭譯回答：「要平定江東，非懿戚重臣無法鎮撫前方。皇上可讓隋國公前行，擔任壽陽總管以督軍事。」宇文贇對鄭譯一向信任，而且覺得將楊堅放到外地去也是個不錯的選擇，於是下詔任命楊堅為揚州總管，和鄭譯發兵會師壽陽，討伐南陳。楊堅太高興了，收拾行李準備南下。不想就在這個時候，足疾犯了，楊堅不得不在家養病，眼巴巴地盼望著雙腳趕快康復，可以早日離開危險的漩渦。

這是大象二年（五八〇年）間的事情。

無名政變

一

北周大象二年五月乙未日，也就是西元五八〇年六月四日，首都長安城裡的隋國公府邸來了幾個衣著光鮮亮麗的不速之客，指名道姓說有急事要見隋國公楊堅，而且只見楊堅一個人。楊堅家人有認識他們的，知道為首的是當今皇帝身邊的寵臣，小御正劉昉與領內史鄭譯，趕緊去通知楊堅。楊堅當時正患「足疾」，行動不便，聽說現在紅得發紫的兩位大臣來找，趕忙出來相見。劉昉一點也不寒暄，馬上把其他人都轟出去，接著附在楊堅的耳朵邊說了幾句話，立刻把楊堅嚇得差點癱倒在地上。

劉昉說了什麼話呢？劉昉說：「太上皇剛才把我和御正中大夫顏之儀叫進臥室，想對我們倆託付後事，可是連話都說不出來了。我看太上皇駕崩，就在這一時半會了。我和鄭譯大人商量了一下，決定引你進宮主持大事。」

原來，宇文贇遊戲過度，縱酒荒淫，病得越來越重，呈現出「龍馭歸天」的可能。皇帝的死意味著一場新的權力分配的開始，誰都想在其中撈上一把。即使什麼也撈不著，也不能讓自己成為權力分配的犧牲品。深受宇文贇信任的兩個近臣——內史上大夫鄭譯和御正大夫劉昉——尤其緊張。近臣的權力完全得益於他們和皇帝走得近。可是一朝天子一朝臣，近臣的權力基礎是最脆弱的，老皇帝一死，新皇帝就會用自己的親近的人來替代老皇帝身邊的人。鄭譯和劉昉眼看著宇文贇氣若游絲，心裡急啊。如何才能保住已有的權位，或者再前進一步呢？

如今，鄭譯、劉昉二人一合計，新皇帝宇文闡年幼無知，如果要想保持富貴榮華，必須與新的主政人搞好關係。其中最簡單的方法就是扶持與自己關係密切的大臣主持朝政。得了，乾脆我們「造」出一個主政大臣來吧，到時候自己也能分享朝廷大權。鄭、劉他們不約而同地說出了一個名字：楊堅。一來，楊堅是皇親國戚，隋國公，群臣之首；二來，楊堅是兩人共同的朋友，關係不錯。

那一邊，宇文贇快不行了，召劉昉和顏之儀進入了臥室。宇文贇當時基本上喪失了語言能力，只是示意兩人照顧好兒子宇文闡。劉昉出來，趕緊找到鄭譯，說關鍵時刻到了。兩個人再一起上門去找楊堅。

這是赤裸裸地招呼楊堅一起搞政變啊！如果換做你是楊堅，好好在家裡養病，突然有人跑來對你說，皇帝快死了，我們決定推舉你發動政變奪權。你的第一反應是什麼？「這事兒是真的嗎？」接著，你就會有更大的一個疑問：「這事兒靠譜嗎？」

楊堅也難免產生了很多的疑問，而且他的反應比其他人還要大。他不僅覺得劉昉、鄭譯等人的建議非常不靠譜，而且還可能給自己帶來滅門之災。楊堅嚇得差點癱倒在地。

楊堅為什麼又有這麼大的反應呢？

楊堅所處的魏晉南北朝時期，政治鬥爭接二連三，幾乎一年一小政變，三年一大政變，每次都血流成河，王公大臣早上出門，晚上不一定能回來。政治人物都養成了謹小慎微、明哲保身的習慣。楊堅因為種種原因，遭到猜忌。《隋書》用四個字來形容楊堅早年的經歷：「深自晦匿」，也就是深深地把自己的欲望和觀點隱藏起來，用一雙警惕的眼睛觀察外面的世界。楊堅養成了穩重又敏感多疑的性格。

楊堅為了避禍，一心離開長安，幾天前剛找了鄭譯，請他幫忙「運作」了一個揚州總管的職位。就在楊堅的心已經飛到揚州的時候，劉昉、鄭譯告訴他，宇文贇要死了，而且兩個人還要把他推到前台去當首領，發動政變。這完完全全出乎楊堅的預料之外，徹徹底底要顛覆楊堅之前的行事風格。他在腦海中把往事一幕幕都過了一遍，又把現在的形勢一點點梳理了一遍，再結合自己的情況從頭到腳、從裡到外思考了一遍，猶豫良久，才對劉昉等人說：「諸位，我看這事還是算了吧。」

劉昉著急了。他撂下了一句狠話，一下子改變了楊堅的想法。《隋書》記下了這句話：「公若為，當速為之；如不為，昉自為也。」劉昉的意思是：宮廷政變這種事情，你如果要幹，就別猶豫，立刻動手；如果你楊堅不想幹，我劉昉就自己上了。劉昉在政變這件事情上，態度是很堅決的，一門心思要政變奪權。楊堅深埋在心底的權力欲望，被這句話激發了起來。他不甘心一輩子都生活在恐懼當中，不願意一輩子都韜光養晦。金子總是想證明自己的光亮。所以，楊堅態度突變，答應劉昉、鄭譯等人，帶頭發動政變。

楊堅跟著劉昉、鄭譯跑到宮裡面去。剛進宮門，還處於迷迷糊糊狀態的楊堅迎面碰到了術士來和。楊堅趕緊問：「我此行有無災障？」來和並不知道宇文贇嚥氣了，但浸染在宮廷之中得來的經驗告訴他，楊堅一夥人匆匆忙忙闖進宮廷之中，肯定沒什麼好事。來和是個明白人，不得罪任何人，忙拱拱手向楊堅祝賀說：「公骨法氣色相應，天命已有付屬。」就這麼一句隨口而出的奉承話讓楊堅信心倍增，立馬冷靜了下來。是啊，人一進宮，政變就算是啟動了，沒有回頭路可以走了，只能盡力把它做好了！

二

楊堅就以「侍疾」的名義，進入了深宮。他見到了圖謀政變的所有同黨，也就是劉昉、鄭譯、楊惠、皇甫績、柳裘等屈指可數的幾個人，而且大家都是宮廷官員，既不掌握軍隊，在百官當中也沒有威望。他們所謂的政變計畫，就是等周宣帝宇文贇死後，假傳詔書，讓楊堅統領天下兵

當時擔任御正下大夫的李德林，親近楊堅。李德林聽說初步安排後，連忙把楊堅拉出去說：「楊公您應該做大丞相、假黃鉞、都督中外諸軍事，否則無以號令大眾。」楊堅猛然醒悟。政變初步成功了，自己幹嘛還要和劉昉、鄭譯兩個人平分權力呢。於是，楊堅單獨以詔書的形式宣布，以漢王宇文贊（宇文贇的弟弟）為右大丞相，楊堅為假黃鉞、左大丞相、都督中外諸軍事，節制百官。鄭譯被任命為丞相府長史，劉昉為司馬。

鄭譯、劉昉兩人大吃一驚。他們冒險政變，本來想與楊堅共享富貴的，誰料塵埃尚未落定，自己先成了人家的僚屬。這同室操戈也來得太快了點吧？可是楊堅的權柄和優勢地位是他們捧上去的，楊堅又給予了無數的賞賜作為補償，鄭、劉二人不得不接受現實。

楊堅計畫把東宮（正陽宮）作為自己的執政府，命令百官來此議事。政變剛剛發生，文武百官基本上都處於觀望狀態。楊堅就命令司武上士盧賁，帶上官兵，召見公卿說：「欲求富貴者，當相隨來。」大臣們還是竊竊私語，有的還想開溜。盧賁指揮官兵把百官都看管起來，官員們都不敢動了，乖乖跟著盧賁到東宮去。到了東宮，宮中的太監反而不讓大家進去了。盧賁睜大雙眼、破口大罵，看守太監害怕了，這才打開宮門。朝廷的袞袞諸公們，都是識時務的俊傑，紛紛趕到東宮，祝賀楊堅榮升丞相。

為了防備掌握實權的宇文氏藩王發難，楊堅命令封鎖皇帝的死訊，祕不發喪，用宇文贇的名義宣布將趙王宇文招的女兒嫁給北方的突厥人「和親」，徵召周室諸王入長安。在外地的宇文家族諸位親王接到詔書，紛紛趕往京城，離開了地方和軍隊。估摸著宇文諸王到了前不巴村，後不著店的地方，楊堅這才公開皇帝的死訊，拋出了一份「遺詔」。遺詔宣布由楊堅總管朝政，輔佐八歲的外孫皇帝宇文闡。宇文家的各位王爺陸續抵京，被通知都留在京城中料理先帝的喪事。

楊堅的這場宮廷政變，至此才算是取得了初步的勝利。楊堅下一步就要搭建自己的領導班子了。劉昉、鄭譯兩人雖然是同一條船上的人，但是能力和名聲都不行；李德林忠心，但是一介文人，缺乏政治手腕。楊堅正為缺少得力的幹將發愁，突然想起一個人才來：高熲。

高熲這個人精明能幹，文韜武略都很出色，是典型的軍師人選。高熲不僅有才，而且和楊家的關係非常密切。高熲的父親高賓曾是北齊的大臣，後來逃到北周避禍，做了楊堅的岳父獨孤信的僚佐，跟著主子姓了獨孤氏。後來，獨孤信在政治鬥爭中失敗被殺，家屬流放他鄉。高熲依然和獨孤家族保持聯絡。楊堅的妻子獨孤伽羅因為雙方父親的這層關係，和高熲常有交往。楊堅政變上台掌權後，邀請高熲來協助自己。當時高熲說了一句話，讓楊堅感動得一塌糊塗。這句話進一步加深了高熲和楊家的聯繫，開啟了高熲日後二十年榮華富貴。

高熲接到楊堅的邀請後，欣然說：「願受驅馳。縱令公事不成，熲亦不辭滅族。」

當時楊堅的地位還很不穩，前途不明，高熲卻把自己跟楊堅牢牢捆綁在了一起，甚至做好滅族的打算要協助楊堅。楊堅立即提拔高熲為相府司錄，從此，高熲成了楊堅的謀主和心腹。鄭譯、劉昉等人很快就因為各種原因被楊堅疏遠，楊堅越來越倚重高熲。

四

這場政變，在歷史上並沒有專門的名字。我們姑且稱之為「無名政變」。應該說，這是一場非常倉卒的臨時性政變。別人搞政變，怎麼也得準備三個月五個月的，長的甚至精心準備了一兩年。楊堅的政變，完全是劉昉、鄭譯等宮廷近臣臨時起意，拉著楊堅就發動了起來。楊堅的勝利來得非常僥倖。如果不是劉昉、鄭譯兩人之前和楊堅有交情，關係不錯，這樣的好事不會落在他的頭上。同時，當時的文武百官是出於身家性命的安全考慮，被迫承認了政變的客觀事實，並不是真心擁護楊堅。很多人可能是覺得之前周宣帝宇文贇殘暴荒唐，在他的統治下完全沒有安全感，現在換一個楊堅，或許並不是一件壞事。所以，大家都迫於形勢，暫時聽命於楊堅。楊堅剛掌權的時候，老同學元諧就告誡他說：「公無黨援，譬如水間一堵牆，大危矣。公其勉之。」元諧一針見血地指出，楊堅缺乏強大的勢力作為基礎，既沒有自己的嫡系部隊，又沒有自己的政治派系。劉昉、鄭譯等人都是為了自身的榮華富貴，推舉楊堅來搞政變的，所以楊堅的處境其實很危險，彷彿是面對洪水的一堵土牆，隨時可能垮台。

楊堅對自己有幾斤幾兩，對眼前的形勢，有非常清醒的認識。客觀上，他一上台就面臨了北周宗室和地方實權人物的強烈反對。楊堅先是引誘地方上的宇文氏藩王來長安，解除他們的實權，接著調兵遣將撲滅了中原、四川等地起兵討伐他的藩鎮，橫加殺戮，再加上封官賞賜，拉攏了觀望的中間派，最後好不容易才把地位穩固下來。一年後，西元五八一年，楊堅登基建立隋朝，改元「開皇」。楊堅就是日後的隋文帝。

這一切來得太快，太不可思議了。一年前，楊堅還戰戰兢兢，擔心被人加害；一年後，楊堅就是真龍天子，九五之尊了。楊堅覺得自己彷彿是在夢裡一樣，進而產生了強烈的不真實感，最後發展成了嚴重的不安全感。他本來就有敏感多疑的個性，現在發展成了猜忌。「多疑」、「猜忌」是皇帝的共性，每個皇帝都有，只是輕重不同強弱有別。但楊堅是重度患者，《隋書》評價楊堅「天性沉猜」，就是悶在心裡猜忌周圍的一切。還說楊堅「無寬仁之度，有刻薄之資」。

楊堅登基後，有一次對老同學、大司徒王誼直截了當地說：「吾昔與公位望齊等，一朝屈節為臣，或當恥愧。」意思是說，原來我和你們地位相等，現在變成了君臣，你們當中一些人應該覺得很羞恥。這是典型的不自信。就是對政變的功臣劉昉、鄭譯等人，楊堅也提醒長子楊勇說：「此等皆反覆子也。」楊堅覺得他們既然能背叛宇文贇，也會背叛自己。他很快就疏遠了最初擁戴自己的功臣，幾年後不是把他們冠以「謀反」的罪名殺掉，就是貶斥到偏遠地區，或者革職為民監視起來。楊堅還大搞特務統治，派親信監視朝野大臣，誰有小過失，就加以重責。他擔心官員貪贓枉法，甚至私下裡派人拿著錢帛引誘官員犯罪，誰貪汙就立斬之。所以，《隋書》評價楊堅猜忌、刻薄，並不過分。他的成長經歷塑造了他的個性，他的奪權過程給他埋下了嚴重的心病。

在君主專制政體下，皇帝的性格影響巨大，甚至足以主宰王朝政治的發展。楊堅深深的不安全感、多疑猜忌的個性，直接影響了隋朝權力交接，進而很大程度上決定了王朝的命運。

權臣之路

一

楊堅獨攬大權，憑的主要是個人高貴的出身和崇高的地位，同時撞上了大運，被劉昉、鄭譯推了一把，登上了權臣的寶座。

但是出身高貴、地位崇高的人很多，有的人的先天條件就比楊堅要好得多。比如，漢王宇文贊之前在朝廷中和楊堅的地位不相上下，如今名義上是左丞相，地位比楊堅高那麼一點點。宇文贊的存在不僅使楊堅不能完全施展拳腳，而且也很容易成為政敵利用的棋子，對楊堅有潛在威脅。宇文贊當時還不到二十歲。對付這樣的小夥子，劉昉很有辦法。他搜羅了許多美女獻給宇文贊。宇文贊高興地接受了美女，對劉昉也親近起來。劉昉和宇文贊熟悉了後，就勸說宇文贊：「大王您是先帝的親弟弟，眾望所歸。現在是孺子當國，怎麼能夠承擔軍國大事呢！如今先帝剛剛駕崩，人心尚未穩固。大王不如先退回宅第，等局勢安定後再出來主政，還可能入宮做天子。這才是萬全之計啊。」宇文贊實在是太年輕了，缺乏社會閱歷和政治經驗，聽劉昉這麼一說，竟然覺得非常有道理，就從此深居簡出，不與楊堅爭奪權力了。楊堅高興地拜劉昉為上大將軍，封黃國公。

宇文贊傻乎乎地在家裡等著天上掉餡餅，其他成年的王爺可不這麼想，對楊堅竊據宇文家族的王朝大權恨得牙癢癢。這樣的王爺主要有五位，分別是：趙王宇文招、陳王宇文純、越王宇文盛、代王宇文達、滕王宇文逌。他們都是當今皇上宇文闡的叔祖父，宇文贇的叔叔，經驗豐富，可不像宇文贇那樣容易欺騙。楊堅當初就怕這五位王爺聯合起兵反對自己，所以利用假詔書將五王都召回長安，剝奪了他們的實權和軍隊。五王在楊堅輔政後，都很不服氣。但是他們已經失去了實權，無法與楊堅抗衡了，所以五個人便通過雍州牧、畢王宇文賢祕密聯繫外藩將領起兵。

外藩的許多將領對楊堅獨攬大權也很不服氣。他們當中許多人也都是世家大族出身，同樣是皇親國戚，而且還握有楊堅所沒有的地方實權。憑什麼我們流汗賣力，你楊堅白白摘得勝利果實，到頭來我們還得聽你的？在這些將領中，相州總管尉遲迥的怨氣最大。尉遲迥是北周的重臣宿將，母親是宇文家的公主，本人鎮守原來北齊的首都鄴城（今河北臨漳縣境內），兵精糧足。楊堅非常擔心尉遲迥起兵反對自己，就用給宇文贇辦葬禮的名義，召尉遲迥入朝。尉遲迥是宇文家的外甥，來給老皇帝操辦葬禮是理所應當的。另一邊，楊堅任命了年逾古稀的老將軍韋孝寬為新的相州總管，趕赴鄴城取代尉遲迥。

尉遲迥被逼上絕路了，不得不在東方起兵造反。尉遲迥起兵的號召是為北周王朝剷除奸臣（楊堅），支持他的卻是一些北齊王朝的遺老遺少——可見北周雖然滅亡北齊，統一了北方，但北方並沒有真正融合。北齊殘餘力量沒有死心，尉遲迥的起兵帶有明顯的割據爭霸的性質。一時間，河北、河南、山西一帶出現騷動。十幾天時間裡，尉遲迥聚集了近十萬反對力量。宇文胄在滎州、石愻在建州、席毗在沛郡、席叉羅在兗州響應尉遲迥。尉遲迥還派遣自己的兒子作為人質，向南方的陳國請求援兵。

剛好韋孝寬還在赴任途中，楊堅改任他為行軍元帥，還是趕赴鄴城，去討伐尉遲迥。在這次討伐行動中，許多年輕將領脫穎而出，成為了日後的政壇主角。比如宇文述，比如楊素。

韋孝寬進軍到沁水的時候，沁水暴漲，只好隔水與尉遲迥的大軍對峙。尉遲迥在東岸布陣二十餘里，聲勢浩大。楊堅擔心前線戰事不利，要派一個心腹去當監軍，給大家打打氣、鼓鼓勁。楊堅讓劉昉去當監軍，劉昉趕緊推說自己從來沒帶過軍隊，完成不了任務；楊堅又讓鄭譯去前線監軍平叛，鄭譯馬上說自己家中還有八十歲的老母需要照顧，離不開身。楊堅笑了。他本來就知道劉昉、鄭譯是什麼貨色，根本就沒真心打算讓他們去做監軍。楊堅屬意的人是高熲。高熲於是平地一聲雷，沒當幾天丞相屬官，又被提拔為北周大軍的監軍。

高熲到達前線後，催促士兵在沁水上架橋，準備發起進攻。尉遲迥盤算著，等韋孝寬率領一半的軍隊渡過河的時候，發動突然襲擊，把北周軍隊消滅在河灘上。沒料到，韋孝寬率軍擂鼓齊進，迅速渡過河去；高熲馬上下令焚橋，逼迫全軍背水一戰。結果，韋孝寬的軍隊奮力猛攻，尉遲迥的軍隊大敗而逃。

在戰鬥中，宇文述衝鋒陷陣，俘虜了大量敵軍。宇文述的祖先原本是鮮卑族宇文家的奴僕，後來隨主人的姓氏。他的父親宇文盛，因為戰功位列北周的上柱國。宇文述的性格「恭謹沉密」，打仗發狠，一戰成名。

尉遲迥大敗後，韋孝寬分兵去討伐響應尉遲迥叛亂的滎州刺史宇文胄。大將楊素領兵，很快就擊敗了宇文胄。楊素也是個狠角色，每次打仗前總是挑出部下的過失殺人，有時多達上百人，營帳裡流血滿地，楊素仍能談笑自若；打仗的時候，楊素總是先派一二百人衝鋒，如果能衝破敵人的陣營就重賞，如果衝不破就全部斬首示眾。一般人會以為楊素是一個凶猛嗜血的莽將，其實楊素最初是以文字才華進入官場的。楊素生於西魏大統十年（五四四年），弘農華陰（今陝西華陰東南）人，好學善文。他才是「真正的」弘農楊氏後裔。周武帝宇文邕曾授意他起草一份詔書，楊素不假思索當場寫成給皇帝看。宇文邕看後非常滿意，拍拍楊素的肩膀說：「小夥子好好幹，日後不愁沒有富貴。」楊素狂得很，竟然回答說：「皇上，我無心追逐富貴，將來只怕富貴來追我！」之後，楊素參加攻滅北齊之戰，屢立戰功，依附楊堅的時候官職是汴州刺史。

楊堅自詡出身高貴的弘農楊家，八成是冒充的。而楊素則是正兒八經的弘農楊家出身。楊堅因為大話放了出去，收不回來了，日後只能認楊素做了遠房親戚。

正是有宇文述、楊素這樣的年輕一代的勇猛作戰，垂垂老矣的韋孝寬很快就把尉遲迥的首級送到長安。參與騷亂的餘黨也被陸續鎮壓了下去。大象二年（五八〇年）十月，韋孝寬凱旋回京，十一月二十七日在長安去世，時年七十二歲。

尉遲迥作亂的時候，鄖州總管司馬消難割據本州響應，淮南的很多州縣都參與了叛亂。司馬消難被打敗，逃往南陳。荊、郢一帶的少數民族乘機作亂，也遭到了鎮壓。事後查明，這場騷亂有畢王宇文賢和趙、陳、越、代、滕五王在幕後陰謀煽動的影子。楊堅只是捉拿宇文賢處斬，寬恕了趙王等五個人的罪過，還下詔給予在長安的五位王爺劍履上殿，入朝不趨的待遇，以安定人心。

鎮守四川地區的上柱國、益州總管王謙也是個野心家。他看到幼主在位，楊堅輔政，就以清除權臣、匡復朝廷為藉口，發動巴蜀的軍隊作亂。楊堅開始因為關東和荊州一帶騷亂分了精力，沒有馬上討伐四川。王謙屯兵劍閣，攻城掠地，搞得挺精采。楊堅緩過精神頭兒來以後，命令行軍元帥、上柱國梁睿討伐王謙。很快，王謙的首級就被送到了長安。楊堅看到巴蜀阻險，常常發生叛亂，於是開闢平道，毀掉劍閣險要，防止再次動亂。

不滿楊堅的實權人物被先後鎮壓後，其他大臣對楊堅的態度溫和了許多。并州總管、申國公李穆是占據山西地區的實權人物，尉遲迥造反的時候想拉攏他一起幹。李穆不僅沒答應，還發兵協助楊堅攻打尉遲迥。勝利後，李穆說自己年紀也大了，主動退休到長安來養老，不久死在了長安。臨死前，李穆偷偷給楊堅上表，勸楊堅當皇帝。梁睿平定四川後，接替王謙做了四川這個天府之國的地頭蛇。可梁睿不去想怎麼割據巴蜀，怎麼當好地頭蛇，整天都在想怎麼消除楊堅對自己的猜忌和懷疑。後來他想出來一個方法，終日享受作樂、貪汙腐敗，擺出一副爛泥樣，讓楊堅相信自己沒有二心。當然了，梁睿也上了一道奏章，勸楊堅當皇帝。

二

眼看楊堅的地位越來越鞏固，被困在長安的周室諸王急火攻心。

現在的江山還姓宇文，宇文家的人怎麼能不在乎？他們也不閒著，由趙王宇文招牽頭，在趙王府擺下鴻門宴邀請楊堅參加，準備幹掉楊堅。

五位王爺的面子楊堅還是要給的，加上楊堅也想看看五個人想做什麼，所以就去趙王府赴宴了。事先，楊堅也怕被人下毒，乾脆自己帶酒去趙王府赴宴。

趙王宇文招在寢室招待楊堅，讓兩個兒子和小舅子等人在左右佩刀環立。同時宇文招在帷席之間暗藏兵器，又在其他房間埋伏了武士，只等找個機會把楊堅給剁成肉醬。楊堅雖然大權在握，但還是大臣。按照規矩，大臣去宗室家中拜見王爺，是不能帶著衛士的。所以楊堅赴宴的時候只帶了堂弟楊弘和親信元胄兩個人一同前往，名義上是「陪客」，實際上做保鏢。

宇文招也不傻，根本就沒讓元胄他們倆進入寢室，只允許他們在室外待著。

寢室內的這場飯局，進行得驚心動魄。宇文招親自拿起佩刀給楊堅切瓜，切好後再用水果刀插瓜遞到楊堅面前。楊堅不好拒絕，接過瓜吃了起來。這一連遞了好幾回，楊堅都吃了好幾回。

宇文招心想，是時候了，下一回我遞瓜的時候，直接把刀捅進楊堅的心窩！

門口的元胄看情況不對，衝入室內對楊堅喊：「相府有事，楊公不可久留！」

宇文招正想把刀捅過去，結果被元胄一聲大喊嚇了一跳，硬生生把刀給收了回來。他火冒三丈，斥責元胄道：「我和丞相說話，你是什麼東西？」

一旁人也跟著呵斥道：「退下，退下！」

元胄憤怒地瞪大眼睛，鼻子像野獸一樣哼出怒氣，右手握住刀環，站在那裡一動不動。

宇文招一看這是個拚命三郎的主，只好放緩語氣說：「將軍不必多心，我們在此歡飲而已。

慶雲罩長安

一

楊堅衝刺皇位的道路，並非全部是從陰謀走向詭計，從殺戮走向殺戮的簡單重複，也的的確確做出了許多成績。

這還要歸功於荒唐皇帝宇文贇把國家治理得太差了，留給楊堅一個很糟糕的參照物。楊堅只要做出一點小小的成績，相比較之下，就成為了「豐功偉績」。宇文贇在世的時候，刑罰很重，動不動就殺人滅族。楊堅上台後，更改了法律，刑罰大為寬鬆，立即贏得了一片好評。

嚴厲的刑罰還是其次，當時北方的漢人過得都比較鬱悶。西晉分崩離析之後，北方出現的各個王朝都是少數民族建立的王朝。既然是人家的王朝，就沒有漢人的什麼好處。在政治上，只有少數人（像楊堅家那樣）被少數民族統治者認可了，才能進入權力核心，絕大多數漢人都是被統治者。而各個少數民族對這種情況也很不滿。城頭變換大王旗，一個又一個少數民族建立王朝。新王朝成立，建立舊王朝的少數民族往往就要遭殃了。事實上，長期的戰亂和交流促進了民族融合，漢族和少數民族的界限越來越模糊，利益也變得越來越一致了。宇文氏成立的北周主要依靠的是漢族的力量，本身並無宇文部落作根基，但得天下後繼續執行民族隔閡政策，熱中於黃河流域的鮮卑化與胡化。宇文泰表面上模仿《周禮》定官制，實際上是制定了一種與漢魏官制完全不同的制度，同時命令百官穿著鮮卑服裝，稱呼鮮卑姓字。楊堅敏銳認識到可在民族政策方面有所作為，建立政績，為改朝換代夯實基礎。

楊堅帶頭改回漢姓，又下令：「以前賜姓，皆復其舊。」至於語言、風俗，完全聽任百姓自由。同時，楊堅毫不手軟地對付反叛舊臣和豪強大吏，清理少數民族貴族隊伍。他罷黜了一些沒有真才實學的人，即使有些人對楊家有著這樣那樣的功績；提拔智士幹才，輔佐自己管理國家政務。這不僅遏止了半個多世紀的鮮卑化趨勢，而且也意味著長期處於政治劣勢的漢人得以真正進入政壇，很快打下了扎實的民意基礎。

大定元年（五八一年）二月初，楊堅接受了九錫之禮。之後，宇文闡又下詔允許楊堅從穿戴到出巡，都享受皇帝的標準，在形式上與皇帝無異。在楊堅心安理得地向皇位靠攏後，宇文闡又下詔承認周德將盡，天命從宇文家轉移到了楊家，自己要把皇帝寶座禪讓給楊堅。按照禪讓的「規矩」，楊堅要再三退讓，謙虛一下；同時宇文闡要派遣一批又一批的高官顯貴去敦請楊堅接受帝位。於是，朝廷百官紛紛勸進，恭請楊堅順應上天和百姓，登基稱帝。最後演完了，楊堅才點頭同意「勉為其難」，「順應民意」，去當皇帝。

二月十四日，甲子日，楊堅在人們的簇擁下，從相國府穿著平常的衣服入宮。在臨光殿，宇文闡恭敬地將皇位禪讓給楊堅，楊堅更衣即皇帝位；朝廷在長安南郊設祭壇，楊堅派人柴燎告天，向天帝奏報楊堅做了地上的皇帝。因為楊家的爵位是隋王，楊堅依慣例將新王朝定名為「隋」。同日，楊堅上告太廟；大赦天下；改年號「大定」為「開皇」；變更北周官制，恢復漢魏時期的漢族舊官制。這就是改朝換代，事情很多很麻煩。好在南北朝時期改朝換代的事情多了，許多大臣經歷了不止一次改朝換代，有經驗，有準備，而且朝廷也留下了詳細的操作記錄，一切操作起來忙中有序。在接下去的幾天，他追尊父親楊忠為武元皇帝，廟號「太祖」；立王后獨孤氏為皇后，嫡長子楊勇為皇太子；以高熲為尚書左僕射兼納言，蘇威為吏部尚書兼納言，李德林為內史令。

在楊堅組織的執政團隊中，高熲、蘇威和李德林都是一時名士。李德林跟從楊堅時間最長，應該是最有前途的。可惜他反對剷除北周的宇文諸王，楊堅罵他為書生，不是合格的談話對象。因此，李德林升遷緩慢。儘管他從理論上論證了楊堅篡位的「合法性」，將隋朝的建立和儒家思想緊密聯繫在了一起。可惜楊堅「明儒內法」，只是將儒家說教作為工具而已，所以並不重視李德林。開皇十九年（五九九年），李德林死在了地方刺史的任上。

高熲成為尚書左僕射兼納言，進封渤海郡公，論地位，朝臣無人能比。楊堅親暱地稱呼高熲為獨孤而不叫他的名字，引為首輔。高熲很清醒，知道權高位重並不是好事，會招致同僚的嫉恨，所以奏請將首輔的位子讓給蘇威。蘇威出身世代官僚家庭，蘇家在百官中聲望很高，蘇威的父親蘇綽還是北周政治的設計者。楊堅同意了，準備讓蘇威接任僕射。幾日後，楊堅還是離不開高熲，覺得高熲主動推賢，品德高尚，不僅沒讓他退位，還給他加了一個左衛大將軍的兼職。在這以後將近二十年的時間裡，高熲忠心輔佐楊堅，為隋朝在政治、經濟、軍事各方面做出了重要的貢獻。

隋朝就此正式建立了。從西元二二〇年曹丕正式推翻漢朝建立曹魏以來，中國已經分裂了三百六十一年了；如果將黃巾起義爆發作為亂世開始的標誌，那麼中國已經混亂了將近四百年了。

這一年，楊堅四十歲，歷史因為他翻開了新的一頁。

《隋書》記載禪讓當天，京師長安出現了祥雲。全國各地祥瑞頻頻，喜慶得很。高平飛來了赤雀，太原捕獲了蒼烏，白雀降臨了長安。這些傳說中的神鳥非常及時地在楊堅建立新朝的時候出現了，加入到歌功頌德的行列中。長安的宣仁門的一對槐樹連理，枝條長得蔚為大觀。長安附近的盩厔縣也獻上了一對連理樹，被移植到宮庭中來。「白狼國」也趕緊貢獻方物。此外，還有白天出現太白星之類的神奇紀錄。太常則將朝廷龐大的樂隊解散了，放出樂手們，讓他們去做普通百姓。

客觀地說，這些眼花撩亂的祥瑞出現，有一部分捧臭腳、拍馬屁的成分，但也不能排除許多人真心的讚美和擁戴之心。楊堅畢竟出手不凡，給人印象深刻。楊堅會成為一個好皇帝嗎？

二

退位的周靜帝宇文闡還只是個年僅九歲的小孩子。我們先來看看他的命運。

楊堅封宇文闡為介國公，食邑五千戶，待之以隋朝賓客之禮。介國公的旌旗、車服、禮樂，一應照舊，按照皇帝的標準配給。宇文闡上書可以不稱表，答表可以不稱詔。北周的宇文諸王也都降封為公爵——實際上遭到了屠殺。三個月後，介國公也死了。

《隋書》對這位小遜帝退位後的生活只記載了兩句話：

四月……辛丑，陳散騎常侍韋鼎、兼通直散騎常侍王瑳來聘於周，至而上已受禪，致之介國。

五月……辛未，介國公薨，上舉哀於朝堂，以其族人洛嗣焉。

前一句話透露了介國公的死因。南陳事先不知道北周禪讓的確切時間，派遣散騎常侍韋鼎、兼通直散騎常侍王瑳出使北周。兩位使節到達長安的時候，北周已經不存在了，隋朝剛剛建立。韋鼎和王瑳二人也夠死腦筋的，覺得自己是出使北周王朝的，現在也理當去見介國公。於是這兩個人就去拜見宇文闡，當作完成使命。宇文闡不過是個孩童，哪知道其中的奧妙所在，沒有向隋朝彙報就接見了南陳皇帝派來的使團。楊堅對這件事極為震怒。沒幾天宇文闡就死在家裡了，享年九歲。楊堅在朝堂上為宇文闡舉哀。因為宇文闡沒有子嗣，隋朝在宇文家族後人中找人延續了宇文闡這一脈。

我們對照《周書》對宇文闡最後生活的描述，可以發現一些微妙的內容。《周書》承認宇文闡當介國公的食邑是一萬戶，但是一切都是空頭支票。宇文闡空有公爵之位，實際上並沒有獲得相應的待遇。「隋開皇元年五月壬申，帝崩，時年九歲，隋志也。」在這裡，《周書》表現得非常有意思。它按照《隋書》的口徑轉載了介國公的死，但加了個小尾巴「隋志也」。意思是說，這是隋朝官方的說法，《周書》沒有做考證，也不敢對真實情況進行調查。於是，我們有充分的理由懷疑介國公宇文闡是被自己的外公楊堅殺死的。

楊堅的女兒楊麗華是北周的皇太后。楊麗華知道父親篡位的企圖後，內心憤憤不平，可一介女流無力阻止。楊堅稱帝後，封女兒楊麗華為樂平公主，並要逼她改嫁。楊麗華誓死不從，楊堅也不好死逼。後來，楊麗華在大業五年（六〇九年）跟隨弟弟隋煬帝楊廣巡遊河西，途中病死張掖。

三

隋朝的都城是漢族舊都長安城。但楊堅覺得長安被戰亂折磨得破敗了，不適合做一個偉大的新王朝的首都，決心在舊長安的東南方修建一座新的首都。

楊堅挖掘了一個傑出的設計和建築人才——宇文愷來負責修建新都。高熲擔任監工，宇文愷具體負責施工。他們徵發民工，夜以繼日地修建了一座長方形的新城。新的長安城是從圖紙上走下來的首都，經過了嚴密的規畫。城區按照職能分成三個區：皇城位於中央偏北的地方，是皇帝的居住和辦公的地方；皇城南面是行政區域，道旁分布著政府各官署；其他城區是居民區和市場。宇文愷創造出了「里坊制」：南北向大街和東西向大街縱橫交錯，把全城分為一百一十個方塊，形成網格格局。每個方塊稱為一「里」，交通方便，布局嚴整；而「坊」是市場區。這種前所未有的設計，為以後各朝代的城市規畫所沿用，到現在已經是人們習以為常的事情了。而城市分區和街區制度是隋朝初期奠定的。有人將這座新城稱為「世界第一城」，因為日後它的設計和布局思想傳播到了日本、朝鮮等國，對都市建設產生了深遠的影響。

當高大城牆拔地而起，建築的腳手架還在工地上的時候，楊堅就迫不及待地遷入了新城。宇文愷不得不先把皇宮建築裝修完畢。當時是開皇三年（五八三年）的春天。

楊堅搬入新城的時候，眼前的城市輪廓宏偉，卻內容空空蕩蕩，缺少人煙。這就好像當時的隋朝一樣，百廢待興。

楊堅在很長時間裡，不停搬遷機構和招攬人口，充實新的首都。他是宗教的慷慨資助者，把黃金地段留給京師佛道寺觀：南北大街的東面有整整一個坊都是大興善寺。而它的對面是道教的玄都觀。楊堅鼓勵人們出資建造佛寺和道觀，對那些資助建造的建築商賜御製的牌匾。二十年以後，整座城市裡有一百多座佛寺和道觀。除了宗教設施外，楊堅命令皇親國戚、大小臣工帶頭，把府邸搬到新城來。消滅了南陳後，楊堅將南方的精英共十幾萬人遷到了新都城之中。但新的都城占地數十平方公里，實在太大了，直到隋朝滅亡的時候，新長安城的大部分地區依然荒無人煙，既定工程尚未竣工。

儘管如此，楊堅在新家裡的感覺異常良好。楊堅年少的時候曾被北周王朝封為大興郡公，所以用封地的名字命名新都城為大興城。大興，大大的興旺，很對一個嶄新的王朝的胃口。

注釋

❶爾朱榮是北魏末年將領，出身山西的羯族貴族家庭。爾朱榮繼承祖業，在山西擁兵自重。武泰元年（

五二八年）春，他乘胡太后鴆死孝明帝之機，起兵攻入洛陽，殺死胡太后及幼帝，並在河陰屠殺王公大臣二千餘人。爾朱榮把持朝政，後來死於宮廷政變。北方從此大亂特亂。

❷弘農楊氏是從漢朝至唐朝期間，中原著名的士族大家。漢代名臣楊震是弘農華陰人。楊震家族後來「四世太尉，德業相繼」，和汝南袁氏等一起為名門望族。

❸元胄就是個莽夫，勇氣可嘉，但「不講政治」，在楊堅晚年摻合皇帝家事，楊廣時期又口無遮攔，惹是生非，不僅沒能參與核心朝政，最後還被滿門抄斬。

❹可以佩帶寶劍上朝，上朝的時候可以不低頭用小碎步躡手躡腳地前進，啟奏的時候可以不先自稱「臣」。這些都是一般大臣必須嚴守的禁忌，有專門的御史檢查大臣們是否遵守這些規矩。哪個大臣在皇宮中大搖大擺地走路，是要挨板子的。

第二章

轉瞬而成的統一

南朝後主陳叔寶給隋朝士兵的第一印象是：這個南方人長得真胖。隋朝士兵使盡了吃奶的力氣才把他從藏身的水井中拉出來，這才發現：陳叔寶一點都不胖，之所以拉起來重是因為他還抱著兩個愛妃呢！陳叔寶這樣的昏君自然不是楊堅的對手，南北雙方在隔閡了四百年之後重新統一。隋朝實現偉大的統一不僅在於自己的皇帝比敵人的皇帝能幹，還在於成功的麻痺——偷襲戰法，更在於隋朝擁有一批傑出的軍事將領。

日後隋朝的顯赫人物幾乎在本章「傾巢而出」：楊廣、楊素、宇文述、史萬歲、來護兒、裴矩，還有為爭滅陳頭功鬥得不可開交的賀若弼與韓擒虎。

楊堅當上北方隋朝的皇帝的時候，陳叔寶是南方陳朝的皇帝。

陳叔寶對篡位的楊堅很感興趣，很想看看這個梟雄的長相。別人都說楊堅「貌異世人」，陳叔寶就更好奇了，安排一個畫家作為出使隋朝的副使去北方，任務是把楊堅畫下來。陳叔寶這才看到了楊堅的畫像。他竟然嚇得面色蒼白，語無倫次起來。他喊道：「我再也不想見到這個人了！」

陳叔寶是南方人，又是文人，還是一個在深宮中被纖纖玉手撫養大的皇帝。他可能是被楊堅那魁梧、凶猛的北方大漢形象給嚇到了，也可能是被楊堅身上透露出來的凶悍、幹練的氣質給嚇到了。他隱約感覺到，自己遇到了一個剋星。

隔江猶唱後庭花

一

陳叔寶的皇帝生活過得非常精采，天天都在天堂裡面。

陳叔寶是個很不錯的文學青年。他最著名的作品是宮體詩〈玉樹後庭花〉：

> 麗宇芳林對高閣，新裝豔質本傾城。
> 映户凝嬌乍不進，出帷含態笑相迎。

妖姬臉似花含露，玉樹流光照後庭。

整首歌詞寫得非常瑰麗，一點亂世的背景色調都沒有。陳叔寶還充分發揮自己的文人想像力，建築了臨春、結綺、望仙三閣，整天和妃嬪、狎客們在其中遊宴，賦詩贈答。每次宴會開始的時候，妃嬪、近臣和狎客們交雜而坐，飲酒作樂。陳叔寶是文人，在座的也都是文人，對這美景美酒，當場寫詞作曲。陳叔寶欣賞的都是曼詞豔語。文思遲緩、寫不出來的人和寫得不合陳叔寶心意的人都會被罰酒，寫得好的詞則譜上新曲子，交給聰慧的宮女們學習、演唱、配舞表演。陳叔寶通常安排上千名宮女演唱那些靡靡之音。除了〈玉樹後庭花〉，〈臨春樂〉也是經常表演的曲目。

陳叔寶最寵愛兩個嬪妃，一個是張貴妃，一個是孔貴嬪。張貴妃名麗華，長得是傾國傾城、國色天香，一頭秀長的頭髮拖到地面，光彩照人。而且張麗華很聰明，記憶力很好，能記住連陳叔寶都搞不清楚的大小政務。陳叔寶上朝退朝的時候都離不開張麗華，常常是抱著張麗華坐在自己的腿上一起批閱公文。孔貴嬪長得也很漂亮，陳叔寶誇獎她賽過西施和王昭君。孔貴嬪也很喜歡對政務指指點點。於是大臣們就透過宦官，勾結張貴妃和孔貴嬪，賣官鬻爵，黨同伐異。

在眾多的大臣中，陳叔寶最喜歡的是尚書顧總，因為顧總的詩寫得很好，滿紙浮靡之氣，沒有一句有用的實話。陳叔寶喜好這種風格。所以顧總成了皇上眼前的紅人、宴會的常客。好事者爭相傳抄顧總的那些彌漫脂粉氣的豔詩，作為混官場的敲門磚。山陰（今浙江紹興）人孔範雖然也寫得一手瑰麗文章，但趕不上顧總的水平，只好另闢蹊徑，和孔貴嬪結為兄妹，結果也成為了陳叔寶的座上客。陳叔寶不喜歡批評的聲音，孔範就一心給他文過飾非，憑著一套拍馬屁的本領做了陳朝的丞相。

做文人做久了，陳叔寶也覺得不好玩了，就自己去佛寺賣身為奴，算是去宮外「體驗生活」，還美其名曰「禳壓妖異」。總之，對於陳叔寶來說，作詩度曲才是正業，而管理國家只是副業，有心思的時候料理一下，沒心思的時候就撂到一邊去。陳叔寶的皇帝生涯過得很瀟灑。這是他們那種長於深宮，不知道百姓疾苦和創業艱辛的皇帝的通病。

孔範曾對陳叔寶說：「外間諸將，起自行伍，統統不過是一介匹夫，不能指望他們有什麼深謀遠慮。」陳叔寶深以為然，對帶兵將帥很不重視。將領們一有小過失，就會被奪去兵權。陳朝邊備越來越鬆弛。

亂世之中，朝廷畢竟離不開軍隊的支撐。陳叔寶時期，陳朝最著名的將領除了任忠（任蠻奴），就是蕭摩訶了。蕭摩訶是陳朝草創時期崛起的老將軍，對陳叔寶有擁立大功。陳叔寶即位後，和蕭摩訶結為親家，娶蕭家的女兒為皇太子妃。蕭摩訶喪偶，續娶了夫人任氏。這個任氏年少美麗，體態容貌都很出眾。因為和張麗華結為姊妹，任氏經常進宮去串門兒。在宮中，任氏羨慕皇家風流自在的生活，陳叔寶則被她的美色所吸引，兩人眉來眼去，勾搭成姦了。自此，任氏自由出入宮廷，時常留宿過夜，和陳叔寶縱情享樂。任氏對蕭摩訶解釋說自己常常被張麗華挽留，夜宿宮中。蕭摩訶直腸子，開始還信以為實，後來聽到的風言風語越來越多，這才意識到妻子給自己戴了一頂碩大無比的綠帽子。他很生氣，又無可奈何，歎道：「我為國家出生入死，功勳卓著，而皇上不顧綱常名分，姦汙臣妻，教我有何顏面立於朝廷！」

面對隋朝建立後，南北方局勢越來越緊張，不斷有人提醒陳叔寶加強軍備。陳叔寶卻自信地認為：「王氣在建康（陳朝首都，現在的南京），他人又能怎麼樣？」孔範附和說：「長江天險，限隔南北。北方的虜軍，怎麼能夠飛渡天塹呢？肯定是那些前線的將領要冒領功勞，妄言事態緊急而已。」陳叔寶覺得孔範的話說到自己心裡去了，對長江天險更加有恃無恐，對日益增多的軍事警告不放在心上。

二

楊堅從登基的第一天開始，就把自己看作了全天下的皇帝，立下了吞併江南的陳朝，統一天下的決心。

我為天下父母，豈可讓一江之水將南方的子女隔我而去？

即位之初，楊堅就開始準備伐陳。他向高熲徵求將帥人選，高熲推薦了賀若弼和韓擒虎。

韓擒虎，河南東垣（今河南新安東）人，將門出身，當時四十三歲。韓擒虎小的時候很受宇文泰賞識，在北周時歷任都督、刺史等職，參加了消滅北齊的戰爭，也有過與陳朝作戰的經驗，屢挫陳師。

賀若弼，洛陽人，祖先是漠北部落首領，當時三十七歲。賀若弼文武雙全，年輕的時候就小有名氣，被齊王宇文憲招攬為幕僚。他也參加過與陳朝的戰爭，攻占過陳朝數十座城池，還擔任過隋陳邊界的壽州、揚州等地的刺史。

楊堅對他們倆都很滿意，隨即任命韓擒虎為廬州（治所在今安徽合肥）總管，賀若弼為吳州（治所在今江蘇蘇州）總管，把平陳重任託付給了二人。

老實說，隋朝要吞併陳朝，困難還不小。且不說陳朝地域廣大，軍隊眾多，單說隋朝所處的環境就不利。隋朝建立之初，只是占領黃河中下游地區、江淮地區和河北、山西、四川的割據政權而已。它的南方是並不弱小的陳朝，北方是非常強大的突厥人。突厥騎兵一直盯著富裕的中原地區，時不時闖進長城以南來搶掠一下。開皇元年（五八一年）九月，楊堅曾經倉卒發動過一次伐陳大戰，由高熲負責節度諸軍。雖然隋朝大軍在湖北取得了一定的進展，但沒有能力擴大戰果，突破長江防線。而北方的突厥人一看隋朝軍隊主力南征去了，耀武揚威地殺向中原而來。剛好此時南方的陳宣帝陳頊被嚇死了，陳叔寶繼位，求和討饒。高熲有了台階下，就以「禮不伐喪」為冠冕堂皇的理由奏請班師。開皇二年（五八二年）二月，楊堅命令高熲等人撤回，草草結束了伐陳戰役。

經過這次失敗，楊堅君臣意識到伐陳是一項巨大的系統工程，需要拔除許多障礙才能順利進行。首先，楊堅進行內部整頓，主要是在軍事上革新，「首置軍府，妙選英傑」。君臣一心，經過幾年厲精圖治，隋朝的財政收入大為改善，軍力顯著增強。其次，隋朝需要有一個有利的伐陳環境。隋朝夾在突厥和陳朝之間，旁邊還有吐谷渾等少數民族騷擾，不能集中精力對付陳叔寶。

楊堅琢磨著，強大的北方游牧民族，比陳叔寶的靡靡之音要難對付得多，因此定下先南後北的策略，對少數民族採取撫慰策略。隋朝加強和吐谷渾的聯繫，不斷派遣友好使團，誇獎的誇獎，送禮的送禮，把吐谷渾給穩住了。

突厥鐵騎比吐谷渾難對付多了。楊堅即位做皇帝的第二年夏天，突厥汗國就派大軍殺入長城作為「賀禮」。開皇三年（五八三年）二月，突厥大軍再次殺入長城以南劫掠。這一次，楊堅發兵分路和突厥人針鋒相對地進行反擊。在反擊突厥的戰鬥中，有一名河西的戍卒，叫做史萬歲，來到轅門前毛遂自薦，要求參軍去打仗。剛好突厥人派了一名勇士來叫陣挑戰，隋軍將領就叫史萬歲去會會突厥勇士，看看這個史萬歲有沒有什麼真本事。結果，史萬歲上前兩三下就把突厥勇士的腦袋給砍了下來。突厥軍隊見自己千挑萬選的勇士被隋朝普通的一名戍卒輕易給解決了，大驚失色，從此再也不敢猖獗地叫陣單挑了。

史萬歲可不是一般的戍卒。他是京兆杜陵（今西安東南）人，父親史靜是北周的大將。史萬歲從小就學習騎射，好讀兵書，少年時代隨父親史靜參加了北周伐齊的戰爭，後來又參與平定尉遲迥的反叛。遺憾的是，開皇初年，史萬歲被牽連進去了一樁謀反案。他被發配到敦煌當了一名戍卒。殺突厥勇士的時候，史萬歲已經三十四歲了；因為表現突出，楊堅不僅免了史萬歲的罪，還越級提拔他為車騎將軍。

這一回，突厥沒有從隋朝掠奪到什麼好處。不想，這一次行動就成為了突厥鐵騎最後的輝煌。撤軍後，突厥陷入了大分裂狀況，「且彼渠帥，其數凡五，昆季爭長，父叔相猜」，爭權奪利，內訌得不亦樂乎。楊堅緊緊把握住這次機會，抓緊時間加強北邊防禦工事，鞏固邊防。從開皇元年至開皇七年（五八一～五八七年），七年之間隋朝五次修築長城、一次在緣邊險要築城，而且越臨近伐陳前夕，築城的時間相隔越近，最頻繁的時候二年之中隋朝四度築城。逐漸的，突厥也不再成為隋朝伐陳的障礙了。

三

解決了北方問題後，楊堅君臣把目光重新折向了南方。

當時在湖北地區有一個依附隋朝的傀儡政權：西梁。

這個西梁發源於被陳朝推翻的南梁。當年南梁的蕭家內亂，遭到陳朝開國皇帝陳霸先的壓迫，把富庶的江南丟了。蕭家就轉向西魏求援。西魏出兵攻打江陵，於西元五五五年扶持蕭詧為皇帝，延續梁朝的血脈，作為西魏的屬國。西梁偏居湖北一隅，領土僅有江陵附近數縣百里之地。西魏被北周取代後，西梁成為北周的附庸；北周被隋朝取代後，西梁又向楊堅稱臣。

儘管西梁很恭順，楊堅也不能容忍一個割據政權的存在。開皇七年（五八七年）八月，楊堅徵召西梁皇帝蕭琮入朝。蕭琮不敢違抗，於是率領群臣二百餘人從江陵趕到隋京大興，朝見新主子。蕭琮前腳剛走，楊堅派遣的軍隊後腳就進駐了江陵城，宣布廢掉西梁政權。蕭琮一到京師，就被封為莒國公，成為了大興城的新住戶。西梁就此滅亡，存在三十三年。

荒蕪的大興城中來了一群南方人，平添了許多新鮮色彩。需要提一句的是，西梁公主、蕭琮的一個姊妹蕭氏長得很漂亮，嫁給了楊堅的二兒子晉王楊廣，成了晉王妃。

吞併西梁後，楊堅任命三兒子秦王楊俊為山南道行軍元帥，督三十總管，集合水陸大軍十餘萬，進屯漢口，負責長江中游地區的軍事行動；同時，提拔嶄露頭角的楊素為信州總管，實際上駐守在永安郡（治所在今湖北新州）。楊素的主要任務是造船——突破長江防線需要大量的船隻。楊素製造了每艦能容戰士八百人的「五牙」、每艦能容戰士百人的「黃龍」，以及規模稍小的「平乘」、「舴艋」等船艦，準備在上游順江而下，掃平江南。之前，北方王朝吞併南方王朝（西晉滅東吳），就是船隊出三峽，順江而下取得成功的。當然了，在廬州的韓擒虎和駐軍吳州的賀若弼兩支部隊才是隋軍的主力。他們布置在長江下游，直接威脅陳叔寶小朝廷的心臟地區。韓擒虎、賀若弼面對的是蕭摩訶和任忠的部隊，是陳朝的主力部隊。

部署完畢，隋朝緊鑼密鼓地展開了戰前準備。賀若弼向楊堅獻上了《取陳十策》。楊堅頗為讚賞，賜寶刀一口，讓賀若弼放手去幹。

賀若弼的策略是欺騙策略。首先，他在廣陵駐紮隋軍一萬人，過一兩個月時間就派新的部隊將原來的部隊替代下來。一萬人的軍隊反覆調防，鬧得動靜很大。一開始的時候，江南岸的陳朝軍隊很緊張，做好了戰備；後來看到隋朝每隔一段時間就反覆調軍，是例行的軍隊調動，心想「隋軍真是有病，整天瞎折騰」，也就不去管它了。

接著，賀若弼動不動就帶上大隊人馬，到長江邊上打獵，旗幟招搖，人馬喧噪。對岸的陳朝軍隊見賀若弼等人打獵打得很帶勁，也沒有多想，又在心底想「隋朝真是沒人了，讓這麼一個田獵將軍來領兵」，之後任由賀若弼往來江岸各地，不放在心上。

賀若弼不僅打獵，還要和陳朝人做生意。南方缺馬，賀若弼就用老馬和陳朝交換船隻。陳朝人不是笨蛋，就把最舊最破的船隻換給賀若弼。結果賀若弼買了五六十艘破船，挺在江北的軍營裡。陳朝人以為自己得了大便宜，心想：隋朝人連好船都沒有，把幾條破船當寶貝，捏在手裡。

至此，賀若弼已經麻痹了陳朝軍隊的警惕性。陳軍已經對北方的軍隊調動和將領往來熟視無睹了。暗地裡，賀若弼在揚子津集結了大量的戰船，在渡口堆積了大量的蘆葦、枯荻，堆得像山一樣高，把戰艦遮蔽得好好的。為了更保險，隋軍的所有戰船都塗成和枯荻一樣的黃色。即使是陳朝的間諜細作，也沒有發覺賀若弼的戰備情況。同時，賀若弼常常派遣都督來護兒渡江偵察。來護兒是南方人，在長江兩岸駕輕就熟，把敵人的底細摸得一清二楚。

遠在大興的高熲則向楊堅建議，在經濟上打擊陳朝，來個釜底抽薪。

江北地寒，作物成熟比南方要晚；江南土熱，自然條件好，水田早熟。江南田地成熟，就要進入農忙收割季節的時候，隋朝突然揚言要發動大軍進攻江南。陳朝趕緊調集軍隊防守，把農田暫時放在一邊。等陳朝大軍雲集的時候，隋朝又偃旗息鼓，沒有動響了。陳朝人剛要料理農田，隋朝大軍又鼓聲大作，陳軍只好再次備戰。這樣一而再，再而三，農時荒廢了，江南一季的收成就錯過了。同時，陳朝對隋朝所謂的大軍討伐的信息也不相信了，以為又是在逗自己玩。高熲還根據南方的物資儲積不是像北方一樣放在地窖裡，而是放在竹片和茅草建造的房子裡的情況，安排大量間諜縱火，燒毀陳朝的官府儲備和軍事物資。這樣反覆幾年的騷擾，搞得陳朝不堪其擾，心力財力俱疲。

現在，萬事俱備，只等總攻命令下達了。

金陵失險下江南

一

開皇八年（五八八年）三月，楊堅很高調地宣布討伐陳朝，發誓要統一天下。楊堅君臣給陳叔寶羅列了二十條大罪，抄寫三十萬份傳單，散發江南，下詔說：「天之所覆，無非朕臣，每關聽覽，有懷傷惻……以上天之靈，助戡定之力，便可出師授律，應機誅殄，在斯舉也，永清吳越。」

陳叔寶君臣看到傳單，心想：嗯，隋朝這次又想忽悠我們，讓我們白忙一場，我們才不會再上當呢！因此，陳朝上下一點都沒上心。

十月，楊堅在壽春（今安徽壽縣）設置淮南行台省，任命次子晉王楊廣為行台尚書令，總管滅陳事宜。左僕射高熲、右僕射王韶（楊廣的老師）分別擔任晉王府元帥長史、司馬，處理軍務。當時楊廣剛滿二十歲，不懂軍事，所謂的主帥只是名義上的，伐陳的具體事務由高熲負責，「三軍諮稟，皆取斷於熲」。楊堅給前線調集了五十一萬八千名軍隊，制定了分進合擊，直指陳朝都城建康的軍事計畫：晉王楊廣由六合出發，秦王楊俊由襄陽順流而下，楊素的水軍從永安東進，韓擒虎由廬江急進，賀若弼從吳州渡江，此外還有荊州刺史劉仁恩、蘄州刺史王世積、青州總管燕榮等人從海陸各地出兵，各軍都以滅亡陳朝為目標。

儘管在政治上很高調，隋朝的伐陳戰役在軍事上卻很低調，是典型的突襲戰。

開皇九年（五八九年）的元旦夜，吳州方面的賀若弼率軍乘大霧從廣陵祕密渡過長江。將要渡江的時候，賀若弼酹酒發咒說：「我，賀若弼親承廟略，遠振國威，伐罪弔民，除凶翦暴，上天和長江為我作證。如果上天善惡分明，就讓我大軍得勝歸來；如果出師不利，賀若弼葬身江魚腹中，也死而無恨。」賀若弼說完，率領大軍浩浩蕩蕩地渡江前進，對岸的陳軍竟然沒有發覺。等隋軍安然渡過長江，殺向陳軍各據點後，陳軍才倉皇組織抵抗。正月初六，賀若弼成功占領京口（今江蘇鎮江），俘虜了陳朝的南徐州刺史黃恪和五千陳軍。京口是陳軍的倉儲重地，賀若弼是輕裝渡江襲擊，沒有帶領多少輜重，占領京口後，利用陳軍的儲備解決了自身的供應問題。賀若弼下令發給陳軍俘虜口糧和遣散費，讓他們每個人帶上伐陳的傳單，各回鄉裡去做隋朝的義務宣傳員。陳朝官兵們撿了一條命，都說隋軍的好處，高高興興地拿著傳單散往各地。因為有俘虜的宣傳效應，再加上賀若弼所部軍令嚴肅，下令有軍士敢拿民間一物者立斬不赦，全軍於百姓秋毫無犯，進展順利。

廬江方面，韓擒虎嫌大軍進攻速度太慢，率領五百精騎撇下主力，單刀直入，殺向江南而去。韓擒虎這一支奇兵趁著夜色渡過長江，襲擊了江南岸的重要渡口采石（今安徽當塗西北）。當時陳軍守衛都喝醉了。韓擒虎輕易就占領了重鎮采石，繼續飛速向建康穿插前進。

隋軍煞費苦心對陳朝的欺騙戰略取得了圓滿成功。陳叔寶君臣依賴的長江天塹就這樣被輕易「飛渡」了。

二

各州縣的軍情急報像暴風雪一樣襲向陳朝宮廷，形勢已經非常緊急了。

陳叔寶和他的那群文人朋友們還是不以為意。僕射袁憲特別著急，奏請陳叔寶發兵抵禦，起碼也要在首都附近組織抵抗。陳叔寶根本聽不進去袁憲的話，對隋軍深入州郡告急的現實熟視無睹，每天依舊奏樂侑酒，賦詩歌唱「美好的生活」。他還笑著問左右近臣說：「南北分治以來，北齊曾經三次進攻南朝，北周也出兵了兩次，都慘敗而去，這是為什麼？」孔範說：「長江天塹，自古以來就隔斷南北。隋軍又怎麼能飛渡成功呢？這肯定又是前線將領們想立功想瘋了，妄言事急，給自己撈好處。我孔範還覺得自己功勞小、官職低微呢，如果北虜真敢渡江，我就能殺敵做個太尉公了。」陳叔寶對孔範的回答相當滿意。當時，有拍馬屁的人謠傳說隋軍的戰馬不習慣江南的水土，一到南岸後就成批死去。孔範搖頭晃腦，歎息說：「可惜了，那些將來都是我們的馬，為什麼死了啊？」陳叔寶哈哈大笑，跟著孔範一起惋惜起來。建康城的君臣上下從此狎妓縱酒，把前線的告急文書拆都不拆就丟進床底下去，繼續生活在天堂裡。

卻說賀若弼、韓擒虎兩軍從東西兩個方面快速推進，陳軍各部望風而散，隋兵如入無人之境。賀若弼分兵堵住曲阿（今江蘇丹陽），防止現在長江三角洲及以南地區的陳軍增援建康，自己率主力進攻建康；韓擒虎在占領姑熟（今安徽當塗）後，沿著長江逼近建康。不久，建康周邊就出現了隋軍的前鋒部隊了。

陳叔寶這才害怕起來。他膽子本來就小，對軍事一竅不通，慌忙召蕭摩訶、任忠等人來商議軍事。蕭摩訶因為陳叔寶和妻子通姦，根本就沒有為朝廷而戰的意志，一言不發。當時賀若弼的部隊已經占領了鍾山（蔣山，即今南京紫金山），被陳朝看作是心腹大患。陳朝決定調集諸軍在白土岡（今南京城東）一帶布陣決戰。

賀若弼所部大約有八千甲士。陳叔寶在建康有十萬大軍。

正月二十日，陳叔寶命令陳軍出戰，去消滅賀若弼。

陳軍魯廣達、孔範、蕭摩訶、任忠、田瑞、樊毅等部先後逼近白土岡，南北綿延二十里。陳軍在數量上占據絕對優勢，但是陳叔寶倉卒命令各部進擊，事先沒有完整的進攻計畫。陳軍各部之間缺乏協調，分別發起進攻。田瑞首先率部進攻，被賀若弼軍擊退。魯廣達等部趕到後也投入了戰鬥。賀若弼抵擋不住，不得不暫時後退。陳軍取得了勝利。為了避免陳軍追擊，賀若弼下令施放煙幕，掩護隋軍整頓恢復。在緊張的戰鬥間隙，賀若弼保持了冷靜的思考。他觀察到陳軍各地得勝後出現了驕惰情緒，同時孔範率領的部隊陣列和士氣最差。於是，賀若弼督厲將士以必死的決心向孔範所部發起決戰衝鋒。孔範就是一個窩囊廢，在賀若弼的反攻面前一敗塗地，倉皇逃竄。孔範部隊的戰敗導致了陳軍全線潰退。陳軍各部缺乏調度，爭相逃命，場面失控，有五千多人因為互相擠踏而死。陳朝軍隊的主力就這樣潰散了。賀若弼乘勝追擊，推進到樂游苑（今南京玄武湖南側）。

蕭摩訶在亂軍中被俘虜。賀若弼命令刀斧手將他推出斬首。蕭摩訶畢竟是一代名將，臨刑前神色自若。賀若弼很敬佩，下令免罪鬆綁，以禮相待。蕭摩訶投降了隋軍。

西邊的韓擒虎正在進攻姑蘇（今江蘇蘇州），半天就占領了這座名城，第二天占領新林（今南京西南）。韓擒虎在江南百姓中的威信很高，許多人晝夜不絕前來韓擒虎軍中投降。被賀若弼打敗的東邊的許多陳軍部隊也向韓擒虎投降了，其中包括任忠、田瑞等人。陳叔寶也聽說了韓擒虎的大名，緊急派遣將軍蔡徵守住朱雀航（在今南京秦淮河上）。結果派出去的陳軍聽說對手是韓擒虎，竟然一哄而散。任忠引導著韓擒虎的五百精騎從朱雀門進入了建康城。當時，城內還有部分陳軍要負隅頑抗。任忠現身說法，勸降說：「老夫都投降了隋朝，你們還怕什麼呢？」任忠在陳朝軍隊中威望很高，他的喊話渙散了陳軍的鬥志。殘存的陳軍紛紛繳械投降。韓擒虎以區區五百人竟然長驅直入，一舉占領了建康城。

賀若弼沒能第一個進入建康城，因為他在玄武門南遭到了頑強的抵抗。陳將魯廣達率領殘存的部隊苦戰不降，殺死了數百隋軍。一直打到日薄西山，陳軍越來越少，隋軍越來越多。魯廣達對著陳叔寶的宮闕方向跪地叩首，悲傷慟哭，最後繳械，束手就擒。賀若弼在當天傍晚從北掖門進入建康城。

隋軍占領了建康城。

三

隋朝大軍進入建康城的時候，陳朝的宮廷中依然鼓樂聲聲，陳叔寶還在那兒喝酒吟詩呢。隋軍殺入朱雀門的時候，陳朝的大臣就逃得無影無蹤了。

陳叔寶見原來在身邊的人都逃跑了，這才意識到問題的嚴重。僕射袁憲在王朝的最後時刻不離不棄，還在陳叔寶身邊。空蕩蕩的朝廷中，只剩下陳叔寶和袁憲兩個人了。陳叔寶傷感地說：「朕從來待眾臣不薄，今天眾人皆棄我去，只有你留了下來。不遇歲寒，焉知松柏後凋也？我朝就要滅亡了，並不是朕無德，而是江東衣冠道盡啊。」誠然，大臣們道德低劣，沒有為國盡忠之心，是陳朝速亡的一大原因。但是陳叔寶將王朝湮滅的全部責任推到大臣們身上是不公平的，難道你陳叔寶就沒有責任嗎？

陳叔寶說完，也要找個地方躲藏起來。袁憲勸說道：「皇上是九五之尊，北兵來了，想必也不敢對陛下怎麼樣。事已至此，陛下還能到什麼地方去呢？不如整理衣冠，端坐在正殿之上，像當年梁武帝見侯景的樣子，去見隋軍。」梁朝時期，北方軍閥侯景先投降南方，繼而叛亂。侯景占領建康的時候，梁武帝蕭衍就是端正衣冠，坦然去見亂軍的。陳叔寶哪有蕭衍那樣的氣魄啊。他又一次拒絕了袁憲的勸諫，像無頭蒼蠅一樣，在宮廷中找藏身的地方。袁憲還想勸，陳叔寶說：「鋒刃之下，哪有兒戲，朕自有辦法！」

陳叔寶跑到後堂景陽殿，發現了一口深井，突然計上心頭。他趕緊去拉來張貴妃、孔貴嬪，三人抱在一起，拉住一根繩子，跳入井中躲藏起來。袁憲一直跟在陳叔寶身邊，見皇帝找到了這

麼一個藏身之處，悲傷欲絕，跪地痛哭，最後朝著深井叩首後，逃命去了。❶

韓擒虎的部隊衝入皇宮後，到處搜索不到陳叔寶。隋兵就捉了幾個內侍，逼問陳叔寶藏在什麼地方。一個內侍最後指指井口。隋朝士兵看井裡漆黑一團，叫幾聲沒人應答，不相信一個皇帝會藏在裡面。有個隋兵往下扔了一塊石頭，才聽到下面傳來求饒的聲音。眾軍扔下繩子去，喝令陳叔寶拽住繩子上來。大家拉繩子的時候，覺得繩子特別重，有人就打趣說：「別人都說南方人瘦，怎麼陳叔寶這麼胖啊！」拉上來一看，噢，原來是陳叔寶和張貴妃、孔貴嬪三個人。看著陳叔寶狼狽的樣子，眾軍笑得前仰後翻。

據說當時張麗華的胭脂蹭在井口，有人就稱這口井為「胭脂井」。又有人不齒於陳叔寶禍國自取其辱的行為，把它叫做「恥辱井」。

賀若弼的部隊隨後進入皇宮。賀若弼聽說韓擒虎捉住了陳叔寶，傳令將陳叔寶帶來看看。陳叔寶來了後，誠惶誠恐，汗流浹背，雙腿戰慄，向賀若弼求饒不止。賀若弼很實在，安慰說：「你是小國之君，進入我大隋朝後，還能做個歸命侯❷，不需要恐懼！」陳叔寶再三拜謝，心裡寬了好多，可還是戰戰兢兢，聲音發抖。

四

除了江東戰場外，隋軍在其他各條戰線也都進展順利。

楊素率領艦隊出三峽，原本計畫進攻兩湖地區。陳軍在三峽橫綴了大鐵索，阻礙了楊素戰艦的東下。後來，楊素發動夜襲，一舉打敗陳軍守衛部隊，然後率水軍東下，艦船遍布江面，旌甲曜日。隋軍以破竹之勢先後打敗各處陳軍。一路上，楊素端坐船上，容貌雄偉，兩岸的陳國百姓看到他，彷彿看到了江神，心生畏懼。楊素打到巴陵（今湖南岳陽）的時候，隋朝的地方政權已經土崩瓦解了。最後，楊素與秦王楊俊勝利會師。

陳朝南部廣袤的嶺南地區，處於半自治的狀態。隋滅陳的時候，嶺南各地奉高涼（今廣東陽江西）的洗夫人為主，保境拒守。這位洗夫人是原來高涼太守馮寶的妻子，已經六十多歲了，經過了歷次的政治風雲，威望很高，被嶺南人視為「聖母」。陳叔寶被俘後，按照隋朝的意思給洗夫人寫了一封信，告訴她說陳朝已經滅亡了，要求洗夫人帶著嶺南各州縣投降隋朝。楊堅派遣韋洸攜帶著陳叔寶的親筆信、兵符和洗夫人先前進獻給陳朝皇帝的「扶南犀杖」，招降洗夫人。洗夫人知道陳朝滅亡的消息後，召集各地和各部落首領數千人集體痛哭了一整天，然後派孫子馮魂前去迎接韋洸進入嶺南。嶺南各地也併入了隋朝的版圖，洗夫人因功被封為宋康郡夫人。

建康淪陷後，江東的部分地區拒不投降。正月底二月初，隋軍把主要精力都花在消滅江東的陳朝殘餘勢力上。隋朝大將宇文述率領三萬人，也參加了伐陳的戰爭，一度占領石頭（今南京城西清涼山）。現在，宇文述聯合從海上來的燕榮的軍隊，將各地的抵抗勢力一一擊破。

各地初定，高熲作為「接收大員」，先行進入建康，接收陳朝圖籍資料，封鎖府庫。名義上的主帥楊廣早早就聽說了張麗華的美貌，在高熲出發前私下拜託說：「您進入建康，一定要找到張麗華，不要傷害她啊。」楊廣這個傻小子在高熲走了後，一直在做自己和張麗華的若干春夢。

誰想，高熲一點面子都不給楊廣，把張麗華叫來後，說：「此等妖妃，豈可留得？昔日姜太公滅紂，蒙面斬妲己，我也要學他。」說完，高熲就將張麗華的腦袋給砍了下來。

楊廣不久也來到了建康，知道實情後自然對高熲「有意見」了。

除了求色不成外，楊廣的其他作為還是可圈可點的。在建康城，楊廣公開處死了壓下媚上、重賦厚斂、為政苛暴的湘州刺史施文慶、散騎常侍沈客卿、市令陽慧朗、刑法監徐析等人；又「收圖籍，封府庫，資財一無所取」；嚴令軍隊「秋毫無所犯，稱為清白」，因此天下都稱讚他的賢德。楊廣兄弟五人，經過平陳戰役，楊廣的聲望陡然升高，成為兄弟中名聲最大最好的一個。

楊堅對二兒子也很滿意，任命楊廣為江南總管，留在南方鎮撫各地。楊廣奏請以宇文述為壽州總管，協助自己統治江南。楊廣治理江南十年，其間南方經濟迅速復蘇，社會安定，百姓安居。楊廣、宇文述等人功勞不小。

五

四百年的分裂局面就此結束，中國開始邁向大一統的盛世。

僅憑這一項功績，楊堅就能夠名垂青史。

隋朝重新統一天下，固然離不開楊堅、高熲等人個人的作用，更是當時社會發展的要求。俗話說「分久必合，合久必分」，這是有一定道理的。南北方的長期戰亂，主要原因是南北方的民族紛爭。在長期的民族爭戰中，各民族差異逐漸消失，各民族相互融合，產生了文化認同。南朝官員陳慶之出使北魏後，曾向南方人感歎說：「自晉、宋以來，號洛陽為荒土，此中謂長江以北，盡是夷狄。昨至洛陽，始知衣冠士族，並在中原。禮儀富盛，人物殷阜，目所不識，口不能傳。」可見在南方人的心目中，北魏也不再是割據的蠻夷政權了。隋朝初年，大文人薛道衡作為聘陳內史出使陳朝，正月裡看到鴻雁從南方返回北方，寫下了〈人日思歸〉：「入春才七日，離家已二年。人歸落雁後，思發在花前。」這樣的文字，一點都不比南方繼承漢族正統學識的文人們寫得差。

大家都認為南北方人都是同樣的人了，那為什麼還要分裂呢？

再者，為什麼由北方的隋朝統一了天下，而不是陳朝消滅隋朝呢？北方王朝統一天下的必然性在於北方一直是中國的政治、軍事中心，實力強於南方。楊堅即位後，隋朝國勢蒸蒸日上，而當時陳朝門閥制度把持政治，土地兼併嚴重，正處於衰弱時期。北方出了一個隋文帝，南方卻是陳後主當政，僅憑兩人的表現，我們也能知道應該是誰消滅誰。

南北統一後，高熲帶著陳朝的俘虜北歸大興。陳叔寶受到了楊堅的禮遇，生活得相當不錯。隋朝每次舉辦宴會的時候，楊堅怕陳叔寶傷心，規定不能奏吳音。陳叔寶經常參加隋朝達官顯貴們的聚會，時間久了，奏請楊堅說：「我沒有官爵職位，每次參加朝集，都感到有點尷尬，希望能獲得一個官號。」楊堅聽說陳叔寶主動要求當隋朝的官，感歎說：「陳叔寶這個人沒心沒肺。」陳叔寶在大興，依然每天醉酒吟詩，很少有清醒的時候。楊堅就向監護陳叔寶的人問他每次飲酒多少。官員回答說：「陳叔寶與其子弟每日飲酒一石。」楊堅大吃一驚，繼而感歎道：「隨他去吧，否則教他如何過日？」

楊堅曾對陳叔寶有過一個評價：「如果陳叔寶能把作詩和喝酒的心思用來治國，又怎會有今天呢？」

二十 爭功

一

陳朝被消滅後，大將賀若弼卻高興不起來。

對於將領來說，攻城擒將是畢生追求的目標。賀若弼雖然消滅了陳朝的主力部隊，但是第一個殺進建康城的人是韓擒虎，捉住陳朝皇帝陳叔寶的人也是韓擒虎，而不是他賀若弼。旁人看來，韓擒虎無疑是平陳第一功臣。賀若弼心理不平衡，明明是自己浴血奮戰，消滅了陳軍主力，韓擒虎只是乘虛摘得了桃子而已，這平陳的首功憑什麼就被韓擒虎給占去了呢？

論功行賞，賀若弼的功勞自然排在韓擒虎之後。還在建康的時候，賀若弼就和韓擒虎吵了起來。韓擒虎也不示弱，認為是自己謀畫得當，孤軍深入，才奪取首功的。機遇不是天上掉下的餡餅，而是靠自己努力創造出來。於是，賀若弼、韓擒虎兩人各不相讓，從吵架發展到相互謾罵，最後嚴重到要帶著各自的部隊火併。江南的其他各部隋朝將領趕緊把他們倆拉開，這才沒有引發內訌。

賀若弼的父親是北周名將賀若敦，因為功高自傲，常常口出怨言，被掌握朝政的宇文護逼令自殺。賀若敦自殺前對兒子賀若弼說：「我終生的遺憾，就是沒能平定江南，你一定要替我完成這一遺願。」末了，賀若敦總結一生的經驗教訓傳授給賀若弼：「我口無遮攔，才遭此大禍。你千萬要記住『禍從口出』這四個字！」為了讓兒子記憶深刻，賀若敦臨死前還用錐子扎賀若弼的舌頭，直到扎出鮮血為止。父親死後，賀若弼在相當長的時間裡，謹言慎行，多幹事少說話，立下了許多功勞，不斷得到升遷，卻沒有居功自恃。

高熲推薦賀若弼作平陳的主要將領後，賀若弼成為經略一方的封疆大吏。賀若弼的心理開始發生變化了。當年，他曾給同級別的壽州總管源雄賦詩一首，說：「交河驃騎幕，合浦伏波營。勿使麒麟上，無我二人名。」躊躇滿志、建功立業的情緒躍然紙上，毫不掩藏。一次，新太子楊廣曾叫賀若弼比較楊素、韓擒虎和史萬歲三個當代名將的優劣。賀若弼很不客氣地認為楊素是猛將而非謀將，韓擒虎是鬥將而非領將，史萬歲是騎將而非大將。楊廣就問：「那誰才是大將？」賀若弼說：「這要由殿下選擇。」言下之意，賀若弼以大將自許，自視比韓擒虎等三人要厲害。慢慢的，賀若弼把父親的臨終告誡拋到了九霄雲外，終於重蹈覆轍。

凱旋後，賀若弼把自己和韓擒虎的「爭功官司」打到了楊堅的御座前面。

賀若弼說：「臣在城外鍾山死戰，大破陳朝精銳，擒其驍將，震揚威武，這才蕩平了陳國。韓擒虎一路根本就沒有經過惡戰，怎麼能和臣相比呢？」

韓擒虎也不甘示弱地說：「朝廷的軍事計畫是讓臣與賀若弼同時合勢，攻取偽都。賀若弼竟然搶先出兵，貿然進攻，恰好遇到了賊軍，還傷亡了許多將士。臣只率領輕騎五百，兵不血刃，直取建康，降任蠻奴，執陳叔寶，據其府庫，傾其巢穴。臣入城一天了，賀若弼在當天晚上才到達建康的北掖門，還是臣下令給他開的門呢！賀若弼補救過失都來不及了，怎麼能和臣相比？」

一個堅持殺敵有功，一個堅持擒將有功。楊堅也很難判斷誰對誰錯，只好和稀泥，下詔說：「平定江表，二人之力也！二將俱合上勳。」

楊堅將賀若弼封為宋國公，實際封地襄邑三千戶，還賞給物八千段，雜綵二千段，女樂二部，寶劍、寶帶、金甕、金盤等物品不計其數。俘虜中有陳叔寶的妹妹，也被賞給賀若弼為妾。韓擒虎也獲得了眾多物品賞賜。但是韓擒虎搶先進入陳朝皇宮後，沒有約束好士卒，導致許多士兵在後宮淫亂打劫，遭到了有關部門的彈劾。因此，楊堅就不好給韓擒虎封爵了。

賀若弼的地位比韓擒虎高了，心裡總算好過了一些。

其實在楊堅心目中，高熲才是滅陳第一功臣。

高熲不僅是隋朝立朝開國的丞相，而且是平陳戰役的設計師和前方祕書長，雖然沒有直接衝鋒陷陣，但大功不可沒。

賀若弼、韓擒虎二人在楊堅面前為功勞大小爭執不休的時候，楊堅試探地詢問高熲：「獨孤，你與賀若弼相比，誰的功勞更大啊？」高熲謙虛地說：「賀若弼先獻十策，後來又在鍾山苦戰破賊。臣就是一個文吏，焉敢與大將軍論功！」楊堅聞後哈哈大笑，對高熲的謙遜非常讚賞。

其實，皇帝就是需要高熲這樣的功臣。賀若弼和韓擒虎那樣的，都是吃不開的。

高熲因為大功被封為齊國公，賜物九千段，實際封地千乘縣一千五百戶。楊堅專門慰勞他說：「公伐陳的時候，有人向朕說公會造反，結果朕把那個人斬首了。你我君臣，志同道合，不是幾隻蒼蠅能夠離間的。」高熲聽說了，又提出讓位。楊堅不允許，專門下詔褒獎他是「竭誠陳力，心跡俱盡」的「天降良輔」。

楊堅和高熲的關係進入了黃金時期。楊堅巡幸并州的時候，甚至讓高熲留守京城；回京後，楊堅把自己的一座行宮賞給高熲作為府邸。高熲的夫人賀拔氏臥病在床的時候，楊堅一批一批地派人來詢問病情，前一批人剛走，後一批人又進門了。楊堅還親自到高熲家，金錢、絹、千里馬等賞賜不絕。高熲之子高表仁迎娶太子楊勇之女（大寧公主）為妻後，高熲與楊堅結親，身上的光芒達到了巔峰。

二

那一邊，賀若弼自恃功高，越來越驕橫。

賀若弼一人得道，雞犬升天。哥哥賀若隆被封為武都郡公，弟弟賀若東被封為萬榮郡公，還擔任刺史、將軍等實職。賀若弼在家聚斂了無數珍玩，讓婢妾都遍身羅綺，生活奢侈。

開皇十二年（五九二年），楊素被提拔為尚書右僕射，與高熲並列為丞相。賀若弼的心理又開始不平衡了。他一直覺得自己比楊素厲害，現在楊素升任丞相了，自己還是將軍。賀若弼藏不住情緒，把內心的不平和嫉妒都寫到了臉上。賀若弼輕視包括高熲、楊素在內的所有朝中官員，自以為老子天下第一，引起大臣們的公憤。個別大臣公開要求處死賀若弼。當年，賀若弼就被免去官職，打入大獄。

楊堅親自審問他：「朕用高熲、楊素為丞相，你卻每每說他們二人都是飯桶，這是什麼意思？」賀若弼回答說：「高熲，是臣的故人；楊素，是臣的表弟。我是知道他們倆的為人，才會說他們是飯桶。」

公卿大臣見賀若弼到這時候了，還嘴硬，紛紛奏請將他處以死刑。

楊堅猶豫了好幾天，念賀若弼勞苦功高，免其一死，革職為民。

一年後，楊堅恢復了賀若弼的公爵爵位，但不授予任何實職，養了起來。楊堅對賀若弼也算是仁至義盡了。隨著歲月的推移，賀若弼逐漸被人遺忘，一般只在朝廷宴會等公關場合象徵性出來露露面。

與賀若弼不同，韓擒虎在滅陳之後繼續活躍在軍界。一次，突厥遣使來朝，楊堅想挫挫突厥人的傲氣，就問突厥使者：「你們突厥人聽說過朕滅陳朝的事情嗎？」使者回答：「聽說過。」楊堅於是叫韓擒虎出來站到突厥人面前，介紹說：「這就是前年孤軍生擒陳朝皇帝的韓大將軍！」韓擒虎很配合，立即雙目圓睜，一言不發，怒視使者。突厥使者被嚇得低頭不敢對視。楊堅很高興，覺得韓擒虎很適合去前線對付突厥，任命他為涼州總管，駐屯在金城（今甘肅蘭州）防備突厥人。不久，韓擒虎為了身體原因回到大興，楊堅在內殿為他設宴洗塵，待遇優厚。賀若弼被關進大牢裡的那一年（開皇十二年），韓擒虎病死了，時年五十五歲。

三

最後，我們還要花些筆墨，交代一下有關隋朝滅陳的其他事件和其他人物。

隋滅陳，進占很快，並沒有觸及南方士族豪強的力量，加上大量北方來的隋朝官員到南方做官，沒有尊重南方的風俗習慣，結果南方的士族豪強利用民眾的不滿情緒發動了叛亂。隋朝在江南最初的幾年統治，都不太穩定。

開皇十年（五九〇年），隋朝遷徙陳朝官僚和部分精英去充實新建的大興城，有人就造謠說隋朝要把南方人都遷移到關中去，引起群眾驚恐，乘機煽動叛亂。當年年底，高智慧等人在越州（今浙江紹興）造反，引起現在的浙江大部分和江蘇蘇州等地起兵響應。這些人舉兵攻陷州縣，攻殺隋朝官吏，有的自稱大都督，有的自稱天子，還設置了百官。規模大的有數萬人，小的也有數千人，四處呼應，使得隋朝幾乎喪失了對原來陳朝江東領土的控制。

楊堅封楊素為越國公，負責鎮壓南方各地的反叛。史萬歲、來護兒等人隨楊素征討。

當時，高智慧率部據守浙江（今錢塘江），占領東岸的要害，連營百餘里，船艦上千艘，遮蓋江面，聲勢很大。來護兒建議說：「吳人擅長舟楫水戰。對岸的都是必死之賊，我們難以與之爭鋒。楊公可以嚴陣以待，不與敵人交戰；請借我奇兵數千，偷偷渡過江去，掩破賊軍後方，讓他們退無所歸，進不得戰。」楊素接受了來護兒的建議，分出輕型戰船數百艘歸他指揮。來護兒偷渡浙江，率領奇兵突襲高智慧後方營壘，燒毀了地方的物資軍糧，動搖了叛軍的軍心。楊素乘機從正面發動總攻，大敗高智慧軍。高智慧逃入東海之中。接著，楊素分兵鎮壓各地叛軍。來護兒奮勇直追，一口氣殺到福建山區，平定高智慧的餘黨。高智慧在福建立足未穩，又被打敗。來護兒因功躋身一線大將軍之列。來護兒在福建招降納叛，恩威並施，相繼消滅了作亂建州的高智慧餘黨和黟、歙等縣的汪文進叛軍。福建等地就此平定。楊堅收到捷報後，封來護兒為永寧郡公，還派畫工繪了他的畫像，掛在宮中觀看。

另一個隨楊素出征的將領史萬歲則率二千軍隊向西進攻，一路上「踰嶺越海，攻陷溪洞不可勝數，前後七百餘戰，轉鬥千餘里」。此後六七年，史萬歲一直在南方平定零星的反隋兵亂。開皇十七年（五九七年），史萬歲平定南寧州（今雲南）部族首領爨翫的造反，也躋身一線大將軍之列。粗粗算來，史萬歲征戰八年，一直從浙江打到了雲南，橫貫了半個中國，功勞不小。史萬歲行軍作戰的時候總是身先士卒，對部下關懷備至，深得部下擁護，因此他的部隊很團結，戰鬥力很強。

先前，韋洸入嶺南招降冼夫人，成功後就留下來鎮守嶺南了。不久，番禺人王仲宣聯絡各部族攻打韋洸，響應高智慧等人的反隋行動。冼夫人堅持站在隋朝一邊，派孫子馮暄救援韋洸。馮暄和逆黨陳佛智交好，刻意救援不力，冼夫人毅然將他關進大牢，再派另一個孫子馮盎增援，她親自領兵作為後應。當時，隋朝派遣的官員裴矩正準備代表朝廷去嶺南巡視。裴矩也真是倒楣，在北齊、北周、隋朝都當過官，當時快五十歲了，還是不大不小的官，本來以為巡視嶺南是挺風光的事情，結果還沒去就趕上叛亂，道路不通，被堵在了南康（今江西贛州）。裴矩在南康就地募兵數千人，準備按計畫進入嶺南巡視。當時王仲宣分兵圍困東衡州，在大庾嶺屯兵，隔絕嶺南和北方的聯絡。裴矩率領新兵，一舉攻下大庾嶺，叛軍害怕了，從東衡州解圍而逃。裴矩迅速進入嶺南，和洗夫人聯合增援韋洸。王仲宣叛軍在聯軍的進攻面前，四懼逃散。裴矩一舉收復二十多州，分別招撫當地的酋長和首領擔任刺史、縣令，平定了嶺南。

叛亂平了，楊堅大喜，追贈洗夫人的先夫馮寶為廣州總管、譙國公，封洗夫人為譙國夫人。裴矩回到大興復命時，楊堅親自慰問，噓寒問暖，還對高熲、楊素等人說：「韋洸率領二萬士兵，都不能安定嶺南。朕擔心是不是朝廷派往嶺南的軍隊太少了。沒想到，裴矩以區區三千新卒，一舉安定嶺南。有這樣的幹臣，朕還有什麼好害怕的！」

楊堅的一句誇獎，勝過裴矩之前五十年的表現。從此，裴矩時來運轉，平步青雲。

注釋

❶袁憲被俘後投降了隋朝，做了昌州刺史，很快就死了，終年七十歲。

❷當年西晉吞併東吳，俘虜了東吳的末代皇帝孫皓，就封孫皓為「歸命侯」。

第三章

開皇盛世

具體的政策解釋和資料是枯燥的，但它們是隋朝強盛最可靠的證據，也是隋王朝最厚重的遺產。隋朝的許多政策深深融入了中國社會與民族文化之中，至今影響著我們的生活。三省六部制、均田制、租庸調制、科舉制度、二級地方官制等等，它們是一個王朝最拿得出手的東西，共同將隋朝推向了後世豔稱的「開皇盛世」。在國內鼎盛之時，楊堅找到了一位「突厥通」長孫晟，扶持了一個親近隋朝的大汗啟民，基本上穩定了北方邊界。

除了以上諸位，開皇年代的另一個主角是獨孤皇后，一個既賢慧又妒嫉心極強的女人。

開皇二十年（六〇〇年），齊州（今山東濟南）小官王伽負責押送李參等七十餘名犯人去京城。

七十幾個人說多不多，說少也不少。按照朝廷規定，除了王伽外，齊州還徵發了許多百姓服役，負責押送和沿途照料。一行人走到河南滎陽的時候，王伽對李參等人說：「你們觸犯了國法，受罪是該當的。但護送你們的民夫，辛苦受累，卻是無辜的。看到他們因為你們受苦，你們心安嗎！」李參等人紛紛謝罪。於是，王伽遣散民夫，釋放李參等人。他和犯人們訂下「君子協定」：大家分頭去京城，某月某日在大牢裡會面。這樣，王伽方便，犯人也方便，還不用勞累民工。但是如果犯人在路上逃跑了，到時候不去自動服刑，王伽就是私自釋放囚犯，犯的可是死罪。王伽和犯人們告別前，也坦白地說：「如果你們失約不去大牢中領罪，我只好代替你們受罪了。」到了約定的日子，王伽心情忐忑地在京師大牢前等待犯人們到來。結果到太陽落山時，七十多個犯人一個不落都如約而來。

京師的官員們最開始聽到王伽的講述時，以為是在聽天方夜譚。後來見過有犯人全部自動來領罪，大家不得不佩服王伽的膽量。楊堅聽說這樁奇聞後，召見了王伽，大為歎賞，提拔他為雍縣縣令；又讓李參等人攜帶妻子入宮，召見賜宴，當場宣布所有人免罪。

開皇年代出現王伽和李參這樣官民一心，路不拾遺、民不閉戶的好事，正是盛世的表現。楊堅因此覺得特有面子，專門下詔號召全國官吏學習王伽。王伽成為了開皇年代官員的楷模。

降服突厥

一

南北朝以來，北方的突厥越來越強大，強大到足可以對中原王朝的生存形成威脅了。楊堅當了中原的皇帝，突厥成為了他不得不解決的棘手問題。

開皇二年（五八二年）五月，突厥大軍就殺入長城，燒殺搶掠，作為送給楊堅登基的「見面禮」。突厥人很會玩文字遊戲，說自己是北周的兄弟之邦，現在來給北周報仇，討伐楊堅。真實情況是突厥人所在的漠北草原遭遇了大災荒，「竟無雨雪，川枯蝗暴，卉木燒盡，饑疫死亡，人畜相半。」大災荒造成草原赤地千里，民不聊生，沒飯吃的突厥人天天餓得前胸貼後肚皮。而剛當上皇帝的楊堅一點眼力見兒也沒有，一反北周、北齊爭相討好突厥，貢獻不斷的慣例，對突厥的困難不理不睬。突厥人當老子當慣了，現在見南邊的「兒皇帝」不恭順了，不送東西了，勃然大怒，發兵來教訓楊堅。

這次突厥人因為隋朝的反擊沒有從南方撈取多大好處，但隋朝還是被動挨打，勝少敗多。楊堅吞併陳朝的宏大計畫也受到了影響。

突厥問題的重要性讓一個人在政壇崛起。這個人叫做長孫晟。

長孫晟武藝超群，北周時送千金公主去突厥和親。突厥的沙鉢略可汗很欣賞長孫晟的武藝，留他在突厥住了一年。這期間，長孫晟充分了解了突厥的國情，「因察山川形勢，部眾強弱，皆盡知之」。一次，長孫晟陪著突厥貴族出遊，天空中有兩隻雕在爭肉吃。沙缽略可汗遞給長孫晟兩枝箭，讓他表演射箭。長孫晟馳馬飛奔，對著糾纏爭食的雙雕一箭射去，落下兩隻雕來。沙缽略可汗大喜，讓突厥貴族子弟去跟著長孫晟學習射箭。長孫晟整天和突厥貴族混在一起，成為半個突厥人。

沙缽略可汗的弟弟處羅侯是個很有心計的人。他聲望很高，遭到哥哥沙缽略可汗的猜忌。處羅侯暗中與長孫晟結盟，希望能夠借助隋朝的力量。處羅侯和長孫晟成了無話不談的朋友。

長孫晟回國後，向楊堅「口陳形勢，手畫山川，寫其虛實，皆如指掌」，提出了對付突厥「遠交而近攻，離強而合弱」的戰略：利用突厥各部間的矛盾，結交、扶持那些偏遠的、弱小的部族，共同對付那些緊迫的威脅和強大的敵人。

楊堅對長孫晟這個「突厥通」很信任，採納了長孫晟的提議。

突厥的政權形式類似於部族聯盟，除了沙缽略可汗這個聯盟的大可汗外，還有若干強大的部族可汗。楊堅就派使者結交西域的突厥達頭可汗，故意賜給狼頭纛，禮數周全。楊堅和達頭可汗套近乎，還故意在接見突厥使團的時候，把達頭可汗的使者排名在沙缽略可汗的使者的前面。沙缽略可汗很自然中了楊堅的離間計，對達頭可汗產生了猜疑。楊堅進一步派長孫晟攜帶大量錢財，結交奚、契丹等部族，展開「統戰工作」，孤立沙缽略可汗。長孫晟自然也去了老朋友處羅侯那裡，引誘處羅侯與沙缽略可汗決裂，站到隋朝的一邊來。

沙缽略可汗轉化成了劣勢，決心發兵教訓一下楊堅，警告後者不要玩陰招，不要耍小把戲。突厥大軍的勢頭很猛，結果被長孫晟的一個「謠言」給嚇退了。長孫晟散布謠言說臣屬於突厥的鐵勒部落反叛，出兵襲擊突厥牙帳。沙缽略可汗已經對內部團結失去了信心，一下子就中了謠言的當，撤軍返回漠北保護老巢去了。

輪到楊堅出牌了。楊堅在開皇三年（五八三年）下詔要反擊突厥。

楊堅在詔書中探討了突厥問題的由來和解決之道。他認為突厥的猖狂，很大程度上是中原割據的結果。各個割據王朝都尋求突厥的支持，「周人東慮，恐齊好之深；齊人西虞，懼周交之厚」，誰都怕突厥倒向敵人一方，結果爭相討好突厥。「竭生民之力，供其來往；傾府庫之財，棄於沙漠。」這樣只能削弱了自己的力量，助長了突厥的實力和驕狂，結果突厥「猶復劫剝烽戍，殺害吏民，無歲月而不有也」。現在中原統一了，該是給突厥顏色看看的時候了。楊堅鼓勵將士抵抗突厥，以戰爭制止突厥的殺掠。

當年，隋朝大軍兵分八路，出塞討伐突厥。雙方主力在白道川（今內蒙古呼和浩特西北）遭遇。沙缽略可汗占據要點，依然輕視隋朝軍隊的戰鬥力，以為隋軍不敢主動發起進攻。結果隋軍主力對突厥軍營主動發起猛攻，打得沙缽略連自身的金甲都來不及穿戴，在齊腰深的草叢中匍匐逃得性命。突厥軍隊大敗。這一年，草原又是遍地饑饉，突厥軍隊的糧食供應都得不到保證，民間疾疫流行，死傷慘重。而隋軍在白道川大勝後，又乘勝追擊，接連打敗突厥各部可汗。開皇三年隋朝的反擊戰，取得了全線勝利。

西元五八三年在突厥歷史上是重要的一年。強盛的突厥帝國由盛轉衰，往日的雄風一去不復返了。不久，突厥內訌，分裂為東西兩個汗國，開始了長達二十多年的內戰。

隋朝牢固把握住了對突厥戰爭的主動權。

二

突厥分裂為東西兩部後，給長孫晟的戰略提供了絕佳的實施機會。

隋朝不用一兵一卒，利用突厥內部矛盾，挑撥離間，時而團結這一部分，時而打擊那一部分，加速了突厥的衰亡。

開皇四年（五八四年）九月，內憂外患的東突厥沙缽略可汗降低身段，主動向楊堅請求和親。

沙缽略可汗原本迎娶了北周王朝的千金公主。隋朝替代了北周，千金公主與隋朝有著深仇大恨。當初挑唆沙缽略「為北周報仇」的就是千金公主。現在夫家衰落了，她迫不得已，請求改姓楊，還要認楊堅當乾爹。

西突厥的達頭可汗見沙缽略、千金公主和隋朝眉來眼去，生怕落在他們後面，也趕緊向隋朝請求和親。

楊堅觀察了一下形勢，覺得沙缽略可汗的日子的確很難過了，而達頭可汗比較強大，就決定扶持沙缽略可汗，對付達頭可汗。他同意和親，認千金公主為隋朝的大義公主。這樣就等於是隋朝將公主嫁給了沙鉢略可汗。沙鉢略大喜，上了一封肉麻的奏章：「隋朝皇帝是岳父，就是我爹；我是皇帝的女婿，就是兒子。兩境雖殊，情義是一。現在我們雙方重修舊好，希望子孫孫孫萬世不斷。上天為證，決不違負。」楊堅回信說：「既然沙鉢略做了隋朝的女婿，那我以後將把你當作兒子來對待了。」從此，隋朝和突厥以翁婿相稱。

當然了，沙鉢略可汗並不是真心的。草原上的梟雄的自尊心都很強，他雖然自降為楊堅的女婿，但那是在文字上做做樣子，實際上仍以大國天子自居。長孫晟去向他頒發詔書的時候，沙鉢略可汗就拒絕跪接詔書。長孫晟說：「可汗既然做了大隋的女婿，怎麼能不敬岳父呢？」最後，沙鉢略不得不跪受詔書。接完詔書，沙鉢略滿臉慚愧，和大臣們抱頭痛哭。沙鉢略君臣不僅是為可汗臉面盡失而羞愧，更是為突厥強盛時代的逝去而痛哭。

可是隋朝給予沙鉢略的支持僅僅停留在口頭上，沙鉢略依然打不過西突厥的達頭可汗，東邊新興的契丹民族也開始咄咄逼人。沙鉢略的東突厥的局勢進一步惡化了。開皇五年（五八五年）七月，沙鉢略實在混不下去了，向隋朝告急，請求率領部族南下，寄居在白道川。實質上是尋求隋朝的軍事保護。

在隋朝討論對策的時候，沙鉢略的老婆孩子都被敵人給俘虜走了。楊堅意識到東突厥的滅亡，將使隋朝失去制約西突厥的重要力量，同意東突厥南遷白道川。隋朝還出兵救援沙鉢略，幫助沙鉢略搶回了家人。沙鉢略因為隋軍才能夠有一個棲身之地，不得不徹底投向隋朝的懷抱，連隋朝的女婿也不做了，直接上表稱臣。沙鉢略還主動把兒子送到大興城中，作為人質。一年多後，見證了突厥從盛到衰歷程的沙鉢略可汗死了。

沙鉢略臨終時，把可汗之位傳給了弟弟處羅侯。處羅侯勇猛聰明，深得眾心。沙鉢略生前很不喜歡這個弟弟，一直猜忌提防他。沙鉢略之所以不傳位給兒子而傳給了處羅侯，完全是拋棄了私心雜念，希望處羅侯能夠復興突厥。

楊堅聽說突厥換可汗了，派長孫晟來「冊封」新可汗。處羅侯知道一旦接受隋朝的冊封，也就是將東突厥進一步置於隋朝的控制之下，東突厥的可汗就成為需要隋朝「任命」的官員了。但他更明白東突厥處境艱難，離不開隋朝的支持，因此不僅安然接受了隋朝的冊封，還遣使入朝。從此，隋朝和東突厥之間形成了固定的冊封關係。在隋朝軍隊的直接參與下，處羅侯殺回漠北，多次打敗西突厥。隋朝也通過處羅侯這個代理人間接控制了漠北草原。

可惜，處羅侯在位僅一年，就在與西突厥的戰鬥中陣亡了。開皇八年（五八八年），東突厥推舉沙鉢略的兒子雍虞閭為新可汗。隋朝再次冊封他為都藍可汗，鞏固了雙方的君臣關係。

三

都藍可汗是個反覆無常的人。當時東突厥的日子也好過多了，都藍可汗對隋朝不像前兩代可汗那麼恭順了。

突厥有個習俗，就是後世可汗要迎娶前世可汗的遺孀為妻子（即「收繼婚」）。因此大義公主（原來的千金公主）就又成為了都藍可汗的妻子。大義公主亡隋之心不死。剛好當時有個叫做楊欽的內地人犯了罪，逃到漠北，造謠說北周的宗室女婿劉昶要起兵反隋，請大義公主出兵配合。大義公主就去蠱惑都藍可汗。都藍可汗還真派兵，幾次騷擾隋朝邊界。

隋朝出兵殺了大義公主，討回了楊欽，算作是對都藍可汗的一個警告。

都藍可汗沒了老婆，就向隋朝求親。剛好東突厥另一位可汗突利也請求隋朝賜婚。楊堅問長孫晟怎麼辦。長孫晟分析說：「都藍依附隋朝只是因為和西突厥的達頭有矛盾，現在還需要隋朝的幫助。如果翅膀硬了，都藍可汗肯定會叛隋而去的。而且，如果都藍迎娶了隋朝真正的公主，那麼就會藉隋朝的威靈壓迫達頭、突利等突厥可汗，更加強大，難以控制。而突利是『親隋派』處羅侯的兒子染干，本人也與隋朝親善。不如將真正的公主許配給突利，讓突利率領本部軍民南徙。突利兵少民弱，容易控制，可以作為抵禦都藍的力量。」楊堅採納了長孫晟的意見，決心扶植最弱小的突利可汗，打擊都藍和達頭。總之，突厥各部中，誰把頭冒出來，隋朝就打誰，直到突厥乖乖馴服為止。

開皇十七年（五九七年），突利可汗迎娶了隋朝的安義公主，率眾南遷。

都藍是東突厥的大可汗，反不如突利，大怒，騷擾隋朝邊界更加頻繁了。突利可汗每次都給隋軍通風報信。隋軍嚴陣以待，都藍可汗一點好處也沒撈到，還白白損耗了不少兵馬。

都藍可汗覺得這樣下去不行，就在開皇十九年（五九九年）與西突厥的達頭可汗握手言和，共同攻打突利可汗。突利哪打得過，結果大敗。他和部落失散，兄弟子姪全被殺了，隻身逃到隋都大興哭訴。隋朝官方很給突利面子，不說他是慘敗逃來保命，而是用了一個特文雅的詞：「入朝」。

突利的失敗，就是隋朝突厥政策的失敗。

楊堅當然不甘心失敗了，加大了對突利的扶持力度。隋朝把突利可汗更名為「啟民可汗」。當時安義公主已經死了，楊堅又把義成公主嫁給啟民可汗做妻子。隋朝在朔州築大利城（今內蒙古和林格爾縣西北土城子）安置啟民可汗。啟民可汗一開始的實力實在太小，不足以完成隋朝期望的鎮撫的任務。隋朝就幫助啟民收集部眾，修建工事，還專門在河套地方闢出牧地給啟民可汗游牧。為了防止都藍和達頭把啟民可汗扼死在搖籃裡，隋朝屯兵兩萬，日夜保護啟民可汗。可以說，啟民可汗完全是隋朝一手「製造」出來的東突厥可汗，啟民本人也完全聽命於隋朝。

隋朝不僅扶持啟民，還主動出兵攻擊都藍和達頭，將投降和俘獲的突厥人都交給啟民可汗管轄。突厥屬下的部族降附隋朝，隋朝也全部劃給啟民可汗管轄。東突厥就這樣硬生生被分裂為了南北兩部，啟民在漠南，都藍在漠北。

開皇十九年十二月，都藍可汗被部下殺死，北突厥內訌。西突厥的達頭可汗企圖乘機兼併北突厥。養兵千日，用在一時。當時的啟民可汗已經小有規模，隋朝就命令啟民可汗率部招降北突厥。在隋朝的支持下，啟民可汗進展順利。突厥屬下各部紛紛降附，東突厥重新統一。奚、室韋等東胡族也都依附啟民可汗。此後，西突厥和東突厥、隋朝的戰爭斷斷續續地進行。隋朝要麼命令啟民可汗反擊西突厥，要麼和啟民組成聯軍共同還擊。突厥問題已經不再是隋朝北方邊界的問題了。

隋朝通過啟民控制了廣大的北方草原，北方邊界維持了長期的和平。

突厥問題的解決，功勞最大的是長孫晟。其實長孫晟這個人最大的本領還不是和突厥打交道，而是「識人」。他選擇了一個乘龍快婿——李世民。唐朝赫赫有名的長孫皇后是長孫晟的女兒，長孫無忌是他的兒子。當然，這一切都是後話了。長孫晟生前一直是很勤勉的隋朝官員，絲毫沒有國丈的派頭。

改革決定高度

一

開皇九年（五八九年），隋滅南陳，天下重新統一的那一年，楊堅任命高熲為尚書左僕射，蘇威為尚書右僕射，同掌朝政。楊素為納言，參與朝政。

高熲與蘇威並稱為「開皇名相」。

高熲不僅是隋朝的開國功臣，還是隋朝制度的制定者。在高熲的主持下，隋朝的行政制度、官制、法律等進行了全方面的改革。高熲用他的創造力，不僅為隋朝的發展制定出規矩，還深深影響了整個中國傳統社會時期。楊堅有許多重大政務和想法，都習慣於交給高熲辦理。蘇威則是另外一種風格，他行政經驗豐富，淡然敢諫。一次，楊堅執意要殺一個看不順眼的人。蘇威堅持此人罪不至死，不讓楊堅殺。楊堅更加生氣了，自己提著刀就要去親自動手。蘇威硬是擋住暴怒的楊堅的去路，不讓他前進。楊堅閃到左邊，蘇威就遮擋到左邊；楊堅跑到右邊，蘇威也趕緊攔住右邊。最後楊堅沒辦法，拂衣退入後宮。那個倒楣的人僥倖不死。楊堅冷靜下來後，把蘇威叫來嘉獎了一番：「公能這麼做，朕還有什麼可以擔憂的呢。」因此楊堅在蘇威右僕射的本職之外，還讓他兼了大理寺卿和御史大夫的職務，將司法和監察大權交給了他。

開皇元年（五八一年），楊堅剛坐上龍椅，就廢除北周官制，開始了政治改革。隋朝的改革進程，是從政治改革開始的。

這次改革的主要內容是在中央設置了分權制衡的機構，將最高權力分為尚書、門下、內史（中書）、祕書、內侍（宦官）五省。尚書省負責處理日常政務，其他的分別是決策、審查和記錄機構。尚書省置尚書令一人（虛職），左右僕射各一人；下面設吏部、禮部、兵部、都官、度支、工部等六曹，每部設尚書一人。開皇三年（五八三年），度支改稱民部，都官改為刑部。一般情況下左僕射分管吏、禮、兵三部事務，右僕射分管民、刑、工三部事務。這套「五省六部」的制度讓現代人看起來非常眼熟。這一政治制度在隋朝時開始定型，一直沿襲到清末。儘管其中名稱和具體分工有所更改，但基本框架固定不變。

這又是隋朝的一大貢獻，也是「楊—高—蘇」團隊的一大貢獻。

二

解決地方官制是楊堅君臣面臨的另外一道難題。

隋朝接手的是一個地方官制混亂，官吏隊伍臃腫龐大的局面。

秦漢時的郡縣制在四百年的亂世中演變成了州郡縣三級，地方權力不斷擴大。官制也變成了三級，而且除了由中央直接任命的官員（刺史、太守等）以外，地方官員還可以自己辟置、安插官吏，建立幕僚隊伍。州、郡、縣地方行政機構越來越龐大，官員隊伍名目繁多，比如典簽、州都、郡正、主簿、西曹書佐、祭酒從事、部郡從事、倉督、市令、光初光曹、光初主簿、縣正、功曹、西曹等等，不一而足。而在亂世之中，各地的官員更換頻繁。最後簡直就發展到領導到任，說誰是官，誰就是官了。

為了安排越來越多的官僚，亂世中的各方各派就必須開拓出越來越多的職位。最通行的方法就是把行政區劃越劃越小，多設置州、郡、縣。比如東漢末年，割據荊州南部的劉備為了安排兄弟張飛，硬是在今三峽地區劃出了一個「宜都郡」，任命張飛為「宜都太守」。許多地方行政區劃是各地官員自行劃定的，一旦存在了，中央要將之廢除，困難重重。人們很具體地按照地域的大小將州郡縣也分為「上中下」三六九等。

亂世中，許多北方的士族大家和讀書人南遷避亂。為了安排這些人，也為了寄託南遷士人的思鄉之情，南方的東晉和宋齊梁陳各代執行了「僑州僑郡」制度，在南方「複製」北方州郡。比如豫州（河南大部分）並不在南朝的控制範圍內，但是南朝依然設置了「豫州」，相應地也設置了歸屬於「豫州」的各個郡縣和一整套的「州政府」官員。那麼這些人在什麼地方辦公呢？南朝在湖北或者安徽等地劃出一塊地方來，成立所謂的豫州各郡，委派官員走馬上任。這樣的結果是，南方的州郡越劃越小，機構疊床架屋，錯綜複雜。

隋朝成立後，楊堅發現有的地方不足百里之地，竟然在上面設置了好幾個縣；有的地區居民不滿一千戶，竟然分屬於二個郡。最荒唐的是，有的聚落只有三四戶百姓，也獨立成了一個縣。史家常用「十羊九牧」來形容隋朝初期民少官多的局面。

許多新進入官場的年輕人，往往要花大力氣去了解五花八門、名目繁多的行政區劃和官職名稱。

可以想像，改革地方官制無疑是牽一髮而動全身的事，要得罪多少既得利益者啊。作為亂世的終結者，作為有責任心的君主，楊堅必須繼承這份亂世的遺產。

開皇三年（五八三年），楊堅制定了「存要去閒，併小為大」的原則，對地方官制進行了大規模的精簡整頓。

首先，隋朝罷天下諸郡，把州郡縣三級制改為州縣二級制，州直接管轄縣。後來，隋朝又易州為郡，地方官制成為郡縣二級。到大業五年（六〇九年），隋朝達到極盛的時候，全國有郡一百九十個，縣一千二百五十五個。地方官制上的二級制一直延續到今天。其次，隋朝徹底廢除了漢代以來地方長官自行辟署置僚佐的制度。之前，地方官員和自己設置的官吏之間往往形成主僕關係，下級對上級唯命是從。現在，即使是最小的小官，任命和考核的權力也都收歸了中央，由吏部掌管。各級地方官員都要唯中央馬首是瞻了。第三，為了防止地方官員勢力膨脹，貪贓枉法，隋朝創造了許多被後世沿用的制度。比如規定官員任職要回避家鄉州縣，必須「異地為官」；

禁止官員在地方兩度擔任同一個職務；規定地方主要官員的任期為三年（後來改為四年），到期必須離任。後來，隋朝把關注點投到了官員家屬身上，規定地方官員不得帶父母或十五歲以上的兒子赴任，以免家屬干政。

楊堅為了加強對各地官員的控制，規定每年年終各地太守或副手必須進京述職，稱為「朝集使」。中央政府不定期地派遣官員巡察地方，檢查督促各地的政務。

三

政治體制改革最終都要落實在具體的官員身上。改革的成功與否，歸根結柢是用人的成功與否。

楊堅對中央官制和地方官制翻天覆地、大刀闊斧的改革，必然要侵害到數以萬計的貴族官員的利益。而政治體制改革本身，也需要有大批的志同道合者和新型官吏參與其中。多數舊貴族和舊官員不會積極配合楊堅的改革。那麼楊堅從哪裡去尋找官場的新鮮血液呢？

隋朝成立時，官場選拔人才採用的是「九品中正制」。中央和地方州縣都有專門的「中正官」，負責考核評定各地人才的等級，分為「上中下」各品各級，一共九個級別。不同級別的人才出任不同級別的官職。很自然的，世代高官的家族壟斷了「中正官」的職位，給自己家的孩子和親戚評個特別高的品級，讓子孫後代世代為官。於是就出現了「上品無寒門，下品無世族」的現象，當官的標準也就成了比誰家的老爸官當得大，誰家的門第高。

最先對這種近似世襲的選拔標準表示不滿的是山東的士族大家們。因為北齊王朝滅亡後，山東各個大家族在北齊朝廷中當的官不算數了。他們比不過關中的北周官員貴族們。後來隋朝建立了，楊堅任命的官員也主要是出身關中的貴族、士人和武將。

山東的士人們就想辦法尋找當官的門路了。原來的北齊王朝文化比較發達，山東的士人們文字素養普遍比較高。因此他們嚷嚷著要按照才學的高低來選拔官吏。開皇二年（五八二年）年初，楊堅順應山東士人的要求，命令選拔「貞良有才望者」擔任官職。楊堅巧妙地將人才選拔制度的改革和政治體制的改革結合了起來，在第二年（開皇三年，五八三年）正式取消「九品中正制」，廢除了各級中正官的職務。朝廷的吏部接管了中正官的人事權，各級官員改由吏部任命。

為了規範人才選拔制度，楊堅在開皇七年（五八七年）規定每州每年向朝廷保薦三名士人。保薦的標準是文章華美。這些士人集中到京城後，統一參加名為「秀才科」的特別考試。

對中國歷史乃至民族文化產生巨大影響的科舉制度，就此萌芽了。

緊接著，陳朝被隋朝吞併。大量的南方官員和士人「失業」了。他們比北方人更會寫文章，才學更好，人數也很多，紛紛要求朝廷擴大每年參加科舉的人數，給自己一個機會。開皇十九年（五九九年）七月，楊堅下令凡是京官五品以上、總管、刺史，每年都可以向朝廷保薦人才。保薦的標準有兩條：一是志行修謹（有德），一是清平幹濟（有才）。按照這兩條標準保薦的人才分別參加不同的考試，被稱為「舉人」。這就大大擴展了科舉的範圍。

後來在大業三年（六〇七年）四月，隋朝將舉人考試擴展到十科。其中有一科的標準是「文才秀美」，被稱為「進士科」。據說這是因為隋煬帝楊廣本人是個文學家，要專門出一門詩詞歌賦的考試，於是創辦了進士科。當時進士科只是諸多考試中的一科，人們不會知道隨著歲月的推移，這一科會對後世產生多大的影響。

隋朝就這樣埋葬了魏晉以來憑門閥高低做官的人才選拔制度，創造出了科舉制度。

那麼，隋朝的科舉考試的具體是怎麼操作的呢？

有關隋朝科舉的史料極少，我們只能通過零星的記載，儘量還原當年的考試情境。

開皇晚期，有個叫做杜正玄的舉人去參加「秀才科」的考試。考試的內容可能是面試和筆試相結合。吏部尚書詢問杜正玄一些國家的制度和治國的方略，杜正玄要響亮地回答出來，同時還要根據詢問的專題將見解形成文字，呈送上去。杜正玄投考的秀才科是隋朝所有科舉考試門類中最難的，因為秀才科考試的內容非常廣泛，什麼東西都可能考到。朝廷選擇秀才，看中的是應試者的綜合素質，既包括文學素質，更包括行政和管理能力。此外，「明經科」考察的是應試者對經書（往往是某一典籍）的熟練掌握程度，相對死板，比較適合記憶力超強的「書呆子」；「進士科」主要考文才，看一個人吟詩作賦的能力，比較適合陳叔寶那樣的文學青年。考試內容不一樣，人們對各科的推崇程度也不一樣。士人們最看重考察綜合能力的「秀才科」，其次是「明經科」，最看不起的是「進士科」，認為進士科考的都是奇計淫巧，不實用。

通過各科考試的舉人，就可以直接出任官職了，一般是九品或者八品的級別。

隋朝科舉考試在大興舉行，周期可能是三年一屆，也可能是不定期的。

隋朝創辦科舉考試的目的是為了杜絕因為家族門第產生的官職世襲現象，但家庭背景對考試的影響依然比較嚴重。首先，所有的舉人需要官府推薦，這就表明參加科舉考試的門檻還是比較高的。其次，考試過程中的家族關係和個人資訊是公開的。比如考官問某個舉人，祖父和父親是幹什麼的，回答「我爺爺是刺史，我爸爸是太守」的舉人總比回答「我爺爺是士兵，我爸爸是佃農」的舉人要有優勢。最後，考生們考場外的「公關活動」是不被禁止的。有錢有勢的考生會提前拜訪考官，送上一些自己寫的或者抄襲的優秀作品，拉拉關係（唐朝發展出了一個專有名詞，叫做「行卷」）。儘管給普通士人提供了進入仕途的機會，隋朝科舉考試的公開、公平性還是比較欠缺的。

也許是因為科舉制度的推行和官制的改革是同步的，激烈的政治體制改革沒有在隋朝掀起激烈的反應。原因很簡單：如果你對官制改革不滿，有意見，那麼沒關係，請你下崗，反正每年都有通過科舉考試選拔出來的新官員等著替換你的位子。

四

楊堅君臣還在土地制度和賦稅徭役制度上進行改革，推動了隋朝的經濟繁榮。

開皇十二年（五九二年），楊堅在全國推行均田法。隋朝的均田法沿用北齊的制度，規定不管奴婢還是普通民眾，每丁（十八歲以上的男女）受「永業田」二十畝，永業田為百姓個人所有，可以繼承和自由買賣。另外，國家頒給成年男子露田八十畝，女子露田四十畝。露田歸國家所

隋朝在成立的第三個年頭（開皇三年，五八三年）下詔求書，規定獻書一卷賞絹一匹。之前幾百年戰亂使得大量文化典籍在戰火中焚毀、遺失。開皇初年出現了「書荒」。重賞之下必有勇夫。當時有個叫做劉炫的人，趕緊埋頭去找書。可是書哪有那麼好找啊，劉炫腦瓜一轉，想朝廷是下詔求書，沒說現寫的書不算啊。於是，他夜以繼日、爭分奪秒開始寫書。功夫不負有心人，劉炫不久就「攢」出了《連山易》、《魯史術》等書，共計一百卷，恭恭敬敬地獻給官府。當地官府沒有專門的人才來辨別圖書的真偽，同時也不願意打擊民間獻書的積極性，只好按照一卷書一匹絹的賞格獎勵了劉炫。劉炫因此成為了一個小財主。如此真真假假，民間古書、異書層出不窮，隋朝社會沒幾年就圖書豐富，圖書館裡藏書不絕了。

求書僅是一個開頭，楊堅在文化教育方面專門下了一道詔書。首先，楊堅把文化教育提到了一個很高的高度：「建國重道，莫先於學，尊主庇民，莫先於禮。」但幾百年的亂世沉重打擊了文教事業，使得社會上「務權詐而薄儒雅，重干戈而輕俎豆」，百姓們不重視道德，你爭我奪。為此，楊堅高呼「治國立身，非禮不可」，表示要「去華夷之亂，求風化之宜」、「戒奢崇儉，率先百辟，輕徭薄賦，冀以寬弘」。他也承認「積習生常，未能懲革」，撥亂反正，發揚文教是長期而艱巨的任務。楊堅要求全國建立健全的文教制度，地方官員大力宣揚朝化，百姓在非役之日和農畝時候之餘，學經習禮，目標是讓全天下都「知禮節，識廉恥，父慈子孝，兄恭弟順」。《隋書》不吝嗇篇幅，全文刊登了楊堅的這道詔書，並說詔書頒發後不久，天下州縣都設置了博士加強文教事業。可惜的是，因為文化和教育乃百年大業，短期內難見成效，後人無法在短暫的隋朝歷史上看到優秀的文學作品和耀眼的文教成就。但是隋朝扭轉亂世積習，重拾文教的努力是需要肯定的。

開皇十二年（五九二年），度支官奏稱：「天下府庫都藏滿糧食布匹，無法接納新的物資。許多物資只能堆積在廊廡之下。」天下富足，倉庫難以承載賦稅物資的盛況只在此前七百多年的西漢文帝和景帝時期出現過。那是一個被豔稱為「文景之治」的盛世。因此，史家將楊堅統治時期稱為「開皇盛世」。

楊堅下令在主要的賦稅地區河北、河東等地減收本年度田租三分之一，戶調全免；同時趕造新的倉庫來容納絹匹。當時，隋朝建設的最重要的糧倉是「黎陽倉」。黎陽倉位於帝國的腹心地區，遺址在今天河南省浚縣大伾山北麓。它不僅僅是一個國家戰略倉庫，而是一座倉城，有城牆、護城河，駐軍守衛。倉城之外，還有漕運碼頭、運糧管道，與黃河水運、大運河漕運密切聯繫，吸收了隋朝物質生產和交通運輸的精華成果，聚攏國家血脈。隋唐時代，黎陽倉一直是帝國的物資寶庫、戰略重地。唐末一度廢棄，北宋又重新啟用，並在廢墟上加減新倉。兩宋交替之際，該地才徹底廢棄。

那麼，黎陽倉到底有多大規模，儲備了多少物資呢？塵封千年之後，黎陽倉因為「大運河申遺」而重見天日。二〇一一年十一月，考古隊對文獻記載的黎陽倉所在的近十萬平方公尺區域進行鑽探調查。經過三次考古勘探，發現黎陽倉倉城平面布局近正方形，東西約二百六十公尺，南北約二百八十公尺，總面積約七萬八千八百平方公尺，已探明糧倉中心區倉窖八十四座，占倉城面積的五分之四。倉窖排列規整有序，以勘探已確定的八十四個倉窖平均容積計算，黎陽倉總儲量約三千三百六十萬斤，可供八萬人吃一年。限於實際條件和民房疊壓，原址還有未勘探區域，實際倉窖數量可能會超過這個數量。

《隋書》豔稱這一時期「躬節儉，平徭賦，倉廩實，法令行，君子咸樂其生，小人各安其業，強無陵弱，眾不暴寡，人物殷阜，朝野歡娛；二十年間，天下無事，區宇之內晏如也」。末了，還不忘加一句「考之前王，足以參蹤盛烈」，來給楊堅的臉上「貼金」——當然人家說的也是實情。如果將盛世定義為在對外上，國際地位崇高，外交環境安全；在對內上，經濟發達，社會進步的王朝大一統的時代，那麼楊堅創造的開皇年代無疑是一個合格的盛世。

獨孤皇后

一

提到「開皇盛世」，不能不說獨孤皇后。

獨孤皇后是獨孤信的女兒（這使得隋朝皇室同之前的北周皇室和之後的李唐皇室都扯上了親戚關係），在楊堅攀登政治巔峰的過程中幫助很大。楊堅建立隋朝後，將後宮完全交給了獨孤皇后。

獨孤皇后非常希望能做個好皇后。她吸取亂世中後宮混亂，孳生禍害的歷史教訓，大力整飭後宮體制：一是提倡簡樸。一次，楊堅配藥要用到一兩胡粉，宮中竟然沒有儲備胡粉；還有一次，楊堅要找個衣領，宮中也沒有多餘的儲備。二是對宮中女子的裝扮和言談舉止都做了嚴格規定，禁止濃妝華服和議論朝政。三是廢除三妃六嬪制度，禁止其他嬪妃親近楊堅，誰懷孕了就讓誰墮胎。楊堅的五個皇子，全部都是這位獨孤皇后生的。

可貴的是，獨孤皇后並沒有「對人馬克思主義，對己自由主義」，而是以身作則，嚴於自律。她平時生活節儉，衣著樸素。一次，幽州總管殷壽告訴獨孤皇后說，突厥商人拿著一盒稀世明珠來隋朝貿易，要價不高，才八百萬錢，建議她買下。對於皇家來說，這個價格的確不高。但獨孤皇后斷然拒絕說：「如今戎狄屢次侵犯內地，國家多事，將士們征戰辛苦，還是留著八百萬錢犒賞有功將士吧。」

平日楊堅上朝理政的時候，獨孤皇后都和丈夫同車而去。到了朝堂前，獨孤皇后就下車在外面等著，看丈夫在朝堂之上和大臣們處理政務。退朝之後，獨孤皇后再和楊堅一起回宮，然後，獨孤皇后和楊堅同桌吃法，同床睡覺，繼續監督著丈夫。楊堅處理政務稍有不當的地方，獨孤皇后就出言相勸。令人敬佩的是，獨孤皇后這麼做不是心血來潮，偶爾為之，而是日復一日年復一年不厭其煩地堅持如此。在後宮，她對丈夫的生活起居照顧得無微不至。就連皇帝每餐吃什麼吃多少，每天穿什麼衣服怎麼穿，她都親自過問。在外面，她注視著楊堅每天怎麼會見大臣，怎麼處理政務。獨孤皇后這麼做的目的就是為了讓楊堅能專心致志地治理天下，沒有一點懈怠。

我們不知道楊堅有這麼一個死盯著的老婆，整天幾乎沒有什麼「人身自由」會作何感受。史載，楊堅和獨孤皇后兩人「相顧歡欣」，關係很好。

獨孤皇后最可貴的是她沒有利用楊堅的政治信任為獨孤家族謀取利益。外戚專權是隋朝之前歷朝歷代的一個政治老大難問題。外戚之家往往利用皇后之權獲取高官厚祿。而楊堅一朝，「內外親戚，莫預朝權，昆弟在位，亦無殊寵」。獨孤皇后的親兄弟們只擔任普通的將軍、刺史職位。獨孤皇后的表哥崔長仁當官時觸犯王法，按律當斬。楊堅看在皇后的面子上，有意赦免其罪。獨孤皇后反而不幹了，認為「國家之事，焉可顧私」，堅持將崔長仁處斬。獨孤陀是獨孤皇后的親兄弟。他是個酒鬼，酗酒後就為非作歹，為害百姓。獨孤皇后特地把這個兄弟叫到皇宮裡來，嚴加訓斥。沒想到獨孤陀懷恨在心，回去後用貓鬼巫蠱詛咒皇后。遭人告發後，獨孤陀被判了死刑。獨孤皇后為此氣得三天吃不下飯去。但這一次，獨孤皇后卻出面為兄弟求情，請求楊堅赦免其罪。楊堅說他都咒你死，你為什麼還要幫他說話。獨孤皇后說：「如果獨孤陀是亂政害民，我不會為他說情。但獨孤陀是因為詛咒我被判死罪，所以我請求赦免他。」最後，獨孤陀被赦免了死罪。隋朝對外戚勢力控制得很好，不能不歸功於獨孤皇后的自律。

朝野上下將獨孤皇后的所作所為看在眼中，記在心裡。宮中將她和楊堅並稱為「二聖」。

二

獨孤皇后的性格中具有矛盾的一面。每次聽說大理寺要處決死囚，獨孤皇后為此流淚，表現得很仁愛；但她會狠毒地逼迫其他懷孕的嬪妃墮胎，警惕地不讓其他女人親近丈夫楊堅，妒嫉心極強。

獨孤皇后十四歲嫁給楊堅的時候，在新婚之夜逼丈夫發誓：一輩子只愛獨孤伽羅一個人，不納妾，不濫情。今天，如果有小女生在初戀的時候要求男友發誓終生只愛自己，還顯得「很傻很天真」；在一千五百千年前的北周，獨孤伽羅這麼說就顯得驚世駭俗，充滿理想色彩。可是楊堅鄭重其事地發了誓，並且做到了，的確陪伴、寵愛獨孤伽羅直到愛妻去世。這就成全了一段美好的佳話。

楊堅當了皇帝，獨孤皇后形影相隨，朝夕管著他。楊堅身邊沒有其他女人，其他女人也近不了楊堅的身子。

楊堅這麼做，只有兩種可能：要麼愛獨孤皇后愛到了骨子裡，要麼怕獨孤皇后怕到了骨子裡。

獨孤皇后如果眼睛只盯著楊堅，那是皇帝的家務事，外人不好多嘴。然而，獨孤皇后將自己超強的妒嫉心「氾濫」到了朝堂之上，「蔓延」到了隋朝的人事工作之中。她要求朝野上下臣工都以楊堅為榜樣，不能納妾，不許濫情。這讓大臣們哪受得了啊，紛紛向楊堅訴苦。楊堅就規勸獨孤皇后，說如此嚴格的要求未免有些不近人情。終於，獨孤皇后鬆了口，說納妾可以，但不許和妾室生子。獨孤皇后在朝堂外面盯著楊堅辦公，每次知道哪位王公貴戚或者大臣讓家裡的小妾懷孕了，就勸楊堅不要重用這個人，而且要降官貶爵，嚴加懲罰。楊堅也都照辦，結果弄得滿朝文武在私生活方面都謹小慎微。

開皇二十年（六〇〇年），獨孤皇后生病了，臥床休養。幾十年來，楊堅終於獲得了幾天自由。也巧了，楊堅突然想去御花園裡散散心，結果遇到了一位十七八歲的美貌少女。這個少女是舊時叛官尉遲迥的孫女，因罪罰入宮中為婢。這一天晚上，楊堅就沒有回去陪伴獨孤皇后，而是在外面「臨幸」了尉遲氏。楊堅很喜歡這個女孩，留戀良久，第二天早朝都差點遲到了。獨孤皇后很快就知道此事，趁楊堅早朝的時候，氣勢洶洶地去懲罰尉遲氏。她痛罵尉遲氏憑女色誘惑君王，禍國殃民，邊罵邊打，將一個好好的女孩打得體無完膚，當場就死了。

楊堅早朝後，還想去找尉遲氏溫存，不料得來的竟然是皇后將尉遲氏痛打至死的噩耗。這簡直是青天霹靂，打得楊堅驚惶失措。只見他拂袖而起，踉踉蹌蹌地抓住一匹駿馬，狂奔出宮而去。高熲等大臣見狀，趕緊招呼人跟隨在後「護駕」。楊堅馳出宮門，也不走大路，跌跌撞撞地跑了二十幾里路，最後騎馬停在一所寺廟裡，神情恍惚，四處亂走。高熲、楊素等大臣聞訊也都趕到寺廟裡，懇請楊堅回宮。楊堅不理不睬，繼續四處亂走，高熲拽住楊堅的馬韁苦諫。楊堅對高熲吐苦水：「吾貴為天子，不得自由！」據說，漢語中的「自由」一詞，出處就在這裡。高熲勸他說：「陛下豈以一婦人而輕天下！」意思是皇帝要以天下為重。楊堅稍微平復了心情，駐馬良久，在外面轉悠到深夜，才返回宮中。「離家出走」行動半途而廢了。經過這麼一鬧後，獨孤皇后認了個錯，楊堅夫婦也重歸於好了。

可獨孤皇后的妒嫉心依然旺盛，為此還恨上了高熲。高熲勸諫楊堅：「陛下豈以一婦人而輕天下！」這話傳到獨孤皇后耳朵裡，獨孤皇后認為它有大男子主義傾向！獨孤皇后是個「女權主義者」，認為婦女雖然不比天下更重要，起碼也能撐起半個天下吧！獨孤皇后就對高熲有意見了，她向心腹說：「高熲與我有世交，想不到他竟然如此藐視我！我堂堂國母，怎能讓他輕視？」

三

真不湊巧，高熲馬上就有把柄落在了獨孤皇后的手裡。

高熲的妻子賀拔氏死了。獨孤皇后就對楊堅說：「高僕射老了，現在死了夫人，陛下可以出面給他再娶一位夫人！」楊堅就張羅著要給高熲找個老伴。高熲哭著謝絕了，說：「臣今已老，退朝之後，唯齋居讀佛經而已。感謝陛下垂哀老臣，但納室續娶並非臣所願。」楊堅因此作罷。獨孤皇后聽到高熲的話，沒想到高熲這個老傢伙對死去的妻子感情還挺深，心裡還感動了一下。

誰料不久高熲的一個愛妾生下了一個男孩。高熲老年得子，同僚們紛紛致賀，楊堅也為老搭檔感到高興。獨孤皇后卻很不高興。楊堅問她為什麼不悅，獨孤皇后說：「陛下難道還能相信高熲嗎？之前，陛下想為高熲續娶，高熲明明是心存愛妾，卻欺騙陛下說是念舊不想再婚。現在他和小妾生子，欺詐陰謀已經敗露，陛下還怎麼相信他！」楊堅一算時間，高熲和小妾親密應該是老伴生病期間，於是聽信了皇后的話，內心對高熲有了意見。

獨孤皇后本來就忌恨高熲，現在更恨高熲與妾室生子，動不動就在楊堅耳邊說高熲的壞話，到處揚言高熲行為不檢點。楊堅和高熲的關係漸漸地不像早年那麼親密了。

這時發生了兩件事，將楊堅和高熲關係中的裂縫越撕越大，最終導致了兩人決裂。

楊堅晚年有些好大喜功，曾經發動對高麗的戰爭。戰前，高熲堅決反對出兵，但是楊堅非但不聽，還任命小兒子漢王楊諒為主帥，高熲為監軍，輔助楊諒。楊堅知道楊諒年輕，沒有經驗，事先賦予了高熲「專委軍事」的大權。這次戰爭進展非常不順利。隋朝的陸軍剛走出臨渝關（今山海關）就爆發了傳染病；水軍出海不遠就遭遇了大風，損失了多數戰艦。結果，隋朝大敗而歸，回來的士兵只有原來的十分之一二。楊堅雷霆大怒。獨孤皇后乘機詆毀高熲說：「高熲本來就不願打仗，陛下派遣他出征，他肯定不會賣力。我一開始就知道會出師無功！」而在征戰過程中，高熲以為楊堅授予了他征戰大權，事事出頭作主，對名義上的主帥楊諒的意見很不尊重，通常予以否決。他老覺得楊諒年輕，考慮不周，卻忘記了謹慎為臣的道理，「無自疑之意」。楊諒原本對指手畫腳的高熲就非常不滿，後來打了敗仗，鬧得灰頭土臉的，就由不滿轉為怨恨了。回到京城後，楊諒就向父皇和母后哭訴：「兒子我幸虧沒被高熲殺掉，才能僥倖回來見到雙親。」楊堅和獨孤皇后自然偏信小兒子的話，對高熲更加不滿了。

第二件事情是開皇十九年（五九九年）的「王世積案」。王世積是從北周進入隋朝的老臣，立下了不少軍功，官拜隋朝的涼州總管。和當時許多跨越了兩個朝代的大臣一樣，王世積在隋文帝篡位之前，很難調適自己的心理。昨天還衝著宇文闡三跪九叩，今天就要改向楊堅叩拜了，一般人心理都很難迅速適應。王世積頭腦比較簡單，他知道高熲是新崛起的掌權人物，就偷偷問高熲：「吾輩俱周之臣子，社稷淪滅，其若之何？」他內心的糾結、不安，都體現在這句話裡了。高熲聞言，只能在心裡嘀咕說王世積這個人果然是一介武夫，太幼稚太簡單了。高熲最終沒有做出回答，他也不好回答什麼話，同時高熲也沒有舉報王世積「心懷舊主」。高熲是個厚道人。

事情過了二十年，王世積的一個親信皇甫孝諧犯罪。官府四處捉捕他，皇甫孝諧投奔王世積，懇求收留。王世積不願多事，閉門不納。皇甫孝諧最終被捕，發配桂州。他恨死了王世積，就告發王世積「謀反」，說王世積在涼州暗中訓練精兵，圖謀不軌。這是子虛烏有的誣告，本來是打倒不了王世積的。但是，晉王楊廣、楊素等人翻出了王世積和高熲的老帳，羅織罪名，指使有關部門上奏說王世積對本朝不滿，囤積兵馬，準備謀反，同時指認宰相高熲與王世積交往聯繫，發洩不滿。高熲還接受了王世積贈送的河西寶馬。他們把真真假假的信息都混合在一起，利用楊堅的多疑猜忌，讓楊堅最終相信了誣告。王世積遇害。

楊堅對高熲的不滿，此時都發洩了出來。他認定高熲有罪。大將賀若弼、吳州總管宇文弢、兵部尚書柳述等眾多中央和地方各級官員紛紛出面申辯，為高熲開脫。大家認為高熲即使有罪，也為國家立下了大功，應該赦免。楊堅更加惱怒，認為高熲平日交結朝野官員，結黨營私，誰敢為高熲說話就痛斥、罷貶誰。很快，朝野再也沒有人敢為高熲說話了。當年八月，楊堅免去高熲尚書左僕射的職務，保留齊國公爵位，賦閒回家。

高熲畢竟和楊堅搭檔二十多年了，感情很深。一次宴會，楊堅見到了高熲，信誓旦旦地對高熲說：「只要你不辜負朕，朕決不辜負你。」但是，到底誰「辜負」誰的判斷權力掌握在楊堅手裡。

當時與高熲對立的晉王楊廣、楊素等人不讓高熲有任何重起的機會。沒過多久，高熲的部屬就上書揭發說：「高熲的兒子高表仁曾經對高熲說：『司馬懿當初託疾不朝，賦閒居家，最後不也利用政變奪取了天下嗎？父親今天遭遇挫折，焉知非福！』」外人不知道高表仁有沒有這樣寬慰父親高熲。如果高表仁真的白癡到將高熲和篡位奪權的奸臣、西晉締造者司馬懿相提並論的程度，那就是將落難的老父親向地獄門口推了一把。楊堅不得不懷疑高熲的忠心了，下令囚禁高熲，嚴加審訊。司法部門很快又奏稱有和尚術士對高熲說：「明年國家有大喪。皇上在開皇十七、十八年有大厄，最遲不會躲過開皇十九年。」這簡直是在咒楊堅死啊！楊堅出離了憤怒，對著群臣咆哮說：「帝王之位豈可強求！高熲與兒子談話，自比晉朝皇帝，安的是什麼心啊？」皇帝都給高熲定性了，有關部門只好奏請處斬高熲。最後時刻，楊堅還是念了往日情分，說：「去年殺了虞慶則❶，今年又斬了王世積，如果再誅殺高熲，天下會怎麼看我呢？」於是，高熲被除名為民，免去了爵位。

早在高熲出任尚書左僕射的時候，他的老母親就告誡他說：「兒子，你富貴已極，但要當心自己的腦袋，平日裡要慎之又慎啊！」高熲也一直擔心發生禍變，現在被貶為平民百姓了，反而表現得很高興，如釋重負，一點悔恨的樣子都沒有。

四

高熲被斥退後，接替的人選是楊素。

楊堅在位期間，隋朝的尚書左右僕射（二人被尊稱為丞相）人選相對固定。高熲長期擔任尚書左僕射；開皇九年（五八九年），蘇威出任尚書右僕射，三年後因為任用私人而被罷免，由楊素接任。現在高熲被除名為民，蘇威則宦海沉浮。楊素成為了強勢的尚書左僕射。

楊素的能力和功績可能不遜於高熲，但個人品德、操守根本無法與高熲相比。楊素不僅對人嚴厲苛刻，而且是以權謀私、貪贓枉法的高手。調任中央要職後，楊素的兩隻手忙著撈錢，大興城和其他大都會中到處都有楊家的客棧、磨坊、田宅。楊素還挺會享受，而且很看不起那些不會享受、只知道低頭幹活的同僚。他在家裡養了成百上千的妓女和侍妾，還有更多的奴僕維護著他那奢侈得像皇宮一樣的府邸——不止規模樣式仿照皇宮，內部裝修也遵循皇家標準。

同時，楊素非常善於偽裝，很會在楊堅面前裝出艱苦樸素、勤勉為政、盡忠報國的樣子。楊堅至死都認為楊素忠誠孝順，對楊素信任有加。

早在開皇十三年（五九三年），楊堅想在岐州（今陝西鳳翔）之北建造一座仁壽宮，作為皇家行宮，命令楊素督造。為什麼選擇楊素呢？因為楊素「馭戎嚴整」，管理軍隊很有辦法，而用管理軍隊的辦法督工最有效。著名的建築專家宇文愷正在擔任萊州刺史，也被抽調來負責具體技術。楊素領命後，廣徵百姓，「夷山堙谷以立宮殿，崇台累榭，宛轉相屬」，樣樣求全求好，對民工奴役得很急，管理得很嚴，逼死累死了許多百姓。百姓倒斃在工地上，楊素就下令把屍體推進坑坑溝溝裡，蓋上土石，築成平地——等於把百姓的身體當作原料了。結果幾萬百姓的屍骨築成了一座仁壽宮。仁壽宮落成後，丞相高熲先前往驗收巡視，回來後報告楊堅說宮殿綺麗壯觀，豪奢過度，而且害死了數萬百姓。楊堅聽了就對楊素不滿意了。他親自跑到岐州去看仁壽宮，果然是瓊樓玉宇，奢侈無度，於是勃然大怒，斥責楊素是「殫民力為離宮，為吾結怨天下」。既浪費了民力財力，又讓楊堅在天下人心中留下了壞印象。楊素一聽，這不是罵自己是亂臣賊子嘛。他害怕了，不知道怎麼辦，急得團團轉。病急亂投醫，楊素拉住二十五歲的土木監封德彝，請教避禍之道。封德彝是個溫文爾雅的小秀才，善於出謀畫策，對楊素說：「楊公勿憂，等皇后到了，必有恩詔。」楊素一聽就明白了，封德彝是讓自己去走「夫人路線」。楊素趕緊哭哭啼啼地找到獨孤皇后，擺出了一大套理由：「帝王本來就應該有離宮別館。現在天下太平，造一座宮殿又何必擔心破費呢？」獨孤皇后覺得很有道理。第二天，楊堅召楊素來痛斥，一旁的獨孤皇后替楊素辯解說：「楊素知道我們夫婦老了，沒有娛樂休閒的地方，這才盛飾仁壽宮。他難道不是一個忠孝之人？」楊堅聽後，非但沒有追究楊素的責任，還賞賜錢百萬，錦絹三千段。他又一次去新宮遊覽觀光，換了一種眼光去看，看得興高采烈，直誇楊素是忠臣。

楊堅為什麼會有這麼大的轉變呢？因為他在內心裡接受了楊素的那一套思想觀點。建國初期，楊堅面對百廢待興的局面，「如臨深淵，如履薄冰」的謹慎勤政之心消失了，開始追求安逸奢侈的生活了。變成楊素的同路人之後，以節儉著稱的楊堅夫婦開始揮金如土，荒於政務，更對百姓的呼聲充耳不聞了。也許，他們覺得辛辛苦苦幹了二十年，天下已經富足安康，享受的時刻到來了。

此後，仁壽宮成為了楊堅和獨孤皇后經常光臨的地方。有的時候，夫婦倆一年來好幾次，住下就不想走了，乾脆命令把大興城的政務奏章也轉交仁壽宮。每次往返的時候，皇家車騎鑾駕，扈從萬千，光亮得很。而沿途百姓不僅要提供車駕沿途需要的食品、水、享受的物資，還要跪迎「二聖」。楊堅夫妻的享受變成了擾民。

豪奢享受的時間長了，處理政務的時間就少了，楊堅晚年的政治開始黯淡下來。開皇二十年四月，突厥的達頭可汗侵犯邊界。隋朝派出了大軍分路反擊，結果打贏了。楊素作為其中一路的統帥，但功勞並沒有大將史萬歲大。史萬歲率軍與突厥軍遭遇混戰。達頭可汗聽說對手是史萬歲，聞風喪膽，不戰而退。史萬歲長期對突厥作戰，威名在外，被突厥人視作戰神，即使夜晚史萬歲沒有警備，突厥人也不敢偷襲。在突厥人看來，史萬歲是不可戰勝的。所以這一次突厥軍聞其名而逃，不敢接戰。史萬歲不依不饒，乘勢率少數騎兵追擊，深入敵後數百里，斬首數千。戰後論功行賞，史萬歲是戰果最大的，這就引起了楊素的妒嫉。除了少數幾個人外（楊堅、高熲等），楊素看不起其他人，容忍不了史萬歲的功績比自己高，就向楊堅譖毀史萬歲：「突厥本已投降，這次只是來塞上放牧，根本不是入侵。史萬歲為了立功，故意挑起戰端，破壞我朝和突厥的關係，現在他又來邀功。」楊堅寵信楊素，就把史萬歲和部下的功勞一筆抹煞了。史萬歲多次上書申述，楊堅都不予理睬。

從此，楊素更加有恃無恐，凌辱眾臣。但他唯獨對一個人特有好感：封德彝。替自己解決難題後，楊素擢升封德彝為內史舍人，很快又升遷為侍郎。楊素常常和年輕的封德彝討論朝廷大事——許多是封德彝那個級別的官員不應該知道的事情，終日不倦。一次，楊素談到興頭，拍拍自己坐的榻子說：「封德彝日後肯定會坐我的位子。」

二

劉昉在楊堅受禪後，被封為舒國公。但是楊堅內心中並不喜歡他這樣的弄臣，即使劉昉對自己有擁立之功，也毫不猶豫地將劉昉趕出宮廷，剝奪實職。劉昉閒居無事，又自以為是開國元勳，現在被疏遠了，非常不滿。後來京師出現饑荒，楊堅明令禁酒，劉昉公開在自家產業中做起了沽酒買賣，宣示內心的不滿。御史彈劾劉昉，楊堅不處理，實際上對劉昉進行冷處理。不理他，看他怎麼辦？

劉昉更加鬱鬱不得志。北周大將梁士彥當時失去了實職，對楊堅心懷不滿。惺惺相惜，劉昉就和他湊到了一起。梁士彥的老婆非常漂亮，輕浮的劉昉與她私通。梁士彥毫不知情，反而和劉昉的感情更好了，兩人相約謀反。劉昉推舉梁士彥做皇帝。北周舊臣宇文忻的境遇與兩人相同。楊堅暗地裡忌諱宇文忻的威名，尋個小錯就削去他的職權，遣歸家。落寞之餘，宇文忻加入了梁士彥、劉昉的陰謀集團，準備幹出大事。策畫歸策畫，三人的計畫皆流於空泛，缺乏可行性。劉昉把事情拖著，拖到最後，陰謀敗露了。

楊堅知道後，決定戲弄一下三個老夥計。楊堅下詔任命梁士彥為晉州刺史，「欲觀其意」。梁士彥七十歲了，賦閒好多年了，老年突然獲任地方實職，高興得手舞足蹈。他和劉昉等人之前曾制定過一個割據晉州的政變計畫。現在楊堅突然把晉州送給梁士彥，陰謀集團成員都覺得這是天意在助他們成功。大家都彈冠相慶了一番。

上任前，梁士彥去向楊堅辭行。楊堅也不說話，一揮手，刀斧手一擁而上，將梁士彥當場拿下。沒多時，劉昉、宇文忻等人也被捆綁了進來。梁士彥的上任儀式變成了審判大會。楊堅喝問劉昉等人：「你們為什麼要造反！」劉昉知道這回禍闖大了，默默無語。最後，楊堅下詔誅殺劉昉等三人。

臨刑前，一干犯人被帶到朝堂。同案的宇文忻不斷叩頭求饒。劉昉勃然大怒，對宇文忻喝道：「事已至此，還叩頭幹什麼！」劉昉慷慨赴死，被籍沒全家。

另一個對楊堅有過巨大政治幫助的人鄭譯，和劉昉一樣出身官宦，祖父是太常，父親是司空，家族還與皇室通婚。鄭譯從小就和各位皇子交遊，輕浮隨性，而且貪財專權，也因此被廢黜過。但周宣帝宇文贇始終將鄭譯作為心腹，留在身邊。在宇文贇死後的關鍵政變中，鄭譯出力最多，楊堅專權後拜他為柱國、相府長史、治內史上大夫事，之後一再升官。鄭譯自由出入楊堅臥室內外。楊堅對他言無不從，賞賜給他的玉帛不可計數。鄭譯每次出入，都帶領大批甲士。楊堅對這些都忍了，而且還承諾即使鄭譯犯了死罪，也寬恕他十次。但實際上，楊堅在內心裡非常疏遠鄭譯這樣輕浮貪險的人，只是因為他有定策大功，不忍廢黜，暗地裡叫官屬不得將所有事情都彙報給鄭譯。

楊堅受禪後，封鄭譯為沛國公，讓他回家去慢慢消化豐厚的賞賜。

楊堅充分發揮鄭譯的愛玩會玩，懂藝術的特長，讓鄭譯為隋朝定樂制，負責音樂創作。鄭譯玩得很好，借鑒西域胡人的音樂，奠定了隋朝音樂事業的基礎。他專門寫了一本《樂府聲調》，共八篇（六卷），洋洋灑灑，儼然是一代樂壇宗師。但在內心深處，鄭譯知道自己已經被權力疏遠，現在的輝煌是表面的。內心空虛的他暗地裡招呼道士章醮為自己祈福幫助。鄭家的奴婢上奏，告鄭譯厭蠱左道。楊堅就召見鄭譯，語重心長地說：「我決不辜負你，你這麼做是什麼意思？」鄭譯無言以對。

楊堅事後授予鄭譯隆州刺史的實職。誰想，鄭譯在地方上惡習不改，貪贓枉法，胡作非為。再次被人告發。楊堅專門為鄭譯的事情下了一道詔書，指責鄭譯說：「嘉謀良策，寂爾無聞，鬻獄賣官，沸騰盈耳。若留之於世，在人為不道之臣，戮之於朝，入地為不孝之鬼。」但處理意見非常輕：「宜賜以《孝經》，令其熟讀。」結果鄭譯的政治生命就此結束，回家好好閱讀《孝經》了。

再後來，楊堅在醴泉宮召見了這位故人，賜宴。席間，兩個人談得非常高興。楊堅對鄭譯說：「你已經被貶退很久了，現在我們的感情還是這麼好啊。」於是恢復鄭譯沛國公的爵位，位列上柱國。楊堅並且對左右侍臣說：「鄭譯與朕同生共死，間關危難，興言念此，何日忘之！」鄭譯因此得以善終。開皇十一年，鄭譯因病死在任上，時年五十五歲。楊堅專門派遣使者弔祭，追諡「達」。

三

楊堅晚年的表現顯示他是一個極端矛盾的人。

一方面楊堅提倡節儉。蘇威曾見到宮中以銀為幔鉤，認為太奢侈，提醒楊堅節儉治國。楊堅於是下令撤掉所有雕飾豪華之物。因為皇帝本人提倡節儉，隋朝前期整個社會以儉為榮。當時的士人平常都穿布帛，飾物都只用銅鐵骨角而摒棄了金和玉。但是楊堅晚年喜歡大興土木，開始追求奢侈享受，完全違背了之前的節儉形象。

一方面楊堅關心百姓疾苦。開皇初期，關中發生大饑荒。楊堅知道百姓用豆粉拌糠當飯吃後，親自拿著這樣的食品在朝堂上遍示群臣，痛哭流涕。之後，他下令降低自己的膳食標準，不喝酒不吃肉。早期出巡的時候，楊堅遇到扶老攜幼的人群會主動讓路，還對百姓好言撫慰；遇到難走的道路，楊堅甚至會令左右侍從去扶助負重難行的人。但到了晚年，楊堅愛民之心大減，一再增加百姓賦稅，用嚴刑峻法懲治那些反抗的人。普通百姓往往因為一絲一毫的過錯而鋃鐺入獄。

一方面楊堅澄清吏治，希望搞好君臣關係。一度，楊堅禮遇寬待大臣們，人盡其才。比如他對高熲的感激，對賀若弼的寬容。但是越到晚年，楊堅就越沉迷於個人世界，對臣下越苛刻，大有「順我者昌，逆我者亡」的率性舉動。結果造成了賢臣去，佞臣留，奸臣做大的局面。許多後人評價楊堅是成在用人，敗也敗在用人上。

黃仁宇先生在《中國大歷史》中說楊堅是馬基維利（Niccolò di Bernardo dei Machiavelli）式的人物，所作所為以在鞏固個人權力的基礎上促進王朝發展為目標。給楊堅貼上「馬基維利」的標籤，的確能說明楊堅晚年的殘暴和前後判若兩人的矛盾言行。但客觀地說，沒有人生來就是當皇帝的料，也沒有人教過楊堅怎麼當好皇帝。楊堅的皇帝生涯是摸索著前進。他在個人喜好和政治理性，在禁欲和享受，在寬容和苛刻，在短視和遠視等等考驗之間尋找平衡。這可能是任何一個皇帝真實的內心世界。楊堅還算是應對各種考驗，掌握平衡比較出色的帝王。

注釋

❶虞慶則，隋朝建立前就在楊堅身邊擔任相國司錄，開皇元年（五八一年）任內史監兼吏部尚書，曾經是朝廷中僅次於高熲的第二號大臣。楊堅往年多疑暴戾，誅殺了不少大臣。

第四章

說不清的家事

清官難斷家務事，皇帝家裡的事情外人就更難說清楚了。皇帝家裡的任何事情都和政治緊密結合，可能被人用作政治鬥爭的工具。楊堅的長子楊勇是個缺心眼的太子，二兒子楊廣是文武全才、功勳卓著的親王。楊廣的優勢更在於透徹了解父皇與母后的心理，明白政治操作的現實，而且會表演，善於沽名釣譽。在宇文述、楊素等人的幫助下，再配合一些小把戲，楊堅和獨孤皇后夫婦最終廢楊勇，改立楊廣為太子。

我們很難說隋朝唯一的這次更立太子事件是好是壞，就像我們很難判斷隋朝政治需要一個寬厚老實的新皇帝還是能力超群、野心勃勃的新皇帝一樣。

楊堅有個早死的弟弟叫做楊整。登基後，楊堅追封楊整為蔡王，由姪子楊智積襲封爵位。蔡王楊智積很有意思，老覺得王爺是世間最危險的「職業」，日夜擔心伯伯楊堅猜忌、迫害自己。史載，楊智積終日「常懷危懼，每自貶損」。為了避禍，楊智積裝瘋賣傻，自我貶低，甚至不允許兒子多讀書和交際賓客，怕兒子讀了書以後太有才能而遭楊堅的猜疑，怕兒子交際好了名聲大會惹禍。

事實上，楊堅沒有任何迫害姪子楊智積一家的實質行動，可楊智積就是感到恐懼。一般人都難以理解楊智積貴為親王，怎麼會產生那麼嚴重的「心理疾病」。因為那是皇帝家族的家事。尋常百姓家裡的事情，外人尚且說不清楚；皇帝的家事就更說不清楚了。我們甚至連皇帝有沒有家事也不好肯定。皇帝身上的權力光芒太耀眼了，他的一舉一動、家中的任何點滴小事都可能衍化為政治風波。

「美好願望」

一

楊堅長期生活在政治恐懼之中，又是通過倉卒政變僥倖上台的，所以嚴重缺乏安全感，多疑猜忌。這種心理疾病嚴重影響了隋朝政治。它在楊堅身上的表現，一方面是猜忌、防範乃至殺戮大臣，另一方面則是厚待自己的兒子們，樹立藩鎮來拱衛皇權。

楊堅篡奪了北周的江山，在篡位過程中他得出一個經驗教訓。那就是北周的迅速滅亡，很重要的一個原因是宗室力量薄弱，關鍵時刻沒有力量保衛皇權，眼睜睜看著江山落入了異姓人的手裡。楊堅從中吸取教訓，認為上陣父子兵，打斷骨頭連著筋，血緣關係是最靠得住的。一旦到了危急時刻，皇帝還是離不開宗室諸王來鎮壓叛亂，保衛自己。所以，楊堅一登基就大封楊姓諸王，並且給予關係親近的子姪以實權，讓他們出鎮一方。其中，楊堅重點栽培、寄予厚望的，就是嫡長子楊勇。

楊堅政變奪權後，立刻任命楊勇為洛州總管，向東鎮守洛陽，統管原來的北齊之地。很快，楊堅又徵召楊勇回京，晉升楊勇為大司馬，領內史御正，掌握宮廷宿衛。當時楊勇多大呢？史書沒有記載楊勇確切的出生日期，但是從他弟弟們的年紀倒推，楊勇當時也就十三四歲。楊堅建立了隋朝，他是在北周大定元年（五八一年）二月十四日宣布登基的，第三天，也就是十六日就冊立楊勇為皇太子。楊勇這個皇太子可不是虛職。凡是軍國大事，楊堅都讓楊勇參與決策，有些事情楊堅乾脆就讓大臣們稟報太子處理。可見，楊勇這個皇太子是握有實權的。而他還是一個十四五歲的少年。

冊立楊勇幾天之後，楊堅又冊封其餘四個皇子王爵——次子楊廣為晉王，三子楊俊為秦王，四子楊秀為越王（同年九月改封為蜀王），五子楊諒為漢王。封王完畢後，楊堅沒有讓兒子們都歇著，而是給他們配置了助手、幕僚，安排鎮守地方。其中晉王楊廣曾任并州總管、揚州總管，秦王楊俊歷任秦州總管、揚州總管、并州總管，蜀王楊秀任職益州總管，在工作實踐中接受千錘百煉。最小的漢王楊諒因為才六歲，實在是不能獨當一面，所以開始並沒有給他壓擔子。楊堅的如意算盤是，我給兒子們軍政大權，給他們兵馬糧草，給他們配備官員，創造條件好好鍛煉他們，等他們塑造成才後可以保衛我這個父皇，讓楊家的天下江山永固。

楊堅的五個兒子，都是和獨孤皇后生的。獨孤伽羅十四歲嫁給楊堅，夫妻二人感情非常好，在隋朝建立前生了上述五個兒子。楊堅「誓無異生之子」，發誓不和其他女子生育兒子。他也確實做到了，言而有信。楊堅沒有和其他嬪妃生育皇子。對於這一點，楊堅本人很自豪，曾經向大臣們炫耀說：「前代的帝王，寵幸妃嬪，嫡系和庶出的皇子眾多，廢立之事由此而出。朕不親近嬪妃，五個兒子都是皇后所生，可謂是真兄弟，哪會出現前代那樣內寵爭鬥、孽子奪權的亡國之事！」皇室內部兄弟爭位、骨肉相殘的悲劇不會在我老楊家重演。

楊堅的想法是美好的，也花了很多心思培養兒子。那麼，他的「美好願望」能夠實現嗎？

二

在五個兒子中，楊堅一開始就明白無誤地確立長子楊勇為自己的接班人，重點栽培。他之所以早早地冊立太子，是由於內在的不安全感作祟，想通過預立太子來確定新王朝的根基。皇太子制度，中國自古有之。太子也叫「儲君」，一個「儲」字說明了他的特殊地位：隨時準備繼位。朝野把太子看作是國家根本、王朝之基。一個朝代如果沒有太子，接班人就沒有著落，君臣心裡都沒有底。大家擔心會有他人覬覦皇位，會有奸人作祟，禍患橫生。有了太子，就可以斷了他人的歪思邪念。所以不管在位皇帝的年紀大小，都會冊立嫡長子為太子，如果沒有嫡子，就從庶子中挑選太子。這其中，既有古代人家族宗法觀念的影響，也有現實政治的考慮。

太子楊勇不僅是楊堅的嫡長子，而且在客觀上也品行不錯，具備一個皇位繼承人的基本素質。楊勇容貌俊美，生性好學，寫的一手好詞賦，吸引了一批文人學士在身邊。而且，楊勇貴為太子，卻個性寬厚、言行溫和，更難能可貴的是他「率意任情，無矯飾之行」，為人不矯揉造作，沒有架子，平易近人。就做人而言，楊勇是一個不錯的小夥子。

楊勇從開皇元年（五八一年）一直到開皇十年（五九〇年）左右，皇太子的地位都是非常穩固的。在這十年時間裡，楊勇和父皇楊堅、母后獨孤伽羅的關係很融洽，沒有產生矛盾。同時，楊勇還獲得了一大批大臣的支持，其中就包括諸多的政壇重量級人物。楊勇最強大的政治盟友就是當朝宰相高熲。

高熲在隋文帝時代，地位特殊。楊堅登基前，高熲是他的謀主；楊堅登基後，從開皇元年至開皇十九年（五八一～五九九年），除了短暫幾個月外，高熲一直擔任尚書左僕射，是楊堅的宰相。在整整二十年裡，高熲門生故舊遍布朝野，權傾一時。而他堅決支持太子楊勇，還讓兒子高表仁娶了楊勇的女兒為妻。當朝宰相公開把自己和太子綁定在一起，高調地擁護太子。

隋文帝楊堅、獨孤皇后站在一方，宰相高熲是第二方，太子楊勇是第三方，他們三方的關係在開皇前十年裡非常融洽，相互支持。因此，楊勇的太子地位固若金湯，幾乎是不可撼動的。當時的大臣，都以和太子楊勇交往為榮。比如滅陳功臣賀若弼，就對人誇口說：「皇太子於己，出口入耳，無所不盡。」以此來抬高自己的身分和地位。

那麼，在這個表面看起來銅牆鐵壁一般的三角平衡當中，就沒有一點兒的瑕疵嗎？還真有一點不太和諧的地方。那就是在對於物質享受方面，楊堅和楊勇存在矛盾。

隋文帝楊堅是開國之君，深知「自古帝王未有好奢侈而能久長者」，提倡節儉。隋朝一般士人多用布帛，飾帶只用銅鐵骨角，不用金玉。楊堅身為九五之尊，生活非常樸素，宮中的妃嬪都不作美飾。但是楊勇不一樣。他從小生活在錦衣玉食當中，沒有過過苦日子。在他價值觀開始定型的十來歲的時候，他就是皇太子了，一切吃穿用度都是最好的。那些伺候皇太子的官員們，都巴不得把天底下最好的東西供應給主子。所以，楊勇並不覺得錦衣玉食、歌舞昇平的生活有什麼不對的地方。話又說回來，你逼著楊勇去過粗茶淡飯、麻布衣服的生活，他也不會過，因為他壓根就沒見過這樣的生活。

楊堅把兒子的奢華生活看在眼裡，心生不滿。終於有一天，楊堅把楊勇叫了過來，很嚴肅地給太子上「憶苦思甜」的課，講了很多諸如物力維艱、勤儉持家之類的話。楊勇聽在耳朵裡，心裡大不以為然，回去以後該怎麼過日子還是怎麼過日子。也許，楊勇回到東宮後，把一百人的樂隊裁減到了八十人，把平時喝的西域美酒換成了長安本地產的佳釀。這在楊勇看起來就已經是非常儉樸了，但是在楊堅看來還是很奢侈、很浪費。在追求物質享受上，楊堅對太子是不滿意的。

但是，這個矛盾遠遠不足以動搖楊勇的太子地位。楊勇更大的危險，來自於母后——獨孤伽羅。

之前我們說過，隋文帝楊堅和獨孤皇后並稱「二聖」。獨孤皇后的妒嫉心特別強，容不得男子寵愛姬妾。偏偏獨孤皇后的大兒子、太子楊勇是一個三妻四妾的人。楊堅和獨孤皇后為楊勇迎娶了系出名門的元氏為太子妃。這個元妃出身高貴，生性溫婉賢淑，端莊有禮，在獨孤皇后看來非常適合將來母儀天下，很喜歡這個兒媳婦。但是楊勇不喜歡既嚴肅又刻板的太子妃，而喜歡出身工匠家庭的雲氏，立雲氏為昭訓。雲昭訓不僅相貌秀麗，而且活潑乖巧，很對楊勇的脾胃。楊勇寵愛雲昭訓，對待雲昭訓的禮遇超過了正妻元氏。楊勇和雲昭訓生下了隋文帝楊堅的皇長孫楊儼。楊堅雖然覺得這似乎有些不妥，但還是封楊儼為長寧王。可在獨孤皇后看來，自己的長孫竟然是一個侍妾所生，她就接受不了，進而討厭起了楊勇這個兒子。

開皇十一年（五九一年）正月，常年失寵的太子妃元氏鬱鬱而終。她的死屬於暴病而亡，第一天傳出來太子妃有心疾，第二天就病逝了。獨孤皇后懷疑其中有陰謀，為此痛罵了楊勇一頓。太子妃死後，東宮由侍妾雲昭訓專權。這一下子獨孤皇后憤怒了，這完全是在挑戰她這個皇后的價值觀！而且挑戰者還是自己的大兒子。獨孤皇后認定是楊勇和雲昭訓合謀，害死了太子妃元氏。從此以後，獨孤皇后就派人監視楊勇，專門觀察楊勇的過錯。你一旦戴著有色眼鏡去看一個人，肯定會挑出他的缺點。慢慢的，獨孤皇后發現自己的大兒子罪過越來越多，越來越難以讓人忍受。於是，她開始給丈夫吹耳邊風，鼓動楊堅另選賢能，改立太子。

隋文帝楊堅雖然對獨孤皇后百依百順，言聽計從，但是改立太子不是一件小事。楊堅對楊勇基本上還是肯定的，只是在心裡開始有了負面的印象，而且這個負面印象的影響在日漸擴大，持續發酵。

皇位爭奪戰的領跑者楊勇開始有危險了。這也暴露出了預立太子制度的缺點。

首先，預立太子制度對皇太子的成長不利。尤其是中國古代的皇太子，往往都是在年紀很小的時候就被皇帝確立為接班人。他們是頂著「明日天子」的光環接受教育，並且成長起來的。他們過早地失去了正常的孩子應該有的童年、少年和教育，失去了像正常人那樣塑造人生觀、價值觀的機會。年輕的皇子們很可能成為驕奢淫逸、妄自尊大、目空一切的人。因為他們的周圍不是阿諛奉承、逢迎攀附的小人，就是戰戰兢兢、只知道磕頭的庸才。他們想要什麼，這個世界都已經給他們準備好了。所以，他們不會真切地感受到艱苦樸素、奮鬥進取、孝老愛親的含義。就比如十來歲就被冊立為皇太子的楊勇，他就不知道什麼景況叫做「物力維艱」。在後面，我們還會發現，楊勇不知道「以退為進」、「韜光養晦」等等的許多東西。

一句話概括，預立太子制度下培養出來的皇太子往往沒有健全的人格和正常的情感。

這項制度的第二大缺點是讓皇太子早早地成為眾矢之的，增加了成功繼位的風險。皇太子制度雖然明確了皇位的繼承順序，但也把第一繼承人早早地推到了各派政治勢力的跟前。在君主專制政體下，爭奪皇位的鬥爭永遠不會停歇。俗話說「槍打出頭鳥」，太子就成為了各派政治勢力爭相打擊的目標，反而不利於太子的順利登基。

楊勇被冊立為皇太子後，他的一舉一動、一言一行都處在朝野臣民的關注之下。楊勇表現出來的忠厚大度、平易近人，大家可能會覺得這是應該的，誰讓他是太子呢？太子就應該表現出優

在大哥的手中了。而且，大哥的子子孫孫都是皇帝，我們的子子孫孫都是臣子，都要恪守君臣之禮。這是一道多麼深刻的鴻溝，這是一幅多麼可怕的前景。就因為楊勇是大哥，一切都似乎注定了。楊廣等四個弟弟難免在心中出現一個大大的問號：憑什麼？

楊勇之所以能早早被立為太子，得益於中國自古奉行的嫡長子繼承制。古代宗法制度的一項基本原則，就是嫡長子繼承制。權力和財產必須由嫡長子繼承，「立嫡以長不以賢，立子以貴不以長」。但是，面對至高無上的皇權，所有有資格參與皇位競爭的人難免都會心癢。很多矛盾就由此而生。所謂的「同胞親情」在權力誘惑面前，逐漸被欲望撞擊得粉碎。

楊廣在北周天和四年（五六九年）出生於京城長安。史書說楊廣「美姿儀，少聰慧」、「好學」、「善屬文」。套用現在的說法就是，楊廣和一般人相比，家庭背景更好，智商更高，更可貴的是他比一般人還要努力刻苦。

楊廣很小的時候，就名聲在外。據說他七歲就能寫詩，一生文學作品結集五十五卷（流傳下的有嚴可均《全隋文》收錄的文章一百多篇和逯欽立《先秦漢魏晉南北朝詩》收錄的詩歌四十四首，皆有據可查）。有他寫的詩作證。楊廣曾寫過〈季秋觀海詩〉：

孟軻敘遊聖，枚乘說瘉疾。
逖聽乃前聞，臨深驗茲日。
浮天迥無岸，含靈固非一。

委輸百谷歸，朝宗萬川溢。
分城碧霧晴，連洲彩雲密。
欣同夫子觀，深愧玄虛筆。

如果不事先說作者是楊廣，很多人都以為這首詩的作者是曹操那樣的一代豪傑。楊廣還寫過一首〈春江花月夜〉，對景物特點的拿捏非常到位，意境優美：

暮江平不動，春花滿正開。
流波將月去，潮水帶星來。

楊廣對自己的文學才能相當自負，當了皇帝以後曾對群臣說：「天下人都說朕是承藉餘緒而有四海，可就是讓朕與士大夫們一起比賽高下，也應當由朕來做這個天子。」楊廣真的這麼有才嗎？

隋朝建立之初，楊廣擔任并州總管、河北道行台尚書令等，駐守并州八年，積累了相當的政治和軍事經驗。開皇八年（五八八年）冬，隋朝興兵討伐南陳。第二年，隋朝滅亡了南陳，時隔三百年重新統一了中國。楊廣是這場戰爭名義上的統帥，主要出力的是高熲、楊素、韓擒虎、賀若弼等大臣。但楊廣在調兵遣將，戰後懲辦南陳的奸臣、安定江南方面做出了不小的貢獻。當時他只有二十歲，凱旋後因功進封太尉。從開皇十年（五九〇年）開始，楊廣任揚州總管，鎮守江都，也就是現在的江蘇揚州整整十年時間。在這十年裡，楊廣每年回京師朝拜父母一次。

從經歷可以看出，楊廣在幾個兄弟當中，功勞最大，政治歷練也是最豐富的。他在將近二十年的出守藩鎮時間裡，鍛煉了能力，在工作中和許多文臣武將建立了聯繫，自己麾下也有可供驅使的人才，這就形成了楊廣自己的政治力量。開皇二十年（六〇〇年）四月北方邊境形勢緊張，楊堅調楊廣北上出力。楊廣成功擊退了突厥，顯示出了他已經具備了相當的實力。《隋書》評價楊廣早期經歷說：「煬帝爰在弱齡，早有令聞，南平吳、會，北卻匈奴，昆弟之中，獨著聲績。」這個評價應該說是比較客觀的，楊廣確實辦事穩重、個性深沉，「朝野屬望」，最有可能對楊勇的太子地位構成挑戰。

開皇十七年（五九七年），史萬歲遠征雲南凱旋，途中分別拜訪了秦王楊俊和晉王楊廣。楊俊親自接見了史萬歲，好奇地向他打聽雲南的奇聞軼事，索要虜獲的奇珍異寶。楊廣也親自接見了史萬歲，「虛衿敬之，待以交友之禮」，和史萬歲談的也都是軍國大事，如何安定南方，如何駕馭突厥等等。楊廣和楊俊為人的高低賢愚，一望即知。

楊廣在揚州的十年，鎮壓江南的零星叛亂，穩定社會秩序，推行朝廷法令，打破南北隔閡，南方穩步走向繁榮昌盛。在政務之外，對於掌權的大臣，楊廣都傾心相交。每次朝廷派遣使節來江都，楊廣無論對方高低貴賤，都和顏悅色，以禮相待，臨別還贈送厚禮。所以，上自朝臣、下自宮中的奴婢，都說晉王仁孝。

二

事實上，楊廣是個偽君子，人前一套背後一套。其實他和大哥楊勇一樣，從小錦衣玉食，長大後也過著奢侈的生活。楊廣的府邸也是三妻四妾，他常常在府裡鶯歌燕舞，把美女左擁右抱，日夜享樂，和大哥楊勇相比有過之而無不及。這也很正常，含著金湯匙出生的宗室藩王都是這樣。你讓他住茅屋、吃青菜，生活自理，那是不現實的。楊廣的不同之處是，他演技高超，用各種表演技巧把奢侈糜爛的生活掩蓋起來，把自己裝扮成艱苦樸素的楷模。

江南是個好地方，遊玩的地方多，財富積累也快，美女如雲。楊廣能夠克制住內心的欲望，十多年來潔身自好，清廉為政，夫妻恩愛，真的不是一般人可以做到的。楊廣牢牢壓制住物質、女色和聲樂等方面的享受欲望，是為了實現內心埋藏的更深、更大的欲望——政治欲望。

楊廣前半生過得非常順利，如果說有什麼遺憾的話，那就是比大哥楊勇晚生了一年多。結果楊勇成了太子，自己卻只能鎮守江南。但凡能力高強、功勞卓著的人，往往會萌生出強烈的政治欲望。楊廣的政治欲望就是能夠當皇帝，治理江山，他覺得自己有能力也有資格做到。為此，他首先要取代大哥楊勇的太子地位。

楊廣知道，皇子的地位和將來，仰仗於皇帝和皇后的態度。所以，他很重視搞好與父皇母后的關係。楊廣知道父皇是「妻管嚴」，怕母后，所以決定先討獨孤皇后的歡心。獨孤皇后最恨男子三妻四妾，要求丈夫感情專一。楊廣就投其所好，正式迎娶的姬妾只有屈指可數的幾個人，在公開場合高調地和正妻蕭妃秀恩愛。暗地裡，楊廣經常和其他女子交歡，懷孕了一律墮胎，發覺太晚不能墮胎時，他竟然狠心親手掐死自己和侍妾生的庶出子女。可見，他為了裝扮出感情專一的假象，還真下得了手。這些情況傳到獨孤皇后那裡後，獨孤皇后非常感慨：同樣是自己生的兩個兒子，怎麼差距就這麼大呢？於是，獨孤皇后對太子楊勇更加不滿意，開始稱讚晉王楊廣的德行。

搞定了母后，楊廣又去取悅父皇楊堅。楊堅提倡儉樸，楊廣也投其所好。每次楊堅駕臨晉王府或者派使節光臨的時候，楊廣都要把府邸從裡到外重新布置一番，把奢侈華麗的擺設都撤掉，換成艱苦樸素的物品，把樂器的弦都弄斷了，再在上面灑上塵埃，偽裝成很久沒用的樣子，表現自己不好聲妓。楊堅知道後，果然很滿意。一次，楊廣打獵的時候遭遇暴雨，隨從獻給他一件油布雨衣，楊廣很嚴肅地說：「士卒們都在雨裡淋著，我怎麼能一個人披雨衣呢？」揮揮手讓隨從把雨衣拿下去。楊廣鎮守江都十載，「每歲一朝」，每次來大興述職的時候，車馬侍從都非常儉素，一點也看不出來是藩王的儀仗。不知道的人還以為是南方來的一個土財主呢！在京師的時候，楊廣拜訪相關部門的官員，禮極卑屈，表現得十分謙虛。這一切都給楊堅很好的印象。楊堅覺得晉王楊廣為人樸實，謙恭有禮，非常像自己。

楊堅雖然把幾個兒子都安排到各地，但始終在暗中觀察他們。他有一個非常信任的相面術士，叫做來和。當年楊堅發動政變的時候，曾遇到來和，讓他給自己看了一回相。來和說楊堅相貌吉祥，無往不利。很快，當天的政變就以勝利完成。所以，楊堅對來和刮目相看。現在，楊堅讓來和給五個兒子都看相。來和走了一圈後，回來稟告說：「晉王眉上雙骨隆起，貴不可言。」楊堅在心裡，又對楊廣多了一層好感。

隋文帝楊堅對楊廣有了良好的印象，加上獨孤皇后在一旁不斷地稱頌楊廣的品德、數落楊勇的缺點，楊堅心裡的天平也慢慢發生了傾斜。連續幾年以來，楊堅得到的信息，都是楊勇失德，楊廣仁孝。漸漸地，「廢楊勇，改立楊廣為太子」就成了楊堅心中的一個選擇項。

楊堅的心理變化，不自覺地體現在了政治行為上。從開皇十一年（五九一年）起，支持太子楊勇的政治勢力開始受到打擊，原先看似牢不可破的三角平衡開始出現了鬆動。開皇十二年（五九二年）爆發了「盧愷朋黨案」。盧愷當時擔任禮部尚書，兼理吏部尚書事，主管朝廷的人事選拔，是握有實權的大臣。同時，盧愷是太子楊勇的支持者，他選拔的官員基本上也都是支持楊勇的。當年，隋文帝楊堅認定盧愷黨同伐異，罷免了以尚書盧愷為首的一批吏部官員，貶斥到地方去。雖然此事並沒有廣為株連，在歷史上的影響並不大，但透露出了一個明確的信號：楊堅對太子楊勇不滿。

太子爭奪戰　一

過了五年後，開皇十七年（五九七年），「劉居士案」爆發，更加明確地把太子楊勇牽連了進去。

劉居士是彭國公劉昶的兒子，屬於「官二代」。劉昶乃元老重臣，是隋文帝楊堅的老夥計了。劉居士仗著家庭背景，在京師內外「聚徒任俠，不遵法度」，劣跡斑斑。一開始，楊堅看在劉昶的面子上都沒有追究。他覺得，年輕人不懂事，只要不鬧出大事來，就算了吧。

劉居士一看沒人管自己，越來越肆無忌憚，糾集了一批官二代，形成了帶有黑社會性質的小團夥。當時，大興城裡存在一個官二代群體，都是沒人敢管，目無法紀，胡作非為。劉居士聽說哪個公卿子弟膂力雄健，就闖到他家去，先用車輪套住他的脖子，再用棒子打他。如果對方寧死不屈，劉居士就稱他為壯士，和他結拜相交。就這樣，劉居士結黨三百餘人，把身手敏捷的編為「餓鶻隊」，把身強力壯的編為「蓬轉隊」。這群世家公子哥兒毆打路人，搶奪財物，大興城裡無論貴賤，看到他們都遠遠躲開。甚至公卿王妃，都不敢惹他們。

說了這麼多，劉居士和太子楊勇有什麼關係呢？

劉居士日夜在外面亂搞，卻是有官職的，算是朝廷命官。劉居士的官職是「太子千牛備身」，擔任皇太子楊勇的侍從官員。他的狐朋狗友當中，相當一部分人也是楊勇的侍從官員。古代皇帝為了拉攏王公大臣、達官顯貴，常常授予他們的兒子一些閒職和虛銜，作為一種安撫手段和政治待遇。而這些官二代年紀小，又沒什麼政治經驗，比較適合安排給太子做侍從官員。反正太子也很年輕，雙方湊在一起還有共同語言，能玩到一塊去。大家一起成長，都可以為將來接班做準備。所以，隋朝的公卿子弟，很多都在楊勇身邊掛有官職。

劉居士他們在大興城裡橫行霸道，就常常亮著自己的官職，有意無意地打著太子楊勇的旗號。旁人的觀感就是「太子身邊的人橫行不法」。

終於有人告發劉居士與黨徒遊覽漢代的長安城遺址，登上了漢代皇宮未央宮的殿基，劉居士竟然南向而坐，黨徒們前後列隊，擺出了君臣朝會的架勢。這就是大逆的行為了。劉居士等人又相互約定：「當為一死耳。」那麼，有什麼事情值得以死發誓呢？又有人告發劉居士派人暗中勾結突厥，引誘突厥大軍南侵，劉居士一黨在京師內應。這可就是叛國行為了。隋文帝楊堅接到舉報後，認定劉居士等人陰謀造反，迅速將包括劉居士老爸劉昶在內的一千人等全部逮捕入獄，株連了很多人。最後，劉居士被斬首，劉昶被賜死。

「劉居士案」對太子楊勇的聲望打擊很大。應該說，楊勇沒有管教好身邊官員，在此案中負有失察的責任。但是隋文帝楊堅看得並沒有這麼簡單。他已經在心裡討厭楊勇，傾向楊廣了，經過此案後加重了這種傾向。他更加認為楊勇這個太子無法無天，驕橫霸道。自己怎麼能把辛辛苦苦創建的王朝事業交付給這樣的人呢？

一次，楊堅突然問大臣韋鼎：「你看，朕的幾個兒子，誰適合接大位啊？」

韋鼎嚇出一身冷汗來。什麼叫做「誰適合接大位」？皇太子都已經確立十多年了，皇上怎麼還會問這樣的問題呢？難道，這是皇上在考驗我？韋鼎的腦子飛快地轉了起來，最後他做出了一個模糊的回答：「至尊、皇后所最愛者，即當與之，非臣敢預知也。」大家都知道皇帝怕皇后，楊堅對獨孤伽羅言聽計從，所以韋鼎言外之意是：皇后娘娘最喜歡誰，萬歲爺您就把皇位交給他吧。

楊堅聽了，笑著對韋鼎說：「你這老狐狸，不肯明說啊？」

這件事情發生後，朝野都知道，太子楊勇已經失去了皇帝的支持與信任，楊堅心中已經有了廢立之意，而且明明白白地表露了出來。廢立太子是大事，楊堅必須明白宰相高熲的態度。所以，他試探高熲說：「晉王妃蕭氏，得到神靈啟示，說晉王必有天下。你怎麼看？」高熲的態度非常明確。他一點都不繞彎子，長跪在地回答說：「長幼有序，其可廢乎！」高熲堅決反對廢立太子。楊堅只好把接下去的話嚥了回去。

廢立太子最大的政治阻力，可能就是宰相高熲了。獨孤皇后是一心要廢楊勇立楊廣的，知道高熲堅決反對了，下決心先扳倒高熲。打倒了高熲，太子楊勇就成了孤家寡人了。恰好當時出現了前述的高熲謝絕楊堅續弦的建議，卻和愛妾生出兒子的事件來。獨孤皇后乘機在楊堅耳邊說高熲欺君。楊堅從此不再相信高熲，開始疏遠冷落他。至此，太子楊勇的處境就更加危險了。

二

開皇十八年（五九八年）的冬至，天下文武百官朝拜完隋文帝楊堅，集體去東宮朝賀太子。皇太子楊勇在東宮備齊儀仗、鼓樂，穿上正式的法服，南向而坐，接受百官的朝賀。行禮的樂聲傳到了楊堅的耳朵裡，掀起了他內心巨大的波瀾。前文曾提過，楊堅在長期的政治鬥爭中形成了多疑猜忌的個性，即使是兒子也難以倖免。他就在心裡想：「我還沒死呢，楊勇就迫不及待地接受了百官的朝拜。一旦我駕崩了，楊勇和大臣們又會怎麼對待我呢？」

其實，百官冬至朝賀太子，太子受禮，並不算是僭越。這件事可大可小。它之所以刺激了楊堅敏感的神經，主要是皇太子制度在作祟。在傳統的君主專制政體下面，皇帝和皇太子，都不是一個簡單的自然人，而是一項制度，一個機構，一派政治力量。皇帝代表的是皇權，皇權是至高無上的，不允許有其他任何挑戰。太子代表的是儲君，是一派相對獨立的政治力量。太子一旦確定，朝廷就為他配置教師、幕僚、屬官、衛隊，迅速形成一股力量。皇帝和皇太子的關係，不是簡單的兩個人的關係，更不是純粹的父與子的關係，而是兩個政治人物的關係，是兩派政治勢力的關係。皇帝發出的聖旨、太子發出的命令，文武百官都得執行。隋文帝楊堅不就允許太子楊勇參與軍政大事的決策嗎？夾在皇帝和皇太子之間的大臣們是很為難的，兩邊都不能得罪。皇帝握有生殺予奪大權，而皇太子呢，讓人有盼頭，說不定明天一起床就發現太子成了新皇帝了。所以，大臣們難免兩邊都得跑著。一些欠穩重的官員，覺得皇太子更有前途，和太子走得比較近，也是可以理解的。皇帝於是就感覺受到了侵犯。

再深厚的父子感情，在這個冷酷的政治現實面前也是脆弱的。漢武帝劉徹和太子劉據的親情不可謂不深。劉據是劉徹和心愛的衛子夫生的第一個兒子，也是劉徹苦苦等待的皇長子。所以，劉徹在兒子牙牙學語的時候就立為太子，給他配備了最好的教師、最好的成長環境。最後怎麼樣？漢武帝劉徹和太子劉據各自調兵遣將，在長安城裡廝殺了幾天幾夜，只殺得血流成河，父子恩斷義絕，陰陽永隔。悲劇的根源就在於皇太子制度本身。

發生在開皇十八年冬至的朝賀太子事件，就擊穿了楊堅和楊勇脆弱的父子感情。事件發生後，楊堅馬上問大臣：「朕聽說冬至節，內外百官集體去東宮朝拜太子，這是什麼禮數啊？」下面的大臣都嚇得不敢說話。掌管祭祀禮法的太常寺官員躲不過去，太常少卿辛亶就如實回答：「百官去東宮是賀，不得言朝。」

楊堅說：「百官逢年過節，朝賀太子，可以三數十人，零星、自願前往。為什麼有關部門徵召文武官員，集合了再去，太子還穿戴法服、設樂相待？東宮如此，殊乖禮制。」接著，楊堅下詔說：「君臣有別，禮節也不同，近年以來禮制混亂，因循成俗。皇太子雖然是儲君，同時也是臣子。各方官員，正冬朝賀東宮，不合禮制，應該立即全面停止。」從此，楊堅對太子楊勇的恩寵迅速衰落。之前，楊堅雖然有廢立之心，但對太子楊勇的表面文章還是做足了的，經過冬至朝賀這一事後，楊堅的表面文章也不做了，現在可是連普通老百姓都能看出皇帝對皇太子不好了。父子兩人是漸生疑阻。

不久，楊堅要從各宗室侍衛中挑選強健的人，給自己當侍衛。高熲就奏稱，如果把強者都挑選走了，恐怕東宮的宿衛力量太弱。楊堅就不高興了：「朕時常有出行活動，安保力量必須加強，侍衛必須是雄毅之人。太子常年居住東宮，哪裡需要強健的武裝？之前給東宮配置武裝的做法就很不好，甚非朕意。朕對前代的制度和歷史很熟悉，你不須照搬之前的做法。」楊堅不僅否決了高熲的建議，削弱了太子的宿衛力量，而且懷疑高熲是因為和楊勇是兒女親家，所以向著楊勇。順帶著，楊堅更加疏遠高熲。現在，高熲和楊勇都很危險了。

易儲風波

一

太子楊勇的地位岌岌可危，晉王楊廣開始蠢蠢欲動。開皇十九年（五九九年），楊廣又一次來京師朝拜父母。在從大興返回揚州之前，楊廣去向獨孤皇后辭行。這不是一場普通的母子離別，而是一場非常精采的政治表演。所以，《隋書》把每一句話都詳細地記載了下來。我們一起來看看：

楊廣其實是想探探母親獨孤皇后對廢立太子的態度。楊廣很想當太子，但他總不能直截了當地問父母：「父皇、母后，你們同意我來當太子嗎？」他不能這麼問。同時楊廣每年只能來京師一次，所以他只能利用辭行的機會，想方設法打探出獨孤皇后的明確態度。

一見到獨孤皇后，楊廣臉上寫滿了悲傷：「兒臣鎮守東南，不能經常看到父皇與母后，臣子之戀，實結於心。一想到辭別母后後，兒臣就不能侍奉左右了，頓時覺得相見遙遙無期。」說完，楊廣哽咽流涕，伏地起不來了。

獨孤皇后見狀也很傷心。她說：「你在方鎮，我又年老，今天的分別，真的是和尋常的離別不同。」說完，她哭了。母子兩個人相對歔欷。

楊廣成功營造了悲傷的氛圍後，繼續說：「兒臣性識愚下，平常恪守兄弟之意，但不知道犯下了什麼罪過，失愛於東宮太子。大哥對我非常生氣，多次想殺害我。我每天都生活在恐懼當中，怕大哥誣陷我，給我下毒，不知道自己哪天是死期。」楊廣說的純粹是謊話，沒有任何史實證明楊勇要加害於二弟楊廣。

獨孤皇后不辨真偽。她早就在心裡把楊勇判了道德死刑，認定楊勇就是逆子了。現在聽說楊勇竟然要殺害自己寵愛的二兒子楊廣，她氣憤地說：「楊勇實在是太不像話了。我為他迎娶了元家女，希望能興隆我們楊家基業，楊勇卻冷落元氏，從不作夫妻，一門心思寵愛阿雲。太子妃元氏身體好好的，突然就暴亡了，我看是楊勇和那個小狐狸精派人投毒，害死了我的兒媳婦。事已如是，我也不能追究到底。想不到他竟然把毒手伸向了你！我現在還活著，尚且如此；等我死後，你還不成了他們的案上魚肉？現在東宮沒有嫡妻，等皇上千秋萬歲之後，難道讓你們兄弟還要向阿雲的兒子叩頭問安？我一想到這兒，就無比心痛！這可怎麼辦好啊？」獨孤皇后的這番情緒發洩，把自己的態度表露無遺。

楊廣已經得到了需要的答案。他再次鄭重地向獨孤皇后行大禮，欲言又止，伏在地上一個勁兒地嗚咽。多麼完美的表演啊，看得獨孤皇后也悲不自勝。母子兩個人在悲傷當中達成了共識：廢掉太子楊勇，另立楊廣。《隋書》記載：「此別之後，知皇后意移，始構奪宗之計。」楊廣加快了奪嫡的步伐。

楊廣面臨的情況是，隋文帝楊堅和獨孤皇后都明確表露出了廢黜太子楊勇的意思，但是楊勇畢竟在位多年，影響廣播，勢力根深柢固，不是想推翻就能推翻的。楊廣需要積蓄自己的力量，自下而上地瓦解楊勇的勢力。楊廣分析了一下「敵我形勢」，發現自己欠缺的就是一個朝堂上的政治盟友。就像太子楊勇和宰相高熲是政治盟友，相互支持一樣，楊廣身邊還沒有這樣的角色。

楊廣把目光掃視了一下朝堂上的袞袞諸公，發現有一個人很適合參與自己的「奪嫡大業」。這個人就是在迅速崛起的越國公楊素。楊素從開皇十二年（五九二年）開始出任尚書右僕射，是居於高熲之下的「副宰相」，而且楊素曾與太子楊勇結怨。

楊廣召集黨羽張衡、宇文述商量，怎麼爭取楊素。大家定了一個計畫，先由宇文述出馬，到大興去找認識的大理少卿楊約。楊約是楊素的弟弟，兄弟感情很好。做通了楊約的工作後，再謀求與楊素結盟。

宇文述到京師後，多次宴請楊約。宇文述知道楊約貪財，故意在酒足飯飽之際拿出許多奇珍異寶來給楊約欣賞。楊約看到這麼多寶貝，愛不釋手，心裡很想要，又不好意思開口。宇文述就主動提出大家玩兩把，賭博娛樂。玩了幾把後，宇文述把所有的寶貝都輸給了楊約。楊約發了一大筆橫財，覺得過意不去，主動回請宇文述。席間，楊約主動問：「宇文大人，您和我說實話，這麼多奇珍異寶，到底是怎麼來的？」可見，楊約這個人也不傻。

宇文述就說：「那些都是晉王之賜，讓我送給楊大人您高興高興的。」

楊約大吃一驚：「晉王想要我做什麼？」

宇文述攤牌了：「政治無常，識時務者為俊傑。自古賢人君子，沒有不緊跟形勢、掌握消息，避禍趨利的！楊大人兄弟二人，功名蓋世，掌權用事，也有好幾年了。你們這麼多年來，得罪

之位，楊素何樂而不為呢？

高熲和楊素，一個是尚書左僕射，一個是尚書右僕射，官位基本相當。但是高熲在歷史上的名聲要比楊素好得多。我們可以通過一件事來比較兩人的高下優劣。隋文帝楊堅晚年喜歡清靜，楊素奉命在首都郊外營建仁壽宮。楊素平山填谷，嚴厲驅趕民工勞作。很多民工死在了這項土木工程上。仁壽宮落成後，宮側常常能聽到鬼哭之聲。楊堅派遣高熲去驗收工程。高熲回奏說，仁壽宮雖然綺麗，但是大損人丁，用百姓性命換取的富麗堂皇是有害的。楊堅聽了，覺得很有道理，要責罰楊素。楊素害怕了，急中生智去求獨孤皇后。楊素為自己辯解說：「帝王興建離宮別館，是一貫的做法。如今天下太平，皇帝就造這麼一座宮殿，不需要擔心損耗花費問題！」獨孤皇后覺得楊素的話有道理，就幫著向楊堅說情。楊素這才逃過了一難，事後開始怨恨高熲。

就在楊廣、楊素兩人聯手的開皇十九年（五九九年），六月時爆發了「王世積案」。此案被楊廣和楊素所利用，沉重打擊了高熲。最終，楊堅將高熲父子削職為民。高熲徹底失去了政治實力。尚書右僕射楊素很快頂替了高熲的地位，升任尚書左僕射。

三

太子楊勇終於明白了自己的危險處境。他環顧四周，自己已經失去了父母的寵信，父皇顯露出了廢立太子的明顯信號；鐵桿支持者高熲不僅失去了宰相地位，還被削職為民，朝堂上也沒有了可以依靠的力量。楊勇也知道，二弟楊廣和新宰相楊素，正在聯合要扳倒自己。楊勇又擔心又害怕，到底應該怎麼辦呢？

這個時候，過早的太子生活給楊勇造成的負面作用，徹底暴露了出來。楊勇在長期的安逸中並沒有掌握充分的政治鬥爭的技巧，完全不知道如何利用自己的身分和地位，動用自己現有的資源，進行謀篇布局，展開反擊。相反，他有不少荒唐的舉動。

楊勇為了保住太子之位，主要的對策就是求助於封建迷信。歷朝歷代都有許多政治騙子，裝神弄鬼謀取私利。當時就有一個新豐人，叫做王輔賢，據說搞封建迷信有一套，能占候（視天象變化以附會人事，預言吉凶禍福），矇騙了不少政治人物。楊勇聽說他的名聲後，召他過來詢問自己的前程。王輔賢掐指那麼一算，說：「白虹貫東宮門，太白襲月，皇太子廢退之象也。」楊勇大驚，趕緊問：「大師，我應該怎麼辦呢？」王輔賢就「指導」楊勇應該如何如何，楊勇一一照辦，用銅鐵造了各種兵器，擺在宮中用來抵禦天象。同時，他還在東宮後園中建立庶人村，屋舍很簡陋，自己卻經常住到裡頭去，粗衣粗食，希望能躲過不利的天象。他以為自己破衣爛衫的，上天就看不出他是太子了，就不能把壞運氣施加到他頭上了。

上天有沒有看到楊勇的種種努力，我們不得而知；父親楊堅倒是看到了太子楊勇的種種不尋常舉動。隋文帝楊堅當時並沒有下定決心要廢黜楊勇。他得知東宮有異狀，明白楊勇內心非常不安，就派宰相楊素去觀察楊勇。一來看看楊勇現在的情緒狀態到底是怎麼樣，如果可以，楊堅也包含讓楊素做做楊勇的思想工作的意思。

楊堅把如此敏感的任務，交給楊素，注定是不會成功的。只見楊素來到東宮後，站在宮門口先不進去。楊勇聽說父皇派宰相楊素來東宮，整理好服裝，在宮中迎接楊素到來。但是楊素就是在宮門口不進來，拖延了很長時間，也不讓人通報。楊勇在這種尷尬的情況下，既不願意屈尊主動出宮來迎接，也沒有想到派人出來詢問，就是讓局面這麼僵持下去。而且時間越長，楊勇自己的情緒越糟，在心裡不斷地埋怨楊素。等把楊勇激怒後，楊素這才邁進東宮大門，和太子相見。楊勇自然沒有好臉色，兩個人不著邊際地談了一會，就散了。

楊素回到隋文帝楊堅那裡，說太子楊勇如今怨望很深，情緒不太對，恐怕會有其他變故，提醒楊堅早做提防。與此同時，獨孤皇后一直沒有停止針對楊勇的監視和窺探。她把偵察到的東宮的大事小事，都戴著有色眼鏡朝著負面的方向看，然後不斷地傳遞給楊堅負面信息。

這些信息刺激了楊堅，他不僅疏遠楊勇，而且為了預防這個情緒狀態不太正常的兒子行為過激，布置了許多防範措施。比如，楊堅親自安排了許多偵察兵，觀察楊勇的動靜，遇到情況隨時報告自己；又比如，楊堅命令東宮所有的侍衛，都隸屬於各個衛府。隋朝的軍隊由皇帝控制的中央軍和非直轄於皇帝的地方軍組成，其中皇帝直接控制的中央軍隊，設立了十二個衛府，每個衛府統轄一個軍，每軍設置一個大將軍。比如，左衛大將軍，就是左衛府的最高指揮官。現在，楊堅命令太子身邊的所有宿衛武裝，在人事關係上要隸屬於十二個衛府，就等於是把太子的武裝都掌握在了自己手中，釜底抽薪，防止楊勇有不軌的行為。即使如此，楊堅還是不能徹底放心，他把東宮侍衛中勇猛健碩的衛士，全都開除了，只給楊勇留下老弱平庸的侍衛。從中可見楊堅父子關係之緊張。《隋書》用一句話描述，那就是：「高祖惑於邪議，遂疏忌勇。」

廢立太子

一

當年的楊堅，整好六十歲。在隋朝，六十歲算得上是高齡了。政治人物一旦年紀大了，疑心往往更重。《隋書》是這麼形容「多疑猜忌重症患者」楊堅的：「逮於暮年，持法尤峻，喜怒不常，過於殺戮。」喜怒無常，就已經夠可怕的了，問題是楊堅還「不復依準科律」，也就是他想怎麼辦就怎麼辦，完全把「法律」兩個字拋到了腦後。楊堅常常認為哪個官員有罪，就下令把他斬首，甚至不惜以皇帝至尊親自監斬。幾十年的政治鬥爭，讓晚年的楊堅漸漸失去了理智。

晚年的楊堅還有一個特點，就是志得意滿，越來越喜歡聽好話、享清福。他不願意聽到壞消息和真實的情況，只希望臣民們都歌頌他，齊聲高唱「開皇盛世」。既然天下一片太平，楊堅也就覺得自己不用把主要精力和時間投在工作中。那麼，晚年的楊堅主要在幹什麼呢？兩個字「養生」。

之前，我們談到楊素主持修建了仁壽宮。仁壽宮，位於今陝西鳳翔境內，離京城較遠，絕山構殿，決壑為池，環境優美，不僅可以避開大城市的各種汙染，而且可以讓楊堅推卸掉繁重的工作。所以，楊堅在仁壽宮完工後，就老往那裡跑。從開皇後期開始，楊堅夫婦幾乎每年春天一到就前往仁壽宮，一直住到秋高氣爽才回到大興城。過完冬再去仁壽宮。他們居住在仁壽宮的時間，比在首都的時間還要長，已經很難離得開清靜的仁壽宮了。這也意味著楊堅關注政治的精力少了，辨別是非的時間少了，他對首都的實際控制也就減弱了。而楊廣在開皇二十年（六〇〇年）因為要北擊突厥的緣故，從遙遠的江都返回了北方。他在首都的時間極大地增加了。這就便利了楊廣、楊素等人搞些小動作。

父皇楊堅年紀越來越大，楊廣覺得必須要加快推翻太子楊勇的節奏。意圖推翻太子的陰謀集團，覺得必須要給予楊勇最後一擊。之前，楊廣派遣黨羽段達，偷偷去拉攏太子楊勇身邊的親信姬威，給了姬威金銀財寶，收買過來作為內奸。東宮的很多消息，就是姬威密告楊素，經過楊素、楊廣等人加工後，轉化為攻擊楊勇的彈藥的。楊勇備受打擊，姬威在其中出了不少功勞。現在，楊廣又讓段達威脅姬威說：「東宮罪過，皇上都一清二楚，已經草擬了密詔，要廢掉楊勇，改立晉王為太子。你如果能投靠晉王，前面有大富貴等著你。」姬威沒有多少猶豫，同意充當打手，給太子楊勇致命一擊。

開皇二十年九月，隋文帝楊堅結束了在仁壽宮的休養，返回京城。第二天，楊堅就在大興殿召集群臣，要公布重大消息。他先問了一個問題，試探一下大家：「朕剛回到京師，本來應該開懷歡樂，但不知道為什麼，老是愁眉苦臉的？」

吏部尚書牛弘回答說：「臣等不稱職，所以導致皇上憂勞。」

楊堅之所以那麼發問，是不清楚朝臣們是否都知道楊勇的「滔天罪行」。他這麼問，是希望從大臣們那裡聽到太子楊勇的其他問題。但是，牛弘的回答，偏離了楊堅想引導的方向。楊堅於是不搭理牛弘，嚴肅地對東宮官屬說：「仁壽宮離此不遠，卻讓我每次返回京師，沿途都要加強安全保衛，三步一崗五步一哨，像是踏進了敵國一般。我因為腹瀉，睡覺時不敢脫衣服。昨天夜裡想就近上廁所，本來睡在後房，卻擔心會突發變故，硬是搬回前殿。」楊堅氣憤地說：「難道這一切，不都是你們這些人打算壞我國家嗎？」

皇帝的這一句，把東宮官員們嚇得不輕，大家面面相覷。就在他們都沒緩過神來的時候，楊堅一聲令下，把太子左庶子唐令則等好幾個東宮主要官員立刻逮捕，交司法部門嚴刑審訊。

楊堅接著讓楊素宣布太子的罪狀。楊素就添油加醋地說了起來：「臣之前奉皇上旨意赴京城，令皇太子搜查劉居士餘黨。太子奉詔，氣憤填膺、骨肉飛騰，對臣說：『居士黨羽都已經伏法，讓我到哪兒去搜查？你是右僕射，職權很大，自己去搜，干我何事？』太子還說：『如果大事不遂，我先被誅殺。皇上現在待我，還不如那幾個弟弟。沒有一件事情能讓我自由。』太子還感歎：『我太憋屈了。』」應該說，楊勇為人直率，不太會掩飾情緒，他可能說過類似的話，但是在楊素添油加醋的述說下，在氣頭上的楊堅聽起來，就是大逆不道了。

楊堅緊接著楊素的話說：「此兒不堪承嗣久矣。皇后一直勸我廢了他，我考慮他是我登基前所生，又是長子，希望他能漸漸改正，隱忍至今。想不到他變本加厲，越來越荒唐，今天我就要廢黜太子，以安天下。」

雖然廢黜太子楊勇的傳聞由來已久，但是等這一刻來到面前，而且是由皇帝親自如此激烈地表達出來，大臣們還是驚呆了！楊勇的支持力量雖然遭受了嚴重的打擊，但朝堂上還殘留著一些支持者。聽到皇帝要廢太子後，左衛大將軍、五原郡公元旻就勇敢地站了出來，表示反對。在君主專制政體下，皇帝已經明確表達了意見，還能當面反對的，都是值得敬佩的勇士。《隋書》用了八個字來形容勇士元旻的狀態：「辭直爭強，聲色俱厲。」只見他站出來說：「廢立是大事，天子無二言，一旦頒布了廢太子的詔書，後悔就來不及了。現在朝野流傳著不少針對太子的讒言，請陛下明察。」

聽了元旻的意見，楊堅沉默了，沒有回答。楊堅不是昏君，也不是暴君，不會無理地下令把元旻拉出去，也不會剝奪元旻說話的權利。從元旻的反應中，楊堅明白，朝堂之上還有一股支持楊勇的力量。大臣們並沒有對廢黜楊勇的事情達成共識。那應該怎麼辦呢？

就在這關鍵時刻，太子楊勇平日的親信、已經被晉王楊廣買通的姬威，主動站了出來，說要告發「太子非法」。隋文帝楊堅正好在思考怎麼進一步「揭穿」楊勇，為廢除太子統一思想，在這節骨眼上看到有人告發太子，馬上對姬威說：「太子的那些事兒，你知無不言言無不盡，儘管說出來。」

姬威就半真半假、添油加醋地說了起來：「臣陪伴皇太子多年，皇太子和臣說了很多話。太子意在驕奢，想把從樊川到散關的土地，都劃為自己的林苑。太子說：『昔日漢武帝計畫建造上林苑，東方朔諫阻了他，漢武帝反而賞賜東方朔黃金百斤，這多可笑啊！我沒有金子賞賜這樣的人。如果有人反對，我剛好可以殺了他，殺他上百個人，自然就再也沒有人反對我享樂了。』」之前，我們談到過，隋文帝楊堅提倡節儉，反對享樂浪費。姬威告發的太子要大興土木，建造園林，完全與楊堅的價值取向相悖。不過，從樊川到散關的土地占了大半個關中平原，綿延數百里，如果要建成這麼大的園林，那該是多大的一項工程啊！只要是正常人，想想就能判斷出姬威的告發，可信度不高。

姬威接著就把攻擊的矛頭，轉移到了政治領域，說楊勇對隋文帝君臣有諸多的不滿。原先，太子左衛率蘇孝慈是歷經西魏、北周和隋朝三代的老臣，打過仗，有能力，是太子楊勇屬官中的佼佼者。後來，楊堅解除了蘇孝慈的職務，改任他職，楊勇難免心中不快。姬威的描述是，楊勇「奮髯揚肘」說：「大丈夫會當有一日，終不忘之，決當快意。」這是公開發洩對這一人事任免的不滿，含有要秋後算帳的意思。姬威又說，東宮提出了許多需求，尚書大臣們依法辦事，很多都拒絕了。楊勇為此也很生氣，說：「僕射以下，我要殺他一兩個人，讓他們知道怠慢我的後果。」楊勇又在東宮中建造了一座小城，驅趕工匠不停日夜趕工。楊勇時常說：「至尊嗔我多側庶，高緯（北齊後主）、陳叔寶豈是孽子乎？」這就是把自己拉低到了和亡國之君高緯、陳叔寶相提並論的地步了。最後，姬威舉報楊勇指使巫師占卜吉凶，事後宣揚：「開皇十八年，是皇帝的死忌。這日子快到了。」

姬威的一席話，勾勒出了一個驕奢蠻橫、急於登基、不忠不孝的太子形象。楊堅聽得眼淚都流下來了，傷心地說：「誰非父母生，乃至於此！之前，楊勇親近女色，覬覦皇位，我一而再、再而三地容忍他。想不到他變本加厲，胡作非為。我最近翻閱《齊書》，看到高歡放縱他的兒子，最終導致國破家亡，看得我特別氣憤。歷史教訓就在眼前，我怎麼能再犯錯誤呢？」姬威的告發，堅定了楊堅廢立太子的心思。他覺得廢黜楊勇不僅是正確的，而且幸虧及時決策，才沒有釀成大禍。於是，楊堅下令囚禁太子楊勇及其諸子，逮捕東宮的黨羽，嚴加審訊。

二

訊問的任務，交給了楊素。楊素是意圖推翻楊勇的陰謀集團的核心成員，肯定不會「審查」出好結果來。幾天之後，有關部門就在楊素的授意下，審查出了一個「以太子楊勇為首的陰謀集團」來。這個集團大搞政治活動，陰謀篡位。其中，左衛大將軍元旻負有宿衛的責任，投靠楊勇，曲意逢迎。楊勇通過親信裴弘，和仁壽宮的元旻傳遞消息。兩人往來的書信都密封好，上面題寫「勿令人見」。隋文帝楊堅得報，恍然若悟：「怪不得朕在仁壽宮，有什麼細微小事，東宮都能知道，比驛馬還快。原來有元旻這個傢伙在！」馬上下令武士把元旻、裴弘都捉起來治罪。

先前，楊勇從仁壽宮參見完父皇母后返回東宮，途中看到一棵枯槐，根幹蟠錯，直徑有五六圍大。楊勇就對左右說：「這棵樹浪費了，可以做什麼用呢？」有人回答說：「古槐尤堪取火。」隋朝的衛士都佩帶火燧，有需要的時候可以自己生火。楊勇就命令工匠把枯槐造了數千枚火燧，準備分賜給左右。審查的時候，這些火燧都還在倉庫裡。同時還在藥藏局查獲了數斛艾草。審查官員很奇怪，問姬威這是怎麼回事。姬威說：「太子此意別有所在。他讓長寧王楊儼等人，去仁壽宮辦事，返回的時候，都要快馬疾行，一個晚上就返回東宮。為此，東宮養馬千匹。」楊素拿著姬威的話質問楊勇，楊勇不服，反駁說：「官府蓄養馬匹數萬匹，我身為太子，有馬千匹，就是造反嗎？」楊勇的辯解也有道理。但是，楊勇在遭受審查的時候，還如此強硬，實在是不明智。

楊素正好利用楊勇的態度，攻擊楊勇執迷不悟、拒不配合審查。楊素又把東宮的器物、服飾翻出來，特別挑選其中雕飾奢華的，陳列在朝堂之上，給文武百官看。楊勇本來就生活奢侈，如今楊素又挑選東宮最奢華的器物、服飾，故意暴露了楊勇驕奢淫逸的一面。隋文帝楊堅一向號召節儉，看到太子背道而馳，肺都要氣炸了。他派人把這些物件一一展示給楊勇看，同時責問他為什麼這麼不檢點。獨孤皇后也派人責問楊勇，大致是罵他寵愛姬妾，沉迷女色等等。楊勇的表現，還是兩個字：不服。他面對楊素主持的審查，不服；面對父皇與母后的責問，還是不服。楊勇堅持自己沒有大過。

事情發展到這一步，雙方都沒有回旋的餘地了。楊堅決定廢黜太子楊勇，派人去把楊勇帶來。楊勇見到使者，這才害怕了：「不會是要殺我吧？」

楊堅穿上戎服，在武德殿排列甲兵，召集百官，皇帝站在東面，宗親王公站在西面，把楊勇及其諸子帶上殿堂。然後，楊堅命大臣薛道衡宣讀詔書：「太子之位，實為國本，苟非其人，不可虛立。自古以來，都有因為溺愛兒子，把江山託付給不合格的人，導致國破家亡、生靈塗炭的悲劇。皇太子楊勇，能力平庸、不仁不孝，又親近小人，多次生事。朕雖欲愛子，實畏上靈，豈敢以不肖之子而亂天下。楊勇及其兒女，都廢為庶人。」

讀完詔書，楊堅又讓薛道衡對楊勇說：「你的罪惡，人神共棄，你想保住太子之位，怎麼可能呢？」楊勇已經徹底明白了自身的處境，老老實實地拜了兩拜，求饒說：「我本該棄屍都市，告誡世人，幸虧皇上可憐，得以保全性命。」說著，楊勇的眼淚汩汩地下來了，流滿了衣襟。楊勇當了二十年的太子，大致上前十年是順風順水、地位穩固，但安逸富貴的環境並沒有培養出與太子身分相符的素質和心機，結果在後十年的權力爭鬥中節節敗退，導致全軍覆沒。楊勇遭到廢黜後，被囚禁在東宮。

以左衛大將軍、五原郡公元旻為首的很多人，被看作是廢太子楊勇的黨羽，遭到清洗。其中，元旻、唐令則等七人是罪魁禍首、核心骨幹，統統處斬，妻妾子孫全部沒官。車騎將軍閻毗、東郡公崔君綽、游騎尉沈福寶、瀛州民章仇太翼（精通占候算曆的術士，原姓章仇，隋煬帝即位後賜姓盧）等四人，被判處杖一百，自身、家屬和家產，全部沒收入官。此外，另有多人被看作楊勇的支持者，遭到處罰。對於一般官員來說，不清楚高層動態，很難把握好和太子相處的度量，當太子被廢時慘遭清洗，實在是有些冤枉。

在追查「太子餘黨」過程中，大將史萬歲被劃到楊勇一黨的名單中去了。原來史萬歲一直為本部兵馬抗擊突厥有功沒有受賞的事情耿耿於懷，在現在的節骨眼上寫奏章請功。楊堅正煩著呢，見史萬歲來邀功，怒問道：「史萬歲現在何處？」史萬歲正在朝堂候旨，楊素為了激怒楊堅卻說：「史萬歲正在朝謁廢太子。」楊堅大怒，命人召來史萬歲，在殿堂上當眾打死他。罪名就是「懷詐要功，便是國賊」。一代名將就被活活打死了。

史萬歲是隋朝前期的重要將領，無論是南征還是北伐，他都立下了赫赫戰功。據說，史萬歲在雲南征戰的時候曾見到諸葛亮紀功碑，背後刻著：「萬歲之後，勝我者過此。」史萬歲毅然推倒紀功碑繼續行軍。史萬歲征戰千里，功勞很大，但是對政治比較生疏，所以官爵一直沒有提上去，最後成了政爭的犧牲品。他死後，天下官民不論認不認識都為他感到冤惜。

當年十一月，隋文帝楊堅立晉王楊廣為皇太子。十二月，命令東宮官屬不得稱臣於皇太子。楊堅吸取了教訓，一開始就顯露出抑制新太子的意思。

楊廣從成為太子的那一刻開始，「表演生涯」進入了新的階段。在冊立太子典禮上，楊廣說原先預備的太子禮服和皇上的龍袍的顏色、樣式過於接近，要求更換，並且奏請以後太子的服飾要與皇帝的服飾嚴格區分開來，與三公、王爺規格相齊。之前，文武官員見到太子要自稱「臣」。楊廣覺得這個稱謂也有問題，奏請以後東宮官員見到自己不用自稱臣。楊堅知道後，自然喜笑顏開。

成為太子後，楊廣的日子過得很悠閒。讀書、寫詩、禮佛是楊廣日常的主要生活。楊廣本是一名虔誠的佛教徒，在江南的時候對佛法進行了深入研究。太子生涯基本上就是等待，楊廣滿腹才華和大量閒暇無法打發，乾脆淨下心來編纂了一部《法華玄宗》的佛學著作（執筆者是東宮學士柳䛒）。這本書還挺長，足足有二十卷之多。

話說，楊勇被廢後，始終覺得自己是冤枉的，頻頻請求面見父皇申冤。新太子楊廣一直阻攔他，壓根不讓楊堅知道楊勇求見。楊勇於是跑到大樹上面，大喊大叫，希望楊堅能聽到聲音，自己能面聖申冤。楊勇這個人真是很傻很天真。楊素簡單地拋出一句話，說：「廢太子楊勇鬼附身了，精神不正常了。」一個人大白天爬到樹上吼叫，不知道的人可不就以為這是個神經病嗎？果然，楊堅也判斷楊勇發瘋了，再也不見他了。

第五章

「弒父奪位」之謎

每一次皇權交接，總是扣人心弦，常常伴隨著刀光劍影和層層疑雲。仁壽四年的楊堅之死，也是如此。很多人指責楊廣「弒父奪位」，並舉證了種種疑點；也有人一一為之辯解，力圖證明楊堅是正常死亡。當事人早已作古，仁壽宮也消失在了深山老林之中，後人只能根據點滴記載，再配以常理，推斷當日之事。

不管我們對隋朝皇權交接如何解釋，也且不論楊廣有無「弒父奪位」，不能否認本章的絕對主角只有一位：權力！

楊廣當了將近兩年的太子後，仁壽二年（六〇二年）八月二十四日，獨孤皇后病逝，被尊稱為「文獻皇后」。獨孤伽羅時年五十歲。

楊廣表現得萬分悲痛，拜見父皇楊堅時哀慟絕氣，泣不成聲，無法站立。回到東宮後，楊廣飲食舉止馬上恢復自然，可見是裝的。為了表示事母至孝，楊廣需要裝出茶飯不思的樣子，在獨孤皇后靈前伏地哀號，對外宣稱每天只吃一兩把白米。楊廣私下在衣袖裡掖了多個竹管，管子裡裝著精製豬魚肉脯，管口用蠟封死。夜深人靜的時候，或者沒人的時候，楊廣就趕緊抽出竹管吃上幾口美食，吃完了繼續哭喪。一個人有兩張面孔，那該多累啊！好在楊廣在江南的時候演戲演慣了，也不覺得累了。

暗流湧動

一

朝野上下並沒有因為太子廢立一事塵埃落定而安靜下來，相反是暗流湧動、爭鬥不斷。藉著皇后的喪事，一些為楊勇抱不平的人紛紛上書，給楊勇爭取權益。

先是文林郎楊孝政上書說：「皇太子為小人所誤，宜加訓誨，不宜廢黜。」隋文帝楊堅讀後很生氣，動手打了楊孝政。接著，貝州長史裴肅上表，請求仿照前朝的慣例，封廢太子為王。這道上表對楊堅的觸動很大，楊堅覺得天底下還有一幫人在維護楊勇，這出乎他的意料。他特地徵召裴肅入朝，兩人面談了楊勇的問題。雖然楊堅最終沒有封楊勇為王，但激起了朝中一批大臣相繼發難。更多的人則把攻擊的矛頭對準了宰相——尚書左僕射楊素。這引起了楊堅的警覺。

仁壽元年（六〇一年）正月，楊素拜為尚書左僕射，日漸獨斷專行、打擊異己，權勢膨脹。楊素的很多宗族子弟平步青雲，占據朝堂。楊素的所作所為招致了朝臣的不滿，楊家勢力的擴張，也引起了楊堅的注意。皇帝在權力方面，都是非常敏感的，不允許任何人威脅到至高無上的皇權。

同情廢太子楊勇的大臣梁毗，上書揭露楊素擅權，說：「楊素所私皆非忠黨，所進咸是親戚，子弟布列，兼州連縣。天下無事，容息異圖；四海稍虞，必為禍始。」楊堅開始還不太相信，把梁毗打入監獄，親自審問。這一審問，改變了楊堅的態度。梁毗說楊素在太子楊勇、蜀王楊秀獲罪被廢的時候，「揚眉奮肘，喜見容色，利國家有事以為身幸」。梁毗的話，刺激了楊堅敏感的神經。他把楊素平時的言行在腦子裡過了一遍，判斷楊素的確有專權攬政的嫌疑，於是果斷決定「架空」楊素。一方面，楊堅對楊素很客氣，禮遇有加，但就是不讓他過問具體的政務。尚書省是負責政令貫徹落實的，可一直到楊堅駕崩之前，楊素都不再主持尚書省的政務。另一方面，楊堅翦除楊素的黨羽，把和楊素關係親密的人，比如楊約、薛道衡等人，統統外放，不允許楊素勢力擴張。

楊素的旁邊，站著新太子楊廣。兩人早就結成了政治同盟，經過扳倒宰相高熲、推翻太子楊勇等戰役後，楊廣、楊素的同盟更加堅固，而且也為他人所知曉。而皇帝最看不得的，就是底下的人結黨營私，可能威脅到皇權。楊堅要想從根子上遏制楊素—楊廣這一派勢力，就要樹立一派新力量與之抗衡。畢竟，雙輪車要比單輪車穩定得多。

在隋文帝楊堅的支持下，以柳述、元巖為代表的權貴勢力迅速崛起。柳述是當朝駙馬，楊堅的女婿，娶了楊堅最寵愛的五女兒蘭陵公主。之前，晉王楊廣希望蘭陵公主許配給小舅子、晉王妃的弟弟蕭瑒。楊堅開始答應了，後來又改主意。因為這件事情，楊廣很討厭柳述。柳述崛起後，兩人的關係更加惡化。柳述擔任吏部尚書的時候，仗著特殊的身分和地位，驕橫得很。楊素權傾天下，其他大臣都很怕他，但是柳述就不把楊素放在眼裡，好幾次在楊堅面前揭露楊素的短處。有幾回，柳述的公務處理得不合楊素的心意，楊素派人通知柳述改正。柳述對來人說：「回去告訴楊素，就說我柳述不改。」不用說，楊素也很討厭柳述。

楊堅提拔的另一個人是元巖，任命他擔任黃門侍郎。黃門侍郎是皇帝的近侍官員，負責傳遞詔令，同時在隋朝又是門下省的副職，掌握中央決策的審批，是非常要害的角色。楊堅用柳述、元巖兩個人，勉強可以和太子楊廣、尚書左僕射楊素的勢力相抗衡。在大臣之間保持力量均勢，不讓任何一方坐大，是中國古代典型的「帝王之術」。隋文帝楊堅是其中的高手。楊廣、楊素兩個人十分不滿，但也無可奈何。

此時的楊堅，壓制了大半輩子的欲望和不滿都宣洩了出來，開始縱情聲色。他大規模擴充後宮的女眷，新設置了三名貴人，將嬪增加到九個人，世婦增加到二十七人，御女增加到八十一人。此時的楊堅六十一歲了，年逾花甲，還整天閱盡美色。什麼叫做縱欲過度？楊堅就是縱欲過度。楊堅在眾多的嬪妃中最寵愛兩個人，一個是陳氏，一個是蔡氏。楊堅封陳氏為「宣華夫人」，蔡氏為「容華夫人」。容華夫人來自北方，風流嬌媚，善解人意。宣華夫人則是陳朝的宮廷美女，肌膚潤滑，溫柔可人。

出了後宮，楊堅則變得更多疑暴戾，罷黜、外貶和殺戮了大批看不順眼的官員。

楊堅越糊塗，對楊廣就越信任。仁壽初年，楊堅命令太子楊廣巡撫東南；之後楊堅去仁壽宮避暑的時候，都令楊廣在大興監國，代理朝政。

二

宗室內部也不安穩。《隋書》認為楊勇在位日久，楊堅一朝廢立太子，「開逆亂之源，長覬覦之望」。楊廣取代大哥楊勇，當上了新太子。但是下面的幾個弟弟心裡就在想，為什麼我不能同樣取代二哥，當上新太子呢？在隋文帝諸子中，三子秦王楊俊在開皇二十年（六〇〇年）六月已經去世，年僅三十歲。這個楊俊，也是個驕奢淫逸的王爺，給妃嬪建造水上宮殿，用金玉裝飾，日夜歡歌享樂。秦王妃崔氏，和婆婆一樣，是一個妒嫉心極強的女人，恨丈夫寵愛姬妾，竟然在飲食中給楊俊下毒。楊俊雖然沒有喪命，但是身體受到極大傷害。楊堅和獨孤皇后對這個三兒子，是又愛又恨，在開皇十七年（五九七年）七月召楊俊回京，痛罵了一頓，讓他閉門思過。楊俊在病痛和驚恐中去世。秦王妃崔氏被賜死於娘家。

楊廣被立為太子後，能對他構成威脅的頭號人物就是四弟蜀王楊秀。楊秀常年鎮守四川地區。四川地勢險要，加上楊秀經營多年，實力日漸壯大。大哥楊勇被廢後，二哥楊廣當上了新太子。外人可能對楊勇、楊廣兩人不太了解，但是楊秀是他們的親弟弟。他對兩位哥哥的為人稟性是有大致準確的認識的。楊秀對楊廣上位，很不滿。他暗中招兵買馬，有意要爭奪太子之位。楊廣察覺後，決定先下手為強，暗中勾結楊素，要栽贓陷害楊秀，置他於死地。客觀上，楊秀本身也劣跡斑斑，小辮子一抓一大把。除了楊家兄弟「標配」的驕奢淫逸外，楊秀還有許多問題。比如，楊秀建造渾天儀、司南車、記里鼓，穿戴皇帝的服飾，這些都屬於僭越的行為；楊秀又和妃嬪出去打獵，以彈丸射人，還捉捕四川當地的少數民族，閹割後充當宦官。楊素把這些問題一五一十報告給楊堅後，楊秀就沒戲可唱了。

仁壽二年（六〇二年）閏十月，楊秀被召回大興。楊堅命令楊素等人審問楊秀。楊素和楊廣一商量，楊秀的所作所為的確應該受罰，但離徹底打倒在地、政治上難以翻身，還有一段距離。那怎麼辦呢？偽造證據，羅織罪名。中國古代流行巫蠱厭勝之術，常常利用人偶，詛咒某人。楊廣就偷偷做一個木偶，上面寫著隋文帝楊堅與漢王楊諒的名字，再縛手釘心，枷鎖杻械，寫上一段咒語：「請西嶽慈父聖母神兵收楊堅、楊諒神魂，如此形狀，勿令散蕩。」然後，暗中派人將木偶埋到華山腳下。接著，楊素帶人去把木偶挖出來，作為楊秀謀害父皇和五弟漢王的證據。此外，楊廣又以楊秀的名義偽造檄文，在文中稱「逆臣賊子，專弄威柄，陛下唯守虛器，一無所知」，不久將要興師問罪。寫好後，模仿楊秀的筆跡抄寫一遍，夾入從楊秀家查抄出來的文集中。楊素根據這些證據，判定楊秀「謀逆」，報告了隋文帝楊堅。楊堅既吃驚又失望：「天下竟有這樣的不肖子！」當年十二月，楊堅廢蜀王楊秀為庶人，幽禁於內侍省。

剩下來可能參與皇位競爭的，就只有五皇子、漢王楊諒了。開皇十七年（五九七年）秋，漢王楊諒出任并州總管，楊堅親自出宮餞送。南北朝以來，并州地位很重要，既是東西兩方政權征戰的主要地區，又是防禦北方突厥人的前線，乃兵家要地。所以，隋朝在并州駐紮了重兵，賦予并州總管巨大權力。楊堅給楊諒劃定的管轄範圍，「自山以東，至於滄海，南拒黃河，五十二州盡隸焉」，而且「特許以便宜，不拘律令」。楊諒轄域之廣，事權之重，勢力在所有地方官中是最強的。但是，因為楊諒年紀尚小，出鎮地方的時間也還短，所以沒有和二哥楊廣爆發衝突。楊諒只是藉口防禦突厥，修軍整武，擴充兵馬，意圖進則爭奪天下，退則割據一方。

這一切，都表明隋朝的政治局勢，並沒有因為廢立太子塵埃落定而歸於平靜。各種矛盾日趨複雜，後面還有好戲看呢！

深宮病榻

一

時間很快到了仁壽四年，西元六〇四年。也許是對自己的身體狀況比較擔心，也許是為了避開京城的種種是非，隋文帝楊堅在當年的正月，就早早地張羅著要前往仁壽宮休養。術士章仇太翼（盧太翼）再三勸阻，對楊堅直言相告：「臣不敢說假話，皇上此行恐怕是有去無返。」楊堅大怒，把章仇太翼捉進牢房，準備從仁壽宮回來，證明章仇太翼所言虛妄後，將他斬首示眾。

正月二十七日，楊堅動身來到仁壽宮，第二天下詔將大小政務都交由皇太子處理。到了四月，「上不豫（皇帝病重）」的消息傳了出來。尚書左僕射楊素、兵部尚書柳述和黃門侍郎元嚴等人入閣侍疾，太子楊廣也趕到了仁壽宮，入住大寶殿。

楊堅的病，一直沒有好轉。相反，到六月初六，朝廷宣布大赦天下。大家都知道，楊堅的病情很嚴重了，大赦是為他祈福。七月初一，天象記錄「日青無光，八日乃復」，這是非常不吉利的天象。果然，到七月初十，楊堅感覺自己到了彌留之際，召集王公大臣訣別。君臣有「握手歔欷」的舉動。到這個時間為止，隋文帝楊堅的病情和活動，都是公開的，都有大臣作證。

皇帝病重，最緊張的人莫過於太子了。太子能不能順利繼位登基，現在到了「臨門一腳」的時候了。之前，太子楊廣入住仁壽宮的大寶殿，的確有來看望父皇、照料病情的一面，但是更重要的目的應該是掌控父皇病重期間的局勢。為了今日的身分、地位，楊廣付出了巨大的努力。有些努力是旁人看得到的，更多的努力是旁人看不到的，或者不能讓第二個人知道的。楊廣肯定不希望這些努力都付諸東流。他很焦慮，很著急，於是親自給同在仁壽宮侍疾的楊素寫了一封信，派人偷偷送去。楊素收到後寫了一封回信，派人送回給楊廣。

楊廣和楊素在信裡都說了些什麼？這已經不重要了，重要的是楊素派遣的那個傳遞回信的人，太不靠譜，竟然把回信誤送給了隋文帝楊堅！

楊廣很有可能在信中詢問父親楊堅的病情，到底還能堅持幾天？楊堅讀起來，就感覺楊廣迫不及待地要接班掌權了。楊廣也很可能在信中詢問其間可能會有什麼變故，和楊素商量如何共同行動。楊堅讀後，認識到楊廣、楊素兩人早就結成了政治同盟，共同進退。那麼，之前的場場政治風波，是不是這兩個人在作祟？他們倆背著自己，還幹了什麼見不得人的事情？一個人在病重的時候往往想得多，楊堅本來就多疑猜忌，現在在病榻上就更思緒萬千了。他見信大怒，氣得渾身哆嗦。

這時又有一件事情，火上澆油。就在楊堅拿著信件，思考怎麼處置不孝之子楊廣和不忠之臣楊素的時候，他晚年寵愛的陳貴人慌慌張張地跑了進來，看到楊堅，紅著臉低下頭，扭扭捏捏地縮到一邊去。楊堅問她，到底怎麼了？陳貴人流著眼淚說道：「太子無禮。」

這個陳貴人，是南朝陳宣帝的公主、陳後主（陳叔寶）的妹妹，才貌雙全，陳朝滅亡後被楊堅收入後宮。獨孤皇后在世時，又妒忌又強勢，後宮嬪妃幾乎沒有人得到皇帝的寵幸，只有陳氏偶爾得到臨幸。獨孤皇后死後，陳氏晉封貴人，專房擅寵，主斷內事，冠於六宮。此外，楊堅還寵信蔡貴人。楊廣陰謀奪嫡的時候，經常送金蛇、金駝等東西取媚陳貴人、蔡貴人。陳、蔡二人就成了楊廣在後宮的內助，對楊廣奪嫡和窺探後宮幫助不小。

但是，楊廣本性好色，看到才貌雙全的陳貴人，心裡難免癢癢。根據《隋書》的記載，楊廣和陳貴人在仁壽宮侍疾的幾個月裡，時常相見。楊堅截獲楊素回信的當天早上，陳貴人出來更衣，遇見了楊廣。楊廣色心大發，要逼迫陳貴人成全好事。陳貴人奮力反抗，擺脫楊廣，逃回了楊堅的寢宮。於是，就出現了前述的那一幕。

楊堅出離了憤怒，大叫：「畜生何足付大事，獨狐誠誤我！」他對楊廣徹底絕望了，叫來侍疾的兵部尚書柳述、黃門侍郎元嚴，命令：「召我兒！」柳述等人就要出去叫太子楊廣，楊堅說道：「叫楊勇來。」或許，楊堅意識到了廢太子楊勇是被楊廣、楊素等人陷害的，楊勇雖然有各種問題，但畢竟不是陰謀小人，基本品德還是過關的。所以，他在重病之中又起了廢楊廣、傳位楊勇的念頭。

柳述、元嚴離開楊堅的寢宮，書寫了召楊勇的敕書，竟然拿去給楊素看。楊素看到後，大吃一驚，連忙去報告楊廣。兩個人經過短暫的慌亂後，迅速商定了對策。楊素假傳聖旨，調動東宮士兵入仁壽宮守衛，由楊廣的親信宇文述、郭衍控制了仁壽宮內外進出。接著，楊廣的心腹張衡進入了楊堅的寢宮。張衡進宮後，把陳貴人和其他侍疾的宮人都趕了出去，派人關押在一個房間裡。不一會兒，寢宮傳出消息，說「皇上駕崩」了。❶

二

被關起來的陳貴人和後宮其他人，聽到消息後，相顧失色：「大事不好了！」大家都忐忑不安，雙腿戰慄。黃昏時，太子使者拿著一個金盒子進屋來，盒上貼著楊廣親筆書寫的封條，說是賜給陳貴人的。陳貴人惶恐到了極點，以為鴆毒，嚇得不敢打開。古代宮廷政變中，屠殺後宮滅口的情況，太多了。陳貴人覺得自己是最新的一個犧牲品。太子使者見狀，逼陳貴人打開盒子。陳貴人硬著頭皮打開，只見裡面裝著幾枚同心結。原來，這是楊廣在向陳貴人示愛。旁邊的宮人見狀，歡呼雀躍，互相叫道：「我們不用死了！」陳貴人卻高興不起來，自己名義上是楊廣的母輩，況且老皇帝楊堅剛死，你怎麼讓她馬上投入楊廣的懷抱。陳貴人坐在那裡，不肯致謝。旁邊的宮人逼著陳貴人，接過金盒子，謝過使者。當天晚上，楊廣就提前把陳貴人給「接管」了。

隋文帝楊堅之死，裡面疑點重重，楊廣接下來的諸多舉動，更是加深了人們的懷疑。首先是楊廣下令祕不發喪。如果光明正大，楊廣為什麼不公布父親的死訊呢？

第二，楊廣偽造了隋文帝楊堅的詔書，賜死廢太子楊勇。楊勇是被人用衣帶勒殺的。楊廣登基後，又假惺惺地追封楊勇為房陵王，但是規定其子不得繼承爵位。楊勇的長子，也是楊廣的大姪子楊儼，擔任宮廷侍衛官，死在一次隨扈出巡的路上，據說是被楊廣毒死的。楊勇的其他兒子全部流放嶺南，後來楊廣命令所在地官府殺害了他們。狠心的楊廣把大哥楊勇「滿門滅絕」了。

第三，楊廣下令逮捕兵部尚書柳述、黃門侍郎元巖，關進監獄。柳、元二人是楊堅晚年倚重的力量，又是楊堅臨死前要廢楊廣、傳位楊勇的見證人，楊廣肯定不會放過他們。事後，楊廣貶二人為平民，把柳述流放廣東龍川（今惠州），元巖流放廣東南海（今廣州）。這兩個地點當時都是偏僻蠻荒的小地方。柳述是駙馬，楊廣逼蘭陵公主與柳述斷絕關係，改嫁他人。蘭陵公主誓死不從，強烈要求與柳述一同流放龍川。楊廣堅決不准，派人軟禁公主。蘭陵公主憂憤而死，柳述後來死於顛沛流離的途中。

上述情形都是正史《隋書》的記載，帶有陰謀論的種種要素，成了一樁著名的歷史公案。很多人都認為楊廣「弒父奪位」。具體情形，只有當事人才能知道。黑幕也好，清白也好；流血也好，毒藥也好，沒有任何一本史書能夠提供哪怕是蛛絲馬跡的證據。我們後人只能通過分散在各處的點滴記載，再加上常理推斷，來儘量還原楊堅之死、楊廣繼位的真相。我們不妨從四個方面來切入分析：

第一方面，我們首先分析相關記載的原始典籍。

廈門大學歷史學教授韓升在〈隋文帝弒君與被弒說考證〉❷一文中，指出最早指控楊廣弒父的記載見於《資治通鑑》卷一百八十「文帝仁壽四年七月」條。該條內容引用了趙毅的《大業略記》和馬總的《通曆》兩本書。其中，《大業略記》記載：

> 高祖在仁壽宮，病甚，追帝侍疾，而高祖美人尤嬖幸者，唯陳、蔡二人而已。帝乃召蔡於別室，既還，面傷而髮亂，高祖問之，蔡泣曰：「皇太子為非禮。」高祖大怒，齧指出血，召兵部尚書柳述、黃門侍郎元巖等令發詔追庶人勇，即令廢立。帝事迫，召左僕射楊素、左庶子張衡進毒藥。帝簡驍健官奴三十人皆服婦人之服，衣下置仗，立於門巷之間，以為之衛。素等既入，而高祖暴崩。……十八日，發喪。

分析這段史料，首先，《大業略記》記載桃色事件的女主角是蔡貴人，而不是陳貴人；此外，隋文帝楊堅發喪是在二十一日，而不是十八日。《大業略記》把人物和時間都弄錯了，屬於明顯的錯誤。既然有這麼明顯的錯誤，那麼這本史書的可信度又有多高呢？其次，該書記載在桃色事件中，蔡夫人和楊廣發生了激烈的身體接觸，所以才會「面傷」、「髮亂」。這麼激烈的身體接觸，肯定聲響不小，那麼就在不遠處房間的隋文帝楊堅，還有周圍的宮人們，難道會不知道？

《通曆》則記載：

上有疾，於仁壽殿與百僚辭訣，並握手歔欷。是時唯太子及陳宣華夫人侍疾，太子無禮，宣華訴之。帝怒曰：「死狗，那可付後事！」遽令召勇，楊素祕不宣，乃屏左右，令張衡入拉帝，血濺屏風，冤痛之聲聞於外，崩。

根據上文的描寫，楊堅是命令楊素去召楊勇前來的。楊堅應該很清楚楊素和楊勇關係很差，楊素和楊廣走得很近。那麼，楊堅怎麼會把廢楊廣、另立楊勇這麼重要的任務交代給楊素執行呢？其次，《通曆》有行凶場面的描寫，比如張衡「拉帝」，也就是杖殺，而且「血濺屏風，冤痛之聲聞於外」，非常有「影視效果」。十幾年後，楊廣自己被殺之前，堅持說「天子自有死法」，也就是天子不得加兵刃，要死得有尊嚴。楊廣先是要求飲鴆，後改以練巾縊死。楊廣為什麼對親生父親那麼殘忍、刻薄呢？而且，殺皇帝這種事情，越隱蔽越好。而像《通曆》記載的那種場面，幾乎是半公開的，生怕知道的人少一樣。所以，這段記載也不大可信。

以上兩段史料就是楊廣弒父的基本材料。但是，這兩段記載都存在明顯的硬傷，在寫作的時候非常不嚴謹，帶有市井傳聞的色彩。所以，《資治通鑑》雖然引用了這兩段史料，也不敢確定，慎重說明：「今從《隋書》。」楊廣弒父一說，缺乏站得住腳的直接材料。

第二方面，我們來分析引爆楊堅—楊廣父子關係的那樁桃色事件。

楊廣事後把陳貴人收入自己的後宮，這是事實。後來人都覺得這難以接受，是駭人聽聞的醜聞。可是要知道，南北朝時期，北方受到少數民族風俗的影響，存在收納亡父或已故兄弟之姬妾的風氣。這種風氣延續到隋唐時期，如唐太宗李世民收納齊王李元吉的妃子楊氏，唐高宗李治收納武則天，都是這種情況。所以，楊廣把陳貴人收入後宮，在當時也是正常現象。我們不能以此來推斷楊廣因為陳貴人的緣故，對父親楊堅發難。

同時，面對即將嚥氣的老皇帝，年輕的嬪妃們為自己預留退路，也是人之常情。陳貴人應該也有類似的打算。況且，她和楊廣早就有密切的聯繫，向楊廣示好是她最現實的選擇。最後，陳貴人本身也不是什麼烈女節婦，不然就不會在楊堅去世的當天夜裡，就和楊廣成全了好事。從楊廣這方面來說，他和陳貴人一起服侍病重的楊堅，相處了幾個月時間，都平安無事。幾個月都忍下來了，楊廣為什麼在最後一刻迫不及待，要強暴陳貴人呢？綜上分析，在隋文帝楊堅臨死之前，楊廣和陳貴人勾勾搭搭是很有可能的，意欲強暴陳貴人的可能性則不大。即使有強暴的行為，陳貴人激烈反抗的肯定性也不大。

第三方面，楊廣弒父奪位一說，在邏輯上存在諸多不通順的地方。比如，柳述、元巖是楊廣、楊素的對立面。柳、元二人接受了楊堅改立楊勇的命令，為什麼把這麼重要的詔書拿去給楊素看？這是令人費解的事兒。

又比如，仁壽宮地處深山老林，交通不便。當時，楊廣、楊素掌握的武裝力量，已經徹底地控制了宮殿內外、斷絕了交通。一切都在他二人的掌握之中了。隋文帝楊堅又是病重不治，即將死亡。楊廣為什麼不靜靜等待父親去世，而下令張衡殺害垂死的父親呢？殺死楊堅，只是早幾天讓楊廣當皇帝而已，卻會讓他背上弒父奪位的罪名。從常理上分析，這樣做得不償失。

再比如，隋文帝楊堅非常清楚，廢立太子是一件大事，牽涉到方方面面。在廢黜楊勇的問題上，楊堅就猶豫了多年，可見他是非常慎重的。楊堅還很清楚，廢黜楊勇導致暗流湧動，後遺症不少。而如今的太子楊廣，羽翼豐滿，個人能力和政治勢力都遠在楊勇之上。再看看自己，楊堅行將就木。他還有能力廢掉楊廣，把楊勇重新扶上台嗎？因此，楊堅有無明確下令更換接班人，是存疑的。

第四方面，《隋書》中的其他記載又證明隋文帝楊堅是正常死亡的。

術士章仇太翼之前勸諫楊堅不要去仁壽宮休養，說楊堅會有去無回。楊堅把章仇太翼關進大牢，準備從仁壽宮返回後開刀問斬。想不到，章仇太翼的預言是真的。臨死之前，楊堅想到了這件事，把太子楊廣叫到床前，交代說：「章仇太翼，非常人也，前後言事，未嘗不中。我來仁壽宮那一天，他就說我回不去了，今日果然如此。我死了，你就放了他吧。」此事記載在〈盧太翼傳〉中。

楊堅臨終前，還過問了自己的陵寢事宜。他召見了當年修築獨孤皇后陵寢的大臣何稠。他對何稠說：「你既然曾經安葬過皇后，現在朕死了，你也要好好安置。屬此何益，但不能忘懷耳。魂其有知，當相見於地下。」可見，楊堅臨終前很懷念獨孤皇后。接著，楊堅又摟著楊廣的脖子叮囑道：「何稠用心，我把喪事託付給他，有什麼事情你要和他商量。」此事記載在〈何稠傳〉

中。

以上這兩處記載絲毫看不出有宮廷政變的跡象。

《隋書》既記載了楊堅死亡和楊廣繼位的種種不尋常之處，令人生疑，又收錄了似乎相反的事實，看似矛盾，其實是秉承了「有事必錄」的史學原則。雖然是巧合、儘管可能引發後人爭論，但只要是真實發生的，史書都記錄了下來。至於楊廣「祕不發喪」的原因，可以從現實操作的層面去解釋。

三

那麼，仁壽四年七月的仁壽宮，到底發生了什麼呢？

在當時的山林深宮之中，各方力量看似都一心一意地伺候病榻上的楊堅，實際上種種聯絡、謀畫早已結成了一張網絡，覆蓋在了仁壽宮之上。其中一條重要的密謀線索，就是太子楊廣和宰相楊素互通消息，確保楊廣能順利登基。想不到，信件陰差陽錯送到了楊堅手裡。楊堅看了信件，明白了自己寵信的太子楊廣，其實有著另外一副面孔，而身邊的重臣楊素也有著不為人知的一面。不過，久經政壇風波的楊堅很清楚，權力角鬥場中的人們，都是如此。他自己就是在各種明爭暗鬥之中挺過來的。所以，楊堅雖然感到失望，感到淒涼，勉強也能接受現實。

就在此時，不遠處的房間裡發生了楊廣和陳貴人之間的桃色事件。此事本可以化為一樁祕密，永遠不為人知。但是，陳貴人回到楊堅寢宮中出現了失態，敏感多疑的楊堅很快就逼問出了事實。陳貴人本能地把責任推給楊廣，說是「太子非禮」。短期內的兩件事情疊加，楊堅感到胸中一陣酸楚，憤怒之心油然而生。

侍疾的柳述、元巖等人，迅速抓住了楊堅的情緒變化。柳、元這一派勢力是楊堅樹立起來制衡楊廣、楊素的。他們很清楚，一旦楊堅駕崩楊廣即位，自己絕對沒有好果子吃。眼看著楊堅就要歸西了，柳述、元巖肯定很焦急，尋找機會要鞏固自己的權勢。這個時候出現了不利於楊廣的事態發展，楊堅正處於對楊廣的嚴重不滿、憤怒情緒當中。柳述、元巖決定火上澆油，扳倒楊廣。他們很可能勸楊堅廢黜楊廣，重立楊勇。

楊堅可能口頭答應了，也可能沒有答應，但是柳述、元巖迫不及待地就開始草擬詔書了。消息被同為侍疾大臣的楊素知道了。於是就有楊廣、楊素聯手，調兵遣將接管仁壽宮的一幕。這一幕充分表明了兩派政治力量相差懸殊。柳、元等人完全是楊堅硬生生扶持起來的，缺乏根基，一點兒兵權都沒有。楊廣很快就完全控制了仁壽宮。病重的楊堅，事實上已經喪失了任何權力，只能安靜地走向死亡。楊堅了解過情況後，也平靜接受了現實，交代了釋放章仇太翼、安排何稠負責喪事等等。

總之，楊堅生命垂危之時，仁壽宮確實出現了變故。楊廣為確保順利繼位，聯合楊素的所作所為，都是常理可以解釋的。他的敵人是對立的柳述、元巖等政敵，而不是要謀殺父皇。只是，楊廣、楊素的調兵遣將行為，和楊堅的死，時間高度重合，再加上楊廣掌權後殺戮楊勇、迫害政敵的行為，都惹人懷疑。這可能是楊廣「弒父奪位」傳聞興起的重要原因。

至於楊堅死後，楊廣祕不發喪的原因，可以從實踐操作的角度理解。仁壽宮遠離京城，冒然立刻發喪，可能會因為信息傳播、京城空虛等原因，造成不必要的騷動。所以，楊廣等從仁壽宮返回京城後，再發喪的做法也是可以理解的。

楊堅在位二十四年，享年六十三歲。《隋書》評價楊堅「鴻恩大德，前古未比」，並沒有讚譽過度。隋朝給他上廟號「高祖」，謚號「文」，史稱楊堅為「隋文帝」。

大業開國

一

楊廣在楊素的配合下，成功接班，登基做了新皇帝。八月，楊廣護送著父親的靈柩回到大興城，正式接管隋朝的天下。楊素擁立有功，繼續做他的尚書左僕射；宇文述是楊廣的老搭檔，又是擁立的重要功臣，現在被任命為左衛大將軍，改封許國公。為了裝點門面，高熲被起用為太常卿。

楊廣很快公布了隋文帝楊堅的遺詔。楊堅的遺詔有六百多字。首先，遺詔概括了楊堅的執政過程：「庶藉百僚智力，萬國歡心，欲令率土之人，永得安樂，不謂遘疾彌留，至於大漸。此乃人生常分，何足言及！但四海百姓，衣食不豐，教化政刑，猶未盡善，興言念此，唯以留恨。」馬上，遺詔話鋒一轉，談到了楊堅的「家事」，談到了權力交接問題：「人生子孫，誰不愛念，既為天下，事須割情。勇及秀等，並懷悖惡，既知無臣子之心，所以廢黜。古人有言：『知臣莫若於君，知子莫若於父。』若令勇、秀得志，共治家國，必當戮辱遍於公卿，酷毒流於人庶。今惡子孫已為百姓黜屏，好子孫足堪負荷大業。此雖朕家事，理不容隱。」遺詔指出「皇帝的家事也是國家大事」，要把權力交給合格的接班人。楊勇、楊秀這樣的人，品格惡劣、為非作歹，如果把國家託付給他們，會禍害天下，所以楊堅廢黜了他們。那麼，天下要交付給誰呢？「皇太子廣，地居上嗣，仁孝著聞，以其行業，堪成朕志。但令內外群官，同心戮力，以此共治天下，朕雖瞑目，何所復恨。」遺詔的這段話，明確了楊廣繼位的合法性。這是整個遺詔最核心的內容。此外，遺詔還指示喪禮務從節儉，地方官員不用奔喪，宜根據實際情況修訂律令格式，都屬於官樣文章。

南北朝時期，皇權交替的時刻，往往禍起蕭牆，皇子們相互廝殺爭位。楊廣的四個兄弟，兩死一囚，能對楊廣構成威脅的只有最小的弟弟漢王楊諒了。楊諒鎮守并州，握有軍隊，足以擁兵自立，反對楊廣繼位。

楊堅死後，楊廣怕這個弟弟起兵造反，就想學父親當年矯詔對付宇文家五位王爺的招數，派人持楊堅的璽書去晉陽（今山西太原西南）徵召楊諒回京。楊廣派去執行任務的人是親信將領屈突通。

隋文帝楊堅生前對楊諒有一個基本認識，曾語氣很重地訓誡楊諒：「你要好好地當個藩王，敬依朝命，別輕易信服故舊的話，不要破壞國家法令！你這個小子，一旦沒有了我，如果想輕舉妄動，你二哥捉你就像捉籠內的小雞一樣！」楊堅警告楊諒要恪守規矩，不可妄動。為了防止小兒子遭人利用捲入不必要的危險，楊堅和楊諒偷偷約定，我如果徵召你，會在「敕」字旁邊別加一點作為記號。這個暗號只有楊堅、楊諒兩個人知道。楊廣不知道，他偽造的詔書中沒有暗號。

有人認為，楊廣不知道這個暗號，說明楊堅生前沒有告訴他。楊堅臨終時，連釋放章仇太翼這樣的小事都吩咐了，為什麼沒有把徵召漢王楊諒的暗號告訴楊廣呢？這可是關係到天下穩定的大事啊。所以，有人就由此推斷，隋文帝楊堅非正常死亡。楊廣有弒父的重大嫌疑。

這個問題可以這麼來看。楊堅和楊諒約定的是他徵召楊諒入朝的暗號，如果楊堅死了，這個暗號就沒有用了。繼位的楊廣，完全可以以自己的名義徵召弟弟入朝，不需要知道父親和弟弟的約定。楊堅沒料到楊廣會冒充自己、假傳聖旨徵召漢王楊諒，而且楊堅也沒有必要把父子倆之間的祕密告訴第三人。所以，楊廣矯詔徵召楊諒入朝，不能證明他有弒父奪位的嫌疑。

話說楊諒接到偽造的詔書後，驚出了一身冷汗。他想：「父親不可能忘記了這麼重要的約定，這只能說明父親已經不在了。二哥現在掌權了，假傳詔書徵召我入朝，極不正常，莫非要加害於我？不然，他為什麼不光明正大地以自己的名義傳旨召見呢？」楊諒也是個政治欲望很強烈的皇子。早在大哥楊勇被廢時，楊諒自以為手握天下精兵，對最高權力有所企圖。他以防備突厥為名，早早地繕治甲兵，營造軍械，圖謀不軌。

楊諒就反覆盤問使者屈突通。屈突通哪知道怎麼回事，只能閃爍其詞。楊諒就讓屈突通先回去，自己「隨後就到」。屈突通回去不久，楊諒的造反大軍隨後就到了，來和二哥爭奪天下。他以拋棄文學，壓制一切欲望，想出最骯髒的陰謀詭計來消滅前進途中的障礙。而陳叔寶將文學和欲望放在了政治之上，導致了身敗國滅。楊廣暗暗告誡自己，一定要從陳叔寶的身上吸取教訓。

為了樹立一個反面典型，楊廣反覆斟酌，給陳叔寶確定了一個謚號：煬。

《謚法》說：「好內遠禮曰煬，去禮遠眾曰煬，逆天虐民曰煬。」這是所有謚號中最壞的一個字，是後世對一個皇帝最糟糕的評價。

給陳叔寶「鑒定」完畢後，新年快到了。新皇帝登基需要改換年號。楊廣又是一陣冥思苦想，敲定了兩個字：大業。

「大業」和「大興」一樣，大氣、雄渾，寓意吉利而明顯。大業，偉大的事業。楊廣好不容易才坐上龍椅，胸中有宏圖大志需要付諸實踐，只有「大業」這個年號才能表達內心的激動和澎湃。

注釋

❶《隋書》對楊堅之死的記載非常簡單，只有兩句話：「秋七月乙未，上以疾甚，臥於仁壽宮，與百僚辭訣，並握手歔欷。丁未，崩於大寶殿。」

❷載於《學術研究》二〇〇〇年第二期。

第六章

王朝的形象工程

如果說漢景帝和漢文帝是楊堅的榜樣，那麼楊廣崇拜的是秦始皇和漢武帝。在楊廣眼中，父親留下的盛世有太多的問題，有太多的不如意之處，隋朝整個體制太懶惰，嚴重缺乏生機。所以他登基伊始就對天下進行了大刀闊斧的改造。也許是因為楊廣是一個太複雜、太感性的人，很多事情很難用理性的標準去條分縷析，而是需要深入楊廣的內心去認識，照著楊廣的邏輯去分析。楊廣時期許多國家大工程的出發點是好的，客觀效果也是明顯的。

本章的主角候選人如下：裴矩、小野妹子和只盛開在江都的美麗的曇花。

楊廣即位後想造一個嶄新的書房。素有隋朝第一能工巧匠之稱的宇文愷又有了發揮的機會。楊廣的書房除了傳統的藏書和閱讀的功能外，還要求風格獨特、讓人耳目一新（新皇帝喜歡標新立異）。最後宇文愷設計了一座美輪美奐的書房。書房的門口懸掛著錦幔，門上面放置了兩隻凌空欲飛的仙鶴。主人要進入書房的時候，只需要踏動地上的機關，門上的兩隻飛鶴就會冉冉飛起，收起錦幔，書屋的大門隨之緩緩打開。

楊廣畢生都在追求這種新奇的事物，感受新奇的經歷。他三次北巡長城和突厥地區、一次西狩西域、三次南下江都、三次東征高麗，都親力親為。大凡精力充沛、動作頻繁的君主，不是一代萬人景仰的明君聖主，就是天人共棄的昏君惡主。楊廣顯然希望成為前者。

皇帝的新衣

一

楊廣是一個複雜的、難以看透的人。也許是因為楊廣是一個感性的人，渾身散發著文人氣質，很多事情很難用理性的標準去條分縷析，而是需要深入楊廣的內心去認識，照著楊廣的邏輯去分析。

隋朝的大臣們很快就發現新皇帝是一個滔滔不絕的政治演說家。每天早朝的時候，楊廣牢固把握著話語權，從天文到地理，從內政到外交，他有說不完的話。必須承認，楊廣是一個成功的演說家，玉樹臨風的外表加上激情四射的話語、富有震撼力的肢體語言、邏輯清楚的解釋，他的演說並不枯燥，還相當吸引人。許多大臣都被新皇帝嶄新的政治理念和充滿誘惑的政治藍圖所吸引，相信楊廣能夠帶領天下實現那樣的目標。

楊廣對國情的基本認識有兩點：第一是天下還有許多問題需要處理，第二是隋朝已經積累了相當強盛的國力。所以他要調動隋朝的實力去解決那些矛盾和隱患。當然了，老皇帝楊堅也在努力解決問題，但在楊廣看來父親的動作太小、太慢，解決不了所有的問題，解決不了大問題。閒置國力，任由問題繼續存在，那簡直就是犯罪。現在，楊廣說得最多的詞就是「急迫」和「規模」，談論最多的內容就是外交、軍事、財富。渴望建功立業的楊廣似乎對一切都充滿好奇。他召募行人（使者的通稱），分使絕域」，派遣使者遠至中亞、波斯等地了解風土人情。聽說吐谷渾在青海高原放牧的波斯馬能生龍駒，能夠一日千里，楊堅就放了二千匹雌馬去求「龍種」。結果一頭龍駒也沒有生下來。楊廣依然很高興，因為他起碼知道了青海的波斯馬生不下龍駒來。

雄心勃勃、好奇心強、惹些無傷大雅的麻煩，剛剛登上皇帝寶座的年輕人都有這些小毛病。楊廣也不例外。但這些小毛病和楊廣的勤勉相比，根本就算不上是問題。新皇帝楊廣經常看奏章到深夜，即使是在顛簸的出巡旅途中也不例外。楊廣隨時關注政策的執行進展，會在深更半夜把相關官員叫醒來問某某政策的落實情況。楊廣執政期間，每年都有好幾項巨大的國家工程同時進行，而他對工程細節都親自過問。最能說明楊廣的勤奮和精力充沛的例子是這位文人皇帝在繁忙的政事之餘，親自主持編纂了圖書三十一部，共計一萬七千卷。

楊廣又不是那種辦事只有三四天熱度的人。多年的政治歷練和太子生涯讓楊廣既有理論又有實踐，對於政治有成熟的看法。基層的政治實踐讓楊廣對官場同行的「惰性」極為厭惡。他要挑戰這些惰性，革新政治。如果說父親楊堅崇拜漢文帝和漢景帝，創建了類似「文景之治」的「開皇盛世」，那麼楊廣崇拜的是秦始皇和漢武帝。秦始皇也好，漢武帝也好，哪一個不是挑戰惰性，驅動整個國家。作家張宏杰分析他的心理：「在普通人眼裡，父親楊堅的功業已經達到了極盛：四海一統，天下太平，國力昌盛。開國之君似乎沒有給繼承人留下多少創業的空間。然而心高氣盛的楊廣卻不這樣認為。在他看來，『素無學術』的父親為人行政目光短淺、器局狹小，因此他的統治表面上成績斐然，實際上存在著許多重大缺陷。」楊廣認為隋朝有著極大的發展空間，自己煞費苦心才獲得江山，就為了得到一個操縱權力治理天下的機會。他說：「非天下以奉一人，乃一人以主天下也。」天下需要一個強有力的君主（秦始皇、漢武帝那樣的）來引導、治理。而隋朝選擇的人就是楊廣。

楊廣一即位就廢除婦人及奴婢、部曲的課役，又將男子成丁納稅的年紀從二十一歲改為二十二歲，多給予了農民一年休養生息的時間。大業元年（六〇五年），太常少卿裴蘊迎合楊廣的喜好，奏請將北朝周、齊和南朝梁、陳的樂家子弟編為樂戶，讓擅長音樂百戲的人輪流到太常寺供奉，在樂府之中研究、傳授樂伎，達成文化盛事。楊廣非常讚賞這個建議，准許推行。結果隋朝的聲樂人才隊伍擴大到了三萬餘人。這個出主意的裴蘊是陳朝人，隋朝滅陳之前暗中投靠隋朝，成為隋軍的內應。陳朝滅亡後，隋文帝楊堅在眾多南朝北上的精英分子中特別褒獎了裴蘊，還要西苑周長二百餘里，「其內為海，周十餘里；為蓬萊、方丈、瀛洲諸山，高出水百餘尺，台觀殿閣，羅絡山上，向背如神。北有龍鱗渠，縈紆注海內。緣渠作十六院，門皆臨渠，每院以四品夫人主之，堂殿樓觀，窮極華麗。」西苑有山有海，建築豐富，規模遠遠超過了洛陽的城郭。楊素、宇文愷等人搜求到的海內嘉木異草、珍禽奇獸，都放在那裡；楊廣看了以後，又下令全國各地州縣定期貢獻花木鳥獸，以充實園苑。綠樹百花秋冬凋零怎麼辦？楊廣就命人剪綵綾為葉，編絲綢為花，保持苑內「四季如春」。

洛陽城致命的問題和大興城一樣：沒有居民。它是在圖紙上規畫出來的又一個首都，就像楊廣的玩具，需要主人把居民人偶「放」進城內。城郭築成的第二個月，楊廣下詔遷徙豫州（洛陽所在地）的百姓和數萬家富商大賈，充實東都。在大業二年（六〇六年）五月、大業三年（六〇七年）十月，楊廣又分別遷徙江南富戶六千餘家和河北工匠三千餘家，充實東都。楊廣推行政策的力度很大，洛陽城很快就成了人煙密集的都市。隋朝後期，洛陽鱗次櫛比的酒樓和旅館表明這座新都的成功——商業往往是一座城市繁華度的晴雨表。洛陽「北通涿郡之漁商，南運江都之轉輸」。洛陽的市場有各種各樣的商品，如金、銀、珠寶、瓷器、皮毛、絲綢等。來自西域各國和來自東方日本的商人，與洛陽本地的小商小販一起擁擠交易，將這些商品輾轉到世界各地。隨著楊廣在洛陽的時間越來越長，長到超過了他在大興城的時間，洛陽城逐漸發展成了文化和政治中心。每次科舉考試的時候，全國各地的舉人都聚集在洛陽。

當以洛陽為中心的大運河開通後，洛陽在全國政局中就更重要了。

說到大運河，它是楊廣啟動的第二項國家工程。開鑿大運河的命令只比修建東都洛陽的命令晚下達了四天。隋朝的天下剛為洛陽的修建工程貢獻了數百萬民工，馬上又要徵調萬餘民工奔赴通濟渠。而在九天之後，楊廣又下令江南建造萬艘巨船。因為他給了五個月的期限，要求打通中原和江南的水上交通。通船時，楊廣要南巡檢驗。大運河和南巡是一件值得大書特書的事情。我們暫且按住它不表，先說說楊廣和突厥的事情。

啓民可汗款塞

一

話說漢王楊諒造反的時候曾派人聯絡突厥啟民可汗，企圖借助突厥騎兵的力量爭奪帝位。還沒等啟民可汗回話，楊諒的造反行動就失敗了。雙方聯繫的事情敗露後，楊廣一度懷疑啟民可汗的忠心。啟民可汗是仰仗隋朝生存的。楊廣懷疑他以後，不允許突厥部落在長城以南休養生息了，命令他們全都回到塞外，而且不能在長城附近游牧。

啟民可汗離不開隋朝的支持，不得不在大業二年（六〇六年）年初親自跑來求見楊廣，解釋突厥人的忠誠，希望消除誤解。

楊廣很樂意享受啟民可汗「來朝」的感覺。為了炫耀大隋的繁華，楊廣煞費苦心，把大量已經失業的樂工、舞者和雜耍藝人都重新召集起來（北齊、北周、南齊、南梁、南陳等國的末代君主們留下很多這類人員），準備一場盛大的表演。啟民可汗一行人來到隋朝的朝堂後，楊廣先派人引導他們參觀了陳列的各種文物珍寶。啟民可汗等人剛看過千奇百怪的中原文物，就被引導到金碧輝煌的大廳中。剛剛坐定，鼓聲響起，演員們裝扮成獅子、怪獸、水人、蟲魚、龍龜等跳躍而入，塞滿大廳。突厥人目瞪口呆，還沒緩過神來，大廳中突然冒出一個巨大的鯨魚模型，背景立刻換成了繽紛的海洋。鯨魚向空中噴出霧煙，轉瞬之間從濃煙裡冒出七八丈長的黃龍數條，緊接著又冒出神龜馱山，幻人吐火，令人目不暇接。啟民可汗等人感覺就是置身天堂之中。等演出轉變成舒緩的歌舞時，驚魂稍定的啟民可汗匍匐叩頭，請求楊廣允許突厥民族穿漢服說漢語，歸化為中原臣民。楊廣很高興，讚揚啟民可汗歸化隋朝的態度，但婉轉地說民族融合是長期的過程，沒有答應啟民可汗部落的突厥人加入隋朝的請求。

啟民可汗的來朝讓雙方都探明了態度。有來無往非君子，楊廣在次年（大業三年，六〇七年）四至九月北巡榆林郡，親往啟民可汗駐地宴請可汗及其部屬。

這是楊廣的第一次大規模遠巡。楊廣很重視，把排場搞得很大。他將盛大的排場看成是震懾突厥等北方少數民族的鋒利武器。你們看看，我泱泱大國、煌煌大隋，單單儀仗排場就能把你們給嚇倒了，更別說背後的千軍萬馬了。結果，楊廣創建了一支由三萬六千人組成的儀仗隊伍，披金戴銀，裝備「只求最貴不求最好」，「及輅輦車輿，皇后鹵簿，百官儀服，務為華盛，以稱上意」。此後，楊廣每次出巡，衣飾絢麗的三萬六千人的儀仗隊伍前呼後擁，驚天動地。

北狩時，楊廣的儀仗隊後面還有十多萬甲冑鮮明的正規軍「護駕」。

最後連楊廣都擔心這樣耀武揚威會不會把啟民可汗等人給驚著了，於是就把隋文帝時期的擅長處理突厥事務的大臣長孫晟找出來，讓他先去啟民可汗部落通知迎駕。

啟民可汗很會辦事，聽了長孫晟的解釋後，不僅把屬下突厥各部的首領都召集過來，還把依附自己的奚、室韋等數十個部落的酋長也都叫過來，一起迎接楊廣。

一天，長孫晟在啟民可汗的帳篷外看到道旁雜草叢生，就想讓啟民可汗當著各部酋長的面親自拔草，整理營壘，恭迎楊廣。啟民可汗如果能這麼做，楊廣在北方各族面前該多有面子啊？於是長孫晟趁和啟民可汗及各部酋長閒談時，指著帳前的雜草說：「那是大香草。」啟民可汗傻傻地去聞了以後說：「這草不香。」長孫晟就發話了：「天子出巡駕幸某地，諸侯要親自灑掃街道，翻整御道，表示至敬之心。我看可汗營帳前雜草叢生，還以為是留著香草迎駕呢！」啟民可汗聽出長孫晟的弦外之音了，忙說：「奴才罪過。奴才的骨肉都是天子所賜。為皇上效勞筋力，豈敢推辭？只是我們是野蠻人，不知道中原法度，幸虧長孫將軍恩澤教導。」他說完拔出佩刀，親自除草。直屬的突厥首領和依附的各部酋長見啟民可汗對隋朝自稱「奴才」，心想「那我們就是奴才的奴才了」，趕緊拔刀除草、整修道路，唯恐落後。

啟民可汗又徵發突厥各部的勞力在西起榆林、東達於薊（涿郡治地）的三千里道路上翻修了御道，寬百步，恭迎楊廣駕臨。楊廣來了後，突厥各部表現得畢恭畢敬。啟民可汗和義成公主前後敬獻馬三千匹，楊廣賜物一萬三千段。賓主盡歡而散。長孫晟事後因功升任右驍衛將軍。

就是在突厥的地盤上，楊廣也要炫耀隋朝的國力。他讓宇文愷建造了一個能夠容納數千人的大帳，在裡面宴請啟民可汗及其部落三千五百人。席間，大帳中儀仗羅列，歌舞昇平，楊廣慷慨地向各位客人賜物二十萬段。史載：「諸胡駭悅，爭獻牛羊駝馬數千萬頭。」北方各族君長共推楊廣為「聖人可汗」。這一幕標誌著隋朝在北方少數民族中的聲望達到了巔峰。

宴會後，啟民可汗又上表請求再與隋朝通婚，並再次表示突厥民族願意更換服飾，融入中原民戶。楊廣覺得突厥民族和漢族的差距還是很大，回書表示：「磧北未靜，猶須征戰，但存心恭順，何必變服？」意思是說，「革命不分先後，工作沒有高低」，北方邊境不穩，離不開啟民可汗的征戰防守，還要啟民可汗繼續留在北方靖邊。

啟民可汗轉化為漢人的願望沒有實現，終其餘生突厥民族都沒有和隋朝發生征戰。

楊廣此次北狩，還有一件大事是修繕長城。大業三年（六〇七年）七月，隋朝徵發民工百餘萬築長城，次年七月再次徵發二十多萬民工築長城。隋朝修繕了原北周王朝北部邊境的長城，與北齊的長城連接，基本完善了東至東海、西至寧夏之間漫長的防禦體系。

二

楊廣北狩期間出現了一些「不和諧的聲音」。

前代宰相高熲，之前被楊廣、楊素聯手扳倒。但他在朝野的聲望猶存。楊廣繼位後，起用高熲擔任太常卿。早在楊廣下詔徵集散落民間的聲樂人才的時候，高熲就很不以為然，上奏說：「此樂久廢。現在徵召相關人等，恐怕無識之徒棄本逐末，競相學習聲樂，敗壞了風氣。」楊廣覺得這話說得很刺耳，念高熲是老臣，把他的諫言置之不理。後來楊廣在北方邊界炫耀，又要修繕長城，高熲非常擔憂如此奢侈豪舉會消耗國力，驚擾百姓。私底下，高熲對同僚、太常丞李懿說：「北周的宇文贇就是好樂而亡，殷鑒不遠啊。」高熲又覺得楊廣對啟民可汗等人禮遇過厚，發牢騷說：「那些野蠻人知道中原的誘人財富和山川險易，恐為後患。」高熲最嚴重的一句牢騷是認為「近來朝廷殊無綱紀」。楊廣輾轉聽到這些話後無疑是在興頭上被人潑了涼水，認定高熲是倚老賣老，誹謗朝政，在大業三年（六〇七年）七月下詔誅殺高熲。高熲時年六十七歲。他的幾個兒子也都被流放邊關服勞役。

高熲是隋朝建立和「開皇盛世」的關鍵人物之一。《隋書》評論他：「當朝執政將二十年，朝野推服，物無異議。治致升平，熲之力也。」隋朝的許多制度和政策背後都有高熲的影子。高熲被誅後，天下莫不傷惜。後人也普遍為高熲感到冤屈。

高熲一案株連甚廣。隨楊廣北巡並與高熲私下議論朝政的上柱國賀若弼、吳州總管宇文弼等人同日被誅殺。其中開皇名將賀若弼死時六十四歲，兒子充軍邊疆，妻女淪為官婢。開皇年代的另一個重臣蘇威，在大業初期曾復官為尚書右僕射，現在也受到牽連被免官。

高熲一案可以看作是楊廣在興高采烈的時候，撣去衣服上的灰塵，揮走耳邊的噪音的舉動。開皇年代的許多重要人物以這種形式告別歷史，真讓人感慨世事難料。

三

那一邊，楊廣巡視了北方各族，修繕了長城之後，開始從榆林返回洛陽。一路上，楊廣讓甲士五十餘萬、馬十萬匹護駕，沿途旌旗輜重千里不絕。

楊廣覺得坐在馬上或者車子上不夠氣派，大業三年八月，命令宇文愷建造了一座「觀風行殿」。顧名思義就是一座行走著的宮殿，可以容納侍衛數百人。宇文愷用不同的車駕、零件組合成了這座巨大的宮殿，下面安放著輪軸，後面由民工推著前進。他還建造了周長二千步的行城（行走著的城池），「以板為幹，衣之以布，飾以丹青，樓櫓悉備。」這麼一個龐然大物推移起來，聲響震天，撼動大地，又一次震懾住了北方各族軍民。他們還以為天上神宮下凡，在十里之外望見行殿、行城，就屈膝稽顙，下馬步行。臨別時，啟民可汗奉觴上壽，跪送楊廣；突厥王侯以下袒割於帳前，不敢仰視。

第二年（大業四年，六〇八年）三月，楊廣再一次北巡。這一次是為了出塞察看長城。楊廣由此成為了中國歷史上唯一一位親自視察長城修建工程的帝王。這一次出巡，黃門侍郎裴矩看到楊廣喜歡巡視天下，炫耀四鄰的特點，揣摩楊廣可能對西域會有興趣。於是他在楊廣此次北巡期間獻上自己編撰的《西域圖記》三卷。書中記述了西域四十四國的風土人情、服飾儀形等內容。楊廣滿懷好奇地閱讀了該書，把裴矩叫到跟前交流讀後感。裴矩得以當面向楊廣介紹西域的情況，誇口西域諸國奇珍異寶無數，而一直和隋朝過不去的吐谷渾也很容易吞併。楊廣第一次被大臣描繪的美妙情景所蠱惑，決心像漢武帝那樣鑿通西域，於是任命裴矩總管西域事宜。隋朝下一個奮鬥的方向轉向了西北。

鑿通西域

一

裴矩是隋朝的「西域通」。他在西北工作期間，很注意搜集西域各國山川險易、君長姓族、風土物產等資料，繪畫各國王公庶人的服飾儀形，還結交了大量胡商。這一切為裴矩規畫隋朝的西域政策提供了扎實的基礎。

大業四年（六〇八年），得到楊廣支持的裴矩游說鐵勒部落進攻吐谷渾。吐谷渾戰敗，伏允可汗率部退入西平郡（今青海東部），向隋王朝請降。楊廣派遣愛將宇文述率兵出屯西平，準備受降。結果伏允可汗看到隋軍強盛，在最後關頭害怕了，不降，還率眾西逃。宇文述在後面緊追，深入青海高原，連續兩次大敗吐谷渾軍隊，殺敵數以千計，俘虜王公貴族數以百計。前來歸降的吐谷渾人口超過十萬。至此，吐谷渾東西四千里，南北二千里的疆域成為了隋朝的領土。隋朝在此設立了鄯善、且末、西海、河源四郡。楊廣的偶像漢武帝當年在西漢極盛之時，也只在青海東部的湟水流域設置過郡縣。楊廣憑藉強盛的國力將中原王朝的勢力滲入青海高原，使隋朝的疆域達到了極盛。此時的隋帝國東、南都到達大海，西到且末，北到五原，東西九千三百里，南北一萬四千八百一十五里。

裴矩除了挑撥鐵勒和吐谷渾相攻外，在張掖的招商工作也取得了成功。

裴矩招商成功的祕訣是不計成本，完全不考慮商品交易的收益情況，只要西域的客商願意來河西或者內地貿易就可以了。事先，楊廣撥給裴矩一筆巨款，專門用來「補貼」西域的客商。有利可圖又沒有風險，誰都願意開展對華貿易。結果裴矩很順利地就吸引了西域十幾個國家的商隊來華貿易。

楊廣從榆林巡視回來後，看到吐谷渾被解決了，西域各國和隋朝的商貿熱情很高，決定在大業五年（六〇九年）三月巡視河西地區。裴矩連忙趕往敦煌打前站。

隋朝的皇帝來了，西域怎麼也得出幾個國王來「朝拜」一下。裴矩故技重施，派使者許下重利，說服高昌王麴伯雅和伊吾吐屯設（突厥為了守伊吾設置的官員，伊吾是隋唐以前哈密的古地名）等人，引他們晉見楊廣。楊廣西巡到燕然山（在今甘肅武威境內）時，高昌王、伊吾吐屯設和西域二十七個國家的首領在路旁覲見楊廣。覲見的異族首領們都佩帶金玉飾物，穿著華麗的錦緞服裝，焚香奏樂，載歌載舞，熱鬧非凡。隋朝官府命令武威、張掖兩地的男女老少都盛裝出來捧場。如果有人的衣服或者車馬不夠鮮亮，郡縣官府就要出面教育，教育不成就捉到大牢裡去。結果御營附近數十里地都被洶湧而來的人群和車馬給擠滿了，人聲鼎沸。楊廣把「觀風行殿」也給帶來了，在上面盛陳文物，奏九部樂，設魚龍曼延（古代百戲雜耍名，是中國最早的大型魔術），宴請高昌王、伊吾吐屯設等三十多個國家的首領。西北各族也看到了隋朝的實力與風範，驚歎不已。楊廣感覺良好，在西北逗留到十一月，才耐不住風沙返回東都洛陽。

此次西巡，楊廣寫了一首堪稱是邊塞詩精華的〈飲馬長城窟行〉：

肅肅秋風起，悠悠行萬里。
萬里何所行，橫漠築長城。
豈台小子智，先聖之所營。
樹茲萬世策，安此億兆生。
詎敢憚焦思，高枕於上京。
北河秉武節，千里捲戎旌。
山川互出沒，原野窮超忽。
摐金止行陣，鳴鼓興士卒。
千乘萬騎動，飲馬長城窟。
秋昏塞外雲，霧暗關山月。
緣嚴驛馬上，乘空烽火發。
借問長城侯，單于入朝謁。
濁氣靜天山，晨光照高闕。
釋兵仍振旅，要荒事方舉。
飲至告言旋，功歸清廟前。

伊吾吐屯設在朝見楊廣的時候，將原來和吐谷渾有爭議的幾千里土地全都獻給了隋朝。隋朝接管這片土地，並派遣將軍薛世雄在伊吾築城屯兵。從東漢末年開始斷絕的中原經過西域與西方的交通至此重新打通。裴矩受命前去負責東西交通和通商事務。裴矩向西域諸國解釋說，隋朝在伊吾築城的目的是方便和西方各國通商。實際上，楊廣給他提供了充裕的資金在西域展開挑撥離間、政治暗示或者拉攏隋朝支持者的活動。隋朝進入西域的時間很短，但營造了卓有成效的以隋朝為中心的朝貢體系。西域各國相繼對隋朝稱臣納貢。裴矩安撫懷遠有功，憑此躋身隋朝的核心權力圈。

二

楊廣前腳剛回到東都洛陽，西域各國後腳就來「朝貢」和貿易了。

西域來的人很多——有穩賺不賠的生意，誰都會趨之若鶩的。裴矩知道楊廣喜歡這樣的熱鬧場面，建議楊廣在洛陽舉辦大規模歌舞雜技表演，營造一個熱火朝天的冬天來迎接客商。

楊廣於是下令徵召各地的奇人異士、歌手舞女來參加洛陽的演出。官府還要求洛陽及周邊的百姓穿上錦綺衣服、插戴金銀珠寶來城中充當遊戲的觀眾。這些觀眾有十幾萬人。朝野百官的待遇稍微好一點，雖然也被要求衣著華麗充當觀眾，但可以按照品級次序坐在戲棚裡觀看。洛陽是一座新城，楊廣仍覺得需要精美裝飾，下令街道兩旁的店鋪設置帳幕，將最豐盛的商品和酒食都擺出來。洛陽城中不能有任何犄角旮旯的骯髒地方，再小的細節也不能吝嗇金錢去裝飾，最後連街頭賣菜的小販都必須用昂貴的龍鬚席做擺菜的席子。外國人來了後，主管番邦事務的官員帶著他們沿街與市民做買賣。事先百姓們都得到了通知，怎麼向外國人招手，怎麼應付外國人的問話。而飯館酒樓得到的命令是，只要看到外國客商就拉他們進來吃飯，直到客商們酒足飯飽為止。為了顯示隋朝的富足和百姓的熱情好客，官府還嚴令：外國客商吃飯喝酒後百姓不能要錢。如果有外國客商飯後堅持付錢，那麼百姓就需要以更加堅決的態度說：「中原豐饒，吃飯喝酒一律不收錢。」

簡單一句話：西域客商就是外賓，接待好外賓是當前最大的政治任務。

許多西域客商看到洛陽店鋪鱗次櫛比，裝飾盛麗，珍寶充裕，隋朝的百姓遍身羅綺，既驚訝又羨慕，讚不絕口。但西域小地方來的商人中也有頭腦清醒的人。有客人看到大街上的樹木都用高級綢緞包裹樹身，就問陪同的隋朝官員：「我們沿途看到好多衣不蔽體的窮人，為什麼不用這些裝飾的絲綢布帛給他們做衣服。裝點城池有什麼用呢？」陪同官員愧不能答。

洛陽城整整熱鬧了一個月才停止。楊廣花費巨資讓自己的國家在這個月中成為了「神仙之國」。有人質疑這麼做的價值，楊廣對親信宇文述說：「裴矩很了解我的心意。他常常想我所想，在我說出來之前就提出來了。如果不是一心為國，裴矩怎能做到這樣呢！」

三

楊廣即位以來大手筆頻出，開皇年代十數年來積累的財富很快就見底了。但楊廣的所作所為到現在為止取得了巨大的回報，隋朝牢固懾服了突厥和西域各個民族，贏得了崇高的國際地位。

而且，隋朝在最初的幾年繼續高奏凱歌，揚帆前進海外。

大業三年（六〇七年），楊廣曾派羽騎尉朱寬進軍浩瀚的西太平洋，希望征服海洋上可能的國家和民族。第二年，朱寬再次入海招撫流求國，遭到了流求的拒絕。楊廣派軍遠涉重洋進攻流求，斬殺流求王渴刺兜，俘虜了上萬人口返回。

在南方，仁壽末年，隋朝派大將軍劉方為驩州道行軍總管，經略林邑（占婆，今越南中南部地區）。大業元年（六〇五年）正月，隋軍進擊至海口（江河入海處），林邑國王梵志派兵抵抗。林邑的軍隊很有特色，他們乘坐大象，呼嘯圍攻。隋軍完全不適應象軍，中原士兵和戰馬都沒有見過這些長著兩隻長牙的巨獸。莫名的恐懼讓隋軍一接戰就人仰馬翻，節節後退。劉方後來想出了一個方法，在地上挖坑，坑上蓋草，然後派兵挑戰，把林邑的軍隊引到地坑群中。林邑的軍隊橫衝直撞，紛紛陷入大坑，亂成一團。隋軍再用巨弩射擊大象。大象皮厚，沒被巨弩射死，但也疼得嗷嗷亂叫，掉頭向後跑，結果衝入林邑的軍陣，踩死許多林邑士兵。林邑的軍隊傷亡慘重。劉方這才率領隋朝大軍乘勝追擊，連戰連捷，很快就攻入林邑國都。這場戰爭的結果是隋軍勝利了，水土不服，官兵死傷大半，只好在林邑刻石紀功而還。大將軍劉方在半路上病死了。隋軍雖然撤走了，林邑國王後怕不已，主動上表稱臣，歸附隋朝。

日本來朝

隋朝的四鄰，剩下來就只有東北諸國沒有說了。東北諸國主要是朝鮮半島各國和日本。

朝鮮半島在隋朝時處於三國鼎立階段：高麗最強，其次是百濟和新羅。隋朝和高麗的關係是一部漫長曲折的歷史，留待下一章慢慢細說。百濟和新羅同隋朝的關係都還不錯。開皇元年（五八一年）隋朝剛剛建立，百濟就遣使朝貢。此後，百濟朝貢不絕。新羅和隋朝之間有百濟阻隔，對隋朝的朝貢不像百濟那麼勤快，直到開皇十四年（五九四年）新羅才遣使入隋朝貢。隋朝將百濟、新羅都視作是制約高麗的外邦力量——儘管百濟和新羅恨高麗，但它們明哲保身，並沒有出兵相助。

日本（當時叫做倭國）和隋朝之間隔著朝鮮半島。直到開皇二十年（六〇〇年），日本才第一次遣使入隋。隋文帝楊堅喜出望外，因為之前只在南朝有「倭國」遣使來華的記載，日本已經有百年沒有來大陸朝貢了。打擊楊堅情緒的是，日本是一個獨立意識相對較強的國家。楊堅派官員向倭王阿輩雞彌的使節詢問倭國民俗。使者說倭王以天為兄，以太陽為弟，天黑時處理朝政，天亮即停止，把白天交給弟弟太陽管理。楊堅一聽，火冒三丈。中國皇帝以「上天之子」自居，而倭國國王自稱是上天的弟弟，那豈不成了中國皇帝（也就是楊堅）的叔叔了？楊堅斥之為荒謬之論，訓令倭國國王改換稱呼。

使者回日本後向攝政的聖德太子彙報出使情況。聖德太子對楊堅要求改名的訓令不以為意，倒是對隋朝佛教興盛的情況很感興趣。他以求佛經佛法為名，第二次遣使入隋，目的還是加強中日兩國的交往。大業三年（六〇七年），倭國派小野妹子為使節，鞍作福利為翻譯，攜帶國書出使隋朝。國書是這麼說明出使目的的：「聞海西菩薩天子重興佛法，故遣朝拜，兼沙門數十人來學佛法。」因此使團中有數十名留學僧。他們是日本首次向中國派出的留學生。楊廣對於海島小國的倭國能夠不畏艱險，翻山越洋前來「朝貢」，非常高興，他認為這是自己威望遠播的結果。但看到倭王國書，楊廣和父親楊堅一樣，不高興了。原來日本國書寫道：「日出處天子致書日沒處天子，無恙。」楊廣不能接受蕞爾小國的國王與自己平起平坐。他當即命令鴻臚卿（類似於外交部長）：「以後如果蠻夷的國書狂妄無禮，就不要拿給我看了。」儘管內心不快，楊廣還是熱情接待了日本使團，並派遣文林郎、鴻臚卿掌客裴世清為正使，率領十三人的代表團回訪日本。

大業四年（六〇八年），裴世清在小野妹子的陪同下到達日本九州。倭王還下令在難波城（今大阪）高麗館舍的基礎上修建新館，準備招待裴世清一行。裴世清使團先到達難波，並在皇室的隆重歡迎下進京（今奈良）。倭王多次派遣大臣帶領數百人的儀仗，鳴鼓角來迎。裴世清覲見倭王，聖德太子和諸王、諸大臣都頭戴金髻華，身著錦紫繡織及五色綾羅參加會見儀式。倭王說：「我聽聞大隋在我國之西，乃禮義之邦，所以派人朝貢。我則區區島國，偏居海隅，不識禮義，孤陋寡聞，以至久不往來。今貴客遠來，特意清掃道路，裝飾館舍，以待尊使，希望聽到來自泱泱大國的文明教化。」裴世清隨即獻上禮物和楊廣的國書。國書的第一句就是「皇帝問倭王」，一下子將倭王降低到了隋朝藩王的地位，且是上級對下級的口吻。聖德太子當即指出隋朝的國書貶低了倭王，裴世清對他說：「皇帝德並二儀，澤流四海，以王慕化，故遣行人來此宣諭。」裴世清又對倭王說：「此乃我朝賜諸侯書式。」聖德太子怏怏而退，考慮到日本需要向隋朝學習的地方很多，最後沒有計較稱謂和禮節問題。當裴世清回國時，倭國熱情地宴請相送，再一次以小野妹子為正使、吉士雄成為副使組成使團，護送裴世清歸國。

該年年底，裴世清、小野妹子等人到達隋都大興。小野妹子向隋朝呈上倭王國書。這份國書是聖德太子親自撰寫的，稱隋朝皇帝為西皇帝，日本倭王為東天皇。鴻臚寺官員看到日本依然堅持平等格式，怕再惹楊廣不高興，就將這份國書扣了下來，沒有交給楊廣。

之後，隋朝和倭國關係發展順利。倭國一共向隋朝派出了四批使團，全面考察了隋朝的政治、經濟狀況和佛教。日本與中國的交往與其他國家不同，帶有很強的學以致用的色彩。其他國家與中國朝貢，更多看重商貿利潤，而倭國看重的則是中國先進的文化和制度。它在隋朝留下了許多留學生和留學僧。這些留學生和僧人，在隋學習時間很長，有的等唐朝建立了還沒有學成歸國。倭國和隋朝的友好交往，揭開了日本在唐朝時全面照搬中國制度、文化的序幕。

大運河與江南

一

大運河工程是楊廣關注最多，隋朝出力最大的國家工程。

楊廣總管江南十年，江南水鄉在他的身上鐫刻下了深深的痕跡。楊廣娶了出身南方的妻子蕭氏，又學會了吳語方言。楊廣還留下了許多描寫江南的詩歌，比如〈早渡淮詩〉：

平淮既淼淼，曉霧復霏霏。
淮甸未分色，泱漭共晨暉。
晴霞轉孤嶼，錦帆出長圻。
潮魚時躍浪，沙禽鳴欲飛。
會待高秋晚，愁因逝水歸。

江南的水景在他的筆下惟妙惟肖。又如〈江陵女歌〉用平實流暢的語言記敘了一場發生在江南小橋流水上的愛情故事：

雨從天上落，水從橋下流。
拾得娘裙帶，同心結兩頭。

但是，如果把隋朝傾全國之力修建大運河的目的歸結為楊廣熱愛江南水鄉，希望乘船重溫江南美景，或者更細化為方便去揚州看曇花，那就犯了簡單化的錯誤。楊廣不是醉情山水，不顧一切的純書生。沒有皇帝生來就是旅遊玩家。楊廣修建大運河有更深的考慮：

大運河在地理上貫通了南北，為南北交通增加了水運這麼一個嶄新的形式。如果將隋朝的天下比作人體，那麼大運河就為人體搭建了一條新的血脈。它的暢通方便了全國的政令、物資和人員交流。洛陽城修建的一大目的是加強對東方的控制，同樣地，大運河的修建是為了加強對江南的控制——從東吳到南朝，江南產生了許多與中原政治中心對峙的割據政權。當年楊廣就是以平定江南起家的，長期鎮守江南，清楚江南的人文、風俗和經濟。隋朝之時，江南早已不再是司馬遷在世時刀耕火種的原始景象了，人口繁盛、市井繁華，在國家貢獻賦稅中的比例越來越大。大運河將南方的賦稅、民工和人才源源不斷地輸往中原，幾乎就是一條財富之河。後人有詩為證：「東南四十三州地，取盡膏脂是此河。」

唐代詩人皮日休作〈汴河懷古二首〉詩詠歎大運河，將楊廣修河同大禹治水相提並論：

萬艘龍舸綠絲間，載到揚州盡不還。
應是天教開汴水，一千餘里地無山。
盡道隋亡為此河，至今千里賴通波。
若無水殿龍舟事，共禹論功不較多。

的確，如此大規模地改造山河，之前只有傳說中的大禹進行過；而楊廣留下的大運河不是傳說，實實在在地發揮了上千年的作用。遺憾的是，皮日休在詩歌中的讚譽是一個「假設句」，他在字裡行間對楊廣修建大運河一事還是持批評態度的。這也是後人普遍的態度。為什麼要批評這樣一個出發點並不壞、讓後世受益的國家工程呢？因為和之前諸項國家工程一樣，大運河也是在無數民工的屍體上修建起來的，給當時的百姓帶來了巨大的災難。

有些工程是「功在千秋，利在當代」，而大運河是「功在千秋，禍在當代」。

當東都洛陽還是一個碩大無比的工地的時候，楊廣又徵發河南、淮北各地百姓一百多萬人趕赴規畫中的運河沿線。大運河工程分成數段，從洛陽西苑到淮水南岸的山陽（今江蘇淮安）一段運河叫「通濟渠」；從山陽到江都（今江蘇揚州）一段有春秋時期吳王夫差開鑿的「邗溝」，楊廣對此進行了疏通。這兩段運河組成了大運河的第一期工程，溝通了洛陽到江南揚州的水路交通。以後，楊廣又兩次大徵民工，開通了從洛陽的黃河北岸到涿郡（今北京市）的「永濟渠」，和從江都的長江對岸京口（今江蘇鎮江）到餘杭（今浙江杭州）的「江南河」。這四段運河連接起來就是貫通南北，全長四千里的大運河。現在我們看到的大運河是元朝政府在隋代運河基礎上截彎取直、疏通加工的結果，稱為「京杭大運河」。

修治運河的無數民工是看不到運河的輝煌遠景的。當時官府督工很急，男人不夠，官府把婦女也徵發到工地來幹活。國家同時進行的工程實在太多了，民間此時已經提供不了足夠的勞動力了。隋朝政府規定百姓每年服徭役的時間不超過一個月，而且每年只能徵發一次。現在各地官府不得不打破規定，連續徵發民工，每次服役的時間遠遠超過一個月。許多人剛剛參加完前一個工程，僥倖生還，馬上又被官府逼著去參加下一個工程施工。民工因為長時間、超負荷的勞動，惡劣的待遇和非打即罵的監工，更談不上有任何醫療或者補償措施，大批大批地死去。被徵發的民工超過一半是死在了運河工地上。結果上千里長、四十步寬的河道在一百七十一天內就修成了。隋朝又創造了一個建築史上的奇跡。

楊廣對大運河期望值很高，驗收要求異常嚴格。驗收官員們在上游放下測量運河深淺的木鵝，順水漂下。木鵝安裝有一丈二尺長的鐵腳，如果在某處停住，就表明該處挖得不夠深。木鵝停在某處運河，就表示該段運河不合格。木鵝在某段運河先後停了百來次，楊廣大怒，下令將負責這段運河的官員和民工五萬人全部就地活埋。因此，運河沿線的官吏和民工都將緩緩漂流的木鵝看作是閻王的催命符，眼巴巴地盼著它快點離開自己的河段。

二

運河第一期完工後，楊廣在大業元年（六〇五年）八月和大業六年（六一〇年）三月兩次乘船到江都巡遊江南。

梅毅在《帝國的正午》上這樣描寫楊廣巡幸江都的情景：

每次都乘龍舟而行。他的龍舟有四層，高四十五尺，長二百丈。最上一層有正殿、內殿、東西朝堂；中二層有一百二十房，都以金玉裝飾，駭人眼目，下層為內侍們使用。皇后乘坐的叫做翔螭舟，略比龍舟小一點，其中的裝飾一模一樣。此外，又製號為「浮景」的大船七艘，三層高，殿中可擊水為樂（類似現在豪華郵輪的游泳池）。隨從船隻，名為漾彩、朱鳥、蒼螭、白虎、玄武、五樓、道場、玄壇等，數以千艘，供後宮、諸王、公主、百官、僧尼、道士以及外藩使臣等人乘坐，並載有百司供奉之物。每次出遊，都要用挽船民工八萬多人，挽漾彩等高級舟船的有九千多人，稱為「殿腳」，這些人都穿錦繡豪華的衣服，不僅幹活，還要要求好看。除此以外，還有號為平乘、青龍、艨艟等小船數千艘，供十二衛禁衛軍乘坐。船舟連綿二百餘里，旌旗風帆，照耀川陸，一眼望去五彩錦繡。兩岸又有長溜騎兵夾岸護送，同樣綿延二百多里地，旌旗散野，蹄聲隆隆。

大運河沿途五百里地以內的州縣都要求向御舟獻食。那些州縣官員獻上來的都不是一般的食品，而是山珍海味，一個比一個好。最後獻食變成了攀比競賽，各地方官逼著百姓給御舟置辦酒席美食。每次吃飯的時候，楊廣面前千奇百怪的南北佳餚都有上百桌之多，根本就吃不完。隨行的太監宮女、王公大臣有幸跟著吃。起程時，大量剩餘的美食被就地掩埋，浪費無算。

也許前往江都的巡遊本身比到達江都以後的活動更具有娛樂性，更吸引人的眼球。楊廣在江都的活動反而沒有記載（或許他根本就沒在那兒幹正經事）。反而是江都特產的一種花，因為楊廣惹得天怒人怨的大巡遊而殃及池魚，落了一個壞名聲。這種花就是曇花。曇花花期極短，只在深夜時節開放，不等天亮就凋謝了。看過曇花開放的人都盛讚它的冰清玉潔和淡香盈室。據說楊廣對曇花的好奇心特別強烈，多次趕赴江都就是為了看看曇花。結果好端端的一個曇花被後人罵為「亡國之花」，真是冤枉。

大業二年（六〇六年）四月下旬，楊廣第一次巡遊結束，從江都回到了洛陽。飽覽江南美景的楊廣的場面依然很大，遍擺帝王法架，用他那龐大的儀仗隊護衛，隊伍綿亙二十餘里，雄赳赳氣昂昂地進入洛陽城。楊廣回朝接見群臣，命令五品以上文官武將按制度佩玉戴幘，漂漂亮亮、喜氣洋洋地來見自己。七月二十二日，楊廣的太子楊昭病死了，時年二十八歲。楊廣也只悲傷一下而已，心情很快就調適過來，不久又是鶯歌燕舞，無異平日。

這就是皮日休在作品中說的「水殿龍舟事」。晚唐人胡曾的〈詠史詩・汴水〉則直接將這曠古絕今的巡遊看作是亡國徵兆：

千里長河一旦開，亡隋波浪九天來。
錦帆未落干戈起，惆悵龍舟更不回。

三

楊廣的智商很高，肯定也意識到了大規模的建設活動和不必要的炫耀揮霍了國力，與即位初期寬政愛民的思路背道而馳。但是他依然自負地認為自己的政策方針對國家的發展有利，符合百姓的長遠利益。為了美好的未來，也為了儘快解決現有的問題，老百姓預支沉重的代價是合理的。沒有付出哪有收穫？楊廣緊握權杖，堅信只要挺過最初的困難時期，隋王朝美好的日子就會來臨。

統治階層自然也意識到了最近五六年來政策的消極結果。

他們有什麼反應呢？

高熲已死，開皇前期君臣坦蕩、齊心協力的局面也已經不復存在了。楊素在大業二年（六〇六年）就死了。楊廣身邊的執政團隊主要有納言蘇威、左衛大將軍宇文述、御史大夫裴蘊、黃門侍郎裴矩、內史侍郎虞世基。五人一起參政，人稱「五貴」。五貴之中蘇威並不受楊廣的信任，在位是象徵意義大於實際意義。而其他四個人都是工於心計、邀寵取信的小人。

宇文述是楊廣的親家、老臣，與蘇威平起平坐，被楊廣視為心腹。鎮守江南的時候，宇文述就跟著楊廣了，之後又為楊廣奪嗣登基立下了汗馬功勞，現在終於得到了豐厚的回報。楊廣經常將各國貢品或美食賞賜給宇文述分享，以致往返皇宮和宇文述府邸的使者常常在路上相遇。而宇文述表現得更加謹慎，「善於供奉，俯仰折旋，容止便辟，宿衛者咸取則焉」。針對楊廣好奇心強的特點，宇文述常常進獻奇服異物，討楊廣的歡心。楊廣果然更加寵信宇文述。宇文述一時權傾朝野。左衛將軍張瑾在公開談論宇文述時，說了幾句宇文述不太愛聽的話。宇文述當即瞪眼呵斥張瑾，使得後者害怕得趕緊開溜。朝廷的將軍尚且如此，一般臣民更是見到宇文述像綿羊見到猛虎一樣。宇文述為人也確有猛虎一般貪婪殘暴的性格，知道別人有珍異的寶貝就一定要奪到手。一些富商大賈和河西的少數民族子弟（宇文述本身就是鮮卑人）就投其所好，爭相賄賂他金銀寶物，還拜宇文述為「乾爹」，紛紛得以封官晉爵。最後宇文述家裡金銀財寶堆積如山，有寵妾美女數百人，家僮多達上千人。宇文述的榮華富貴當時無人能比。

說完宇文述說裴蘊。不客氣地說，裴蘊就是一個奸臣加酷吏。他靠整治樂隊得到楊廣賞識。為了增加戶口（戶口多了就可以多徵稅，多拉壯丁出力），大業五年（六〇九年），裴蘊提出在全國再度「貌閱」，搜括民戶。裴蘊因而更得楊廣器重，被擢升為御史大夫。當上最高監察長官後，裴蘊一意附會迎合楊廣，在審判大小案件之前總是先揣測楊廣的心意，因此深得聖寵。大文豪、司隸大夫薛道衡是開皇老臣，寫了篇〈高祖文皇帝頌〉，觸發了楊廣敏感的神經。裴蘊察覺到後馬上彈劾薛道衡「負才恃舊，有無君之心」，得到楊廣的授權查辦薛道衡。裴蘊實在找不到任何證據，最後竟然以「腹非私議」（在肚子裡說壞話）的罪名誅殺了薛道衡。南宋創造「莫須有」罪名的秦檜和裴蘊比起來，只能算是晚輩了。楊廣統治晚期，天下反抗越來越多，就更離不開裴蘊了。裴蘊廣撒羅網，鎮壓反抗，動不動就將相關人員滿門抄斬，株連九族。裴蘊掌握御史、刑部、大理寺的實權，擴充監察人員，監視全國，權勢膨脹。斷獄輕重全由他一人決定，想收拾誰就收拾誰，想怎麼收拾就怎麼收拾。這樣的人，不是奸臣、酷吏，又是什麼？

「五貴」中的最後兩個，地位遜於前三人。排在第四的是在西域和洛陽慫恿楊廣大肆揮霍炫耀的裴矩。裴矩在處理外交事務上有一套，也有功勞，但進入朝廷核心後，明哲保身，只知道迎合楊廣。

排在第五位的是不怎麼拋頭露面的虞世基。虞世基負責朝廷機要工作，專司上傳下達。楊廣的許多詔書就是他草擬的。隋朝宮廷每天的奏章數以百計，楊廣口授的詔書每天也要寫滿近百張紙，虞世基竟然能夠做到沒有差錯，可見這個人的公文處理能力相當強。但虞世基也是一個明哲保身的懦夫，知道楊廣不是輕易能夠勸動的人，又看到張衡❶、高熲等人的悲慘結果，很害怕。他雖然每天都在楊廣身邊，但只知道點頭稱是，取悅楊廣。虞世基在家庭生活方面也一團糟糕。

他的繼室孫氏，性情驕淫。虞世基管不了她，任由其奢侈淫靡。孫氏竟然將自己和前夫的兒子夏侯儼帶到裴家來，一起鬻官賣獄，收取賄賂。裴家最後門庭如市，金寶盈積。虞世基的弟弟虞世南，在惡劣無比的環境中真正做到了「出淤泥而不染」，清貧獨立，整天看書練習書法，保持了書生本色。

這樣的皇帝和這樣一幫大臣，隋朝的前途堪憂了。

注釋

❶ 張衡全程參與了楊廣奪位的過程，為楊廣立下了汗馬功勞。但是，張衡本人並不是奸佞小人，反而憂心國事、剛正不阿。楊廣繼位後大興土木，張衡進諫道，連年徵發勞役，百姓疲敝，希望陛下休養生息。結果，楊廣以「謗訕朝政」的罪名賜死張衡。

唐高祖李淵起兵掌權後，追贈張衡為大將軍、南陽郡公，諡號「忠」。有人就認為，如果張衡果真是弒君凶手，李淵決不會給他「忠」的諡號，因為這牽涉到國家賴以維持的倫理道德問題。所以，張衡並沒有殺害隋文帝楊堅，這也反證楊堅是正常死亡的。同時，也有人指出，李淵當時正在爭奪天下，需要爭取人心。張衡生前交遊廣闊，在隋朝官場中有廣泛的人脈關係，追贈張衡可以爭取這批人的好感乃至支持。所以，給張衡上諡號「忠」，是一項政治舉措，不涉及道德評價。後人不能用張衡的諡號問題，來反證隋文帝楊堅的死亡問題。

第七章

攘外還是安內

高麗侵吞遼東土地，引起了隋朝的不滿。但促使楊廣下決心征討高麗的最大原因是高麗國王高元表現出來的無禮和對隋朝權威的蔑視。楊廣傾全國之力，大舉討伐高麗。第一次征討高麗，徵調的徭役總量超過了之前所有國家工程役量的總和。可惜出師不利，鎩羽而回。一路順風順水的楊廣接受不了失敗，逐漸偏離理性，接著發動了第二次、第三次征討。三次征討戰爭換來了高麗表面上的臣服，卻掏空了隋王朝的元氣。

楊玄感是本章毫無懸念的主角。出身高貴、位居尚書的楊玄感為什麼要發動叛亂呢？這次叛亂對隋朝意味著什麼呢？

故事講到這裡，楊廣的日子已經非常危險了。他接手隋朝的時候，國家積蓄豐裕，制度富有活力，楊廣本人又能力不凡，滿懷壯志。這樣的局面似乎是一個偉大時代開始的標誌。但是四五年後，隋朝的國庫就空了，百姓就在各個大工地上疲於奔命了，政治氣氛就混濁了。楊廣的急不可耐的情緒和草率頻繁的政策是惡化形勢的主要原因。

局勢危險了，可還沒有到達崩潰的程度。如果楊廣及時總結經驗教訓，改弦更張，局勢完全有可能好轉。楊廣也許也想與民生息，安定國內，但莽撞和好大喜功一旦占據思維主線，個人的改變變得異常困難了。

東征高麗

一

隋朝在外交政策上的一次重大失敗，將王朝推到了崩潰的邊緣。

那個消耗了隋王朝最後精力的國家是高麗。高麗原本是朝鮮半島中部的國家，趁著中國亂世，不斷向外擴張，先是攻占了西晉的樂浪郡和帶方郡，控制了朝鮮半島北部，接著遷都平壤，大敗百濟，占領了朝鮮半島中部的漢江流域。國勢鼎盛的高麗逐漸侵入中國東北地區，占領了遼東，開始與中原政權發生摩擦和戰爭。

隋文帝楊堅即位後，給高麗國王高陽下了一封措辭嚴厲的詔書，歷數了高麗的種種不守屬國禮節的惡行，並且用隋朝滅亡陳朝的故事來威脅高麗。高陽接到詔書後曾上表謝罪。高陽死後，兒子高元即位，開始時還向隋朝朝貢。可在開皇十八年（五九八年）初春，高元率領上萬靺鞨騎兵侵入隋朝的遼西地區，被營州總管韋沖擊退了。楊堅大怒，讓漢王楊諒和高熲等人率領水陸大軍三十萬討伐高麗。這次進軍非常不順利，楊諒率領的陸軍剛出山海關就遭遇雨季，道路泥濘，軍隊供給出現嚴重困難。軍隊又爆發了瘟疫，很多士兵染病身亡，勉強走到遼河岸邊，已經是強弩之末了。而從海上直接進攻平壤的水軍被大風大浪吹翻戰艦，溺死了十之八九的官兵。隋軍沒有能力作戰了，只好草草撤退。儘管如此，高麗王高元還是被隋朝的軍力震懾住了，主動上表謝罪，自稱「遼東糞土臣元」。楊堅見人家主動認錯了，隋朝一時又無力深入高麗作戰，只好將討伐一事擱置待議。

二

大業三年（六〇七年）八月，楊廣在突厥的啟民可汗大營中做客。發生在突厥營帳中的一件小事重新點燃了戰火，將隋朝和高麗都引向了災難的深淵。

原來楊廣做客的時候，高麗王高元正好派遣了一個使團來找啟民可汗。他們來幹什麼呢？當然不是普通的打招呼，握握手，送送禮那麼簡單了。啟民可汗當時正在尋求隋朝的支持，不敢隱瞞高麗使團的到來，就把他們帶去見楊廣了。

高麗這個北方敵人竟然私下聯絡歸附隋朝的突厥勢力。這個消息極大震動了楊廣。

高麗人想幹什麼？聯絡突厥一起對付隋朝，侵吞隋朝土地嗎？

黃門侍郎裴矩在這個節骨眼上進言，給楊廣的情緒火上澆油：「高麗的領土是中國古代的孤竹國。周代將它封給了箕子，漢朝劃為三個郡直接管轄，晉朝將這個地區歸屬遼東。現在高麗成了外國，還一再挑釁我朝。先帝早就想征伐教訓他們了。只是因為楊諒無能，師出無功。陛下怎麼能讓這個冠帶之地繼續淪落為蠻貊之鄉呢？現在高麗的使者出使突厥，親見啟民，合國從化，必懼皇靈之遠暢，慮後伏之先亡。陛下應該迫令高麗王高元入朝覲見。」楊廣聽得有疑問。裴矩繼續說：「請陛下將高麗使者放還本國，讓他們帶話給高元，令他速速來朝。如果不來，皇上當獎率突厥，即日誅之。」

楊廣深以為然，告訴高麗使者：「啟民誠心歸順，朕才駕臨他的營帳。明年朕將巡視涿郡，你轉告高麗王高元，速來朝見。否則我將和啟民率領大軍討伐高麗。」

高元聞報後，怕了。他萬萬不敢去隋朝，見火氣旺盛的楊廣，怕三句話不合就被拉出去砍了腦袋。內心深處，高元不安於做一個對隋朝恭順的藩屬，更不願意放棄侵占的領土。所以，楊廣的命令如石沉大海。高元一點動身的跡象都沒有。

這還是第一次有人這麼不給楊廣面子。楊廣龍顏大怒，高呼著要組織大軍，踏平高麗。

這一回，隋朝的大臣們對楊廣的命令提出了質疑。大臣們都同意討伐高麗，但多數人認為現在並不是出兵的時候。天下多年來苦於兵役和勞役，百姓已經筋疲力竭，出現了騷亂的跡象。有人開始逃離家鄉，躲入窮鄉僻壤開荒種地，逃避無休止的徭役。有人甚至自斷肢體，逃避徭役，稱之為「福手」、「福足」。發動大規模的對外戰爭再行徵役，勢必對惡劣的局勢雪上加霜。

像往常一樣，楊廣斷然拒絕了大臣們的勸諫。大業七年（六一一年）二月，楊廣下詔討伐高麗，自己巡幸涿郡，命令天下官兵不論遠近，都在明年春天到涿郡集中。第二年正月，應徵士兵全部集中於涿郡，共一百一十三萬三千八百人，號稱兩百萬；負責後勤運輸的民工幾倍於此。這是中國歷史上前所未有的用兵規模。隋朝還通知了北邊和西北的許多藩王到涿郡來觀閱隋軍的雄壯景象。準備就緒後，楊廣正式下討高麗檄文：

> 而高麗小醜，迷昏不恭，崇聚勃、碣之間，薦食遼、獩之境……移告之嚴，未嘗面受，朝覲之禮，莫肯躬親……輶軒奉使，爰暨海東，旌節所次，途經藩境，而擁塞道路，拒絕王人，無事君之心，豈為臣之禮！此而可忍，孰不可容！

因此水陸分兵討伐高麗。隋朝的陸軍分為二十四隊，分批出發，一直走四十天才走完。整支軍隊規模驚人，僅楊廣的御營就綿延八十里地。隋軍進入高麗國內作戰時，許多押送軍需的民工還行進在河北、山東各地。

當時剛剛修完大運河第一期工程，僥倖活下來的民工本來是可以回家的。現在為了開通水路運送軍糧，楊廣下令將大運河從洛陽繼續挖到涿郡。那些可憐的民工不得不繼續轉戰大運河第二期工程。

隋朝的水軍集中在山東沿海。隋朝在東萊（今山東掖縣）海口督造戰艦三百艘，日夜趕工。

民工們晝夜立於水中造船，因為長期浸泡在海水中勞累，腰部以下都長滿了蛆，三分之一的人死亡了。

決策的時候，大臣們對天下百姓承受能力的擔心成真了。東征高麗的兵役、徭役量超過了大業時期前幾年國家工程徵役量的總和。中原地區的人力、物力已經無法支撐龐大的戰爭，官府開始普遍徵發婦女服役，同時命令江南的百姓出力、出軍糧，北上涿郡服役。後來牛車都被徵調完了，官府不得不徵調人力小車三十多萬輛以運輸物資。這些小車由二個人推著前進，只能載米三石。道路遙遠，米沒送到軍營就被車夫吃完了。車夫們沒法交差，只好四處逃亡，成為社會不穩定因素。而所有的這一切都對正常的農業生產造成毀滅性的破壞。極少有人能夠安穩從事農耕，糧食產量激烈下降，物價飛漲。再加上某些地方出幾個貪官汙吏，百姓們的生活就完全過不下去了。

楊廣還沉浸在踏平高麗的夢想之中。他任命愛將宇文述為扶餘道軍將，負責陸軍。宇文述當時的年紀已經挺大的了，楊廣特許他帶著家眷出征，便於照顧生活起居。楊廣向宇文述解釋說：「古禮說，七十歲以上的人出征可以帶著婦人，宇文公可以帶家眷隨軍。」接著，楊廣做了一個很不恰當的比較，說「項籍虞姬」就是先例。楊廣挑選的水軍統帥是在江南就認識的來護兒。來護兒在地方上政績出眾，楊廣繼位後被調入中央，升遷為右翊衛大將軍，進封榮國公。現在，楊廣任命來護兒為平壤道行軍總管，率水軍由東萊海口橫渡黃海，計畫從浿水（今朝鮮大同江）進入高麗，突擊高麗首都平壤。

大軍剛出發，洛陽的官員就受命開始在金光門前搭建高台，以備大軍凱旋後舉行獻俘儀式。

三

楊廣預料這將是一次勝利的行軍，在出征前下令：「凡軍事進止，皆須奏聞待報，毋得專擅。」他不希望戰果和功勞都被前線將領占去了，牢固掌握著決策權，體驗一下親自指揮滅亡高麗的滋味。這就在客觀上束縛了前線將領的手腳。楊廣甚至考慮到高麗城池主動投降的情況，下令前線將領要就地安撫接納，不能縱兵擄掠。

三月，隋軍強渡遼水，在東岸大敗高麗軍，乘勝圍困住了遼東城（今遼寧遼陽）。高麗軍隊突圍不成，只能固守。隋軍猛攻城池，幾次就要攻陷了。情況危急的時候，狡猾的高麗人就聲言獻城投降。因為楊廣之前的訓令，所以前線指揮官只好停止進攻，趕緊跑過去報告楊廣，詢問如何處理。等楊廣的命令傳回軍中，高麗守軍早將城池加固，休整完畢了，根本就不提投降的事情。隋軍不得不重新開始攻城。這樣的情況出現了好多次。高麗人屢試不爽，每到危險時刻就說「我投降」，隋軍眼睜睜看著高麗守軍死裡逃生，沒有辦法。後方的楊廣被騙了好多次，還不醒悟，堅持要把所有指揮權集中在手裡。

結果，遼東城久攻不破。隋朝大軍困於城下，人疲馬乏，士氣和戰鬥力大減。

挨到六月中旬，楊廣龍顏大怒，親自跑到遼東城下，把前線將領痛罵了一頓，罵諸將無能，不會打仗。罵完以後，他親自指揮大部隊攻城，同時命令宇文述、于仲文、辛世雄、張瑾、衛文昇等將領率九路大軍三十萬人繞過遼東城，計畫強渡鴨綠江，挺進高麗腹地，與來護兒的水軍會師平壤城下。楊廣此舉無異於利刃掏心。宇文述等人很快長途奔襲高麗後方而去。但他們是在敵人後方作戰，沒有後勤補給。所以出發前，宇文述等人命令全軍士卒攜帶百日糧草。這些糧草加上盔甲、衣物、武器等，重達上百斤，壓得將士們無法承受。領軍的將領們怕物資帶少了，更怕士兵們沿途捨棄糧食，下令「遺棄米粟者斬」。上有政策下有對策，士兵們就趁晚上睡覺的時候在營帳中挖坑，把過重的糧食掩埋掉。三十萬大軍走到半路的時候，糧草就所剩無幾了。宇文述對前途失去了信心，提議撤軍，遭到了其他將領的反對。多數人害怕私自撤軍會遭到楊廣的嚴厲處罰，宇文述也不禁躊躇起來。三十萬奔襲大軍裹足不前。

高麗大將乙支文德這時候跑來「投降」，其實是找個理由進入隋軍營帳刺探軍情。出征前，宇文述與于仲文接到密旨，說只要看到乙支文德這個人就捉起來。兩人正準備將其扣押，尚書右丞劉士龍當時在軍中，天真得認為乙支文德是來投降的，而且不相信楊廣有什麼密旨，所以慫恿于仲文放走了乙支文德——大概是想讓乙支文德回去搞「統戰工作」。乙支文德一走，于仲文就反悔了，既怕楊廣怪罪，又怕乙支文德把隋軍的真實情況給透露出去，所以要帶領大軍去追捕。宇文述不同意。于仲文發怒了：「宇文將軍率領十萬之眾，不能破一小賊，有什麼顏面去見皇上！看來我們這一次要無功而返了。」宇文述也生氣了：「你怎麼知道我們無功？」于仲文說：「大軍作戰，能否功成名遂要看領軍之人。現在將領之間各懷異心，何以赴敵！」宇文述被這話一激，驅趕隋軍大部隊渡過了鴨綠江。

那一邊，乙支文德被任命為高麗統帥，對隋軍採取游擊戰。高麗軍隊與隋軍交戰的時候佯裝節節敗退。隋軍被連續取得的「勝利」所迷惑，渡過薩水（今朝鮮清川江），前進到距離平壤只有三十里的山地。乙支文德又派人來詐降，說：「我們打不過你們。我要投降，如果隋軍能夠班師撤軍，我馬上將高元綁到天子行在謝罪。」宇文述不相信乙支文德的話，但考慮到孤軍深入，連續作戰，又沒有糧草了，而前方的平壤城牆高大堅固，無力攻破。他假戲真做，以乙支文德答應投降，準備獻出高麗王作為藉口，下令全軍撤退。

宇文述留了個心眼，為了防止乙支文德追擊，命令隋軍編成方陣，輪替後退，各陣之間互相警惕。沿途，乙支文德果然不斷襲擊隋軍，隋軍且戰且退，在七月下旬到達薩水附近。渡河的時候，隋軍沒法再保持方陣了。乙支文德指揮大軍趁隋軍只渡了一半，發動總攻。隋軍四散潰逃，大將辛世雄戰死。宇文述等率領殘部倉皇北逃，逃到遼東城時清點人數，僅剩二千七百人，損失超過三十萬人。

大勢已去，楊廣在七月底從遼東撤圍回國。

來護兒率領的水軍，很快就到達了高麗沿海，還取得了幾次接觸戰的勝利。但水軍等了好幾個月時間，陸軍都沒有挺進到平壤城下。水軍部隊開始糧食短缺，軍心浮動起來。來護兒決心劍出奇招，挑選精銳武士四萬人，直趨平壤城下，冒險決戰。高麗軍隊出城交戰，佯裝大敗，棄城而逃。來護兒縱兵入城搶掠（估計是搶糧食吃），隊伍亂成一團。高麗大軍乘機殺了回來，隋軍慘敗。來護兒只帶著數千殘兵逃回海上。楊廣率領陸軍撤退後，來護兒也跟著撤軍了。隋朝第一次討伐高麗的戰役，以慘敗告終。

四

東征高麗的失敗是楊廣政治生涯的第一次重大失敗，對他產生了深遠的影響。楊廣之前的政治實踐是節節勝利，凱歌高奏。一生在順境中長大的他沒有培養出政治家必需的抗挫折的能力。在失敗的打擊前面，他亂了方寸。

第一次討伐高麗，楊廣準備充分，擁有絕對優勢力量，志在必得，結果慘敗而歸。更可惡的是，有多位藩屬首領隨楊廣觀戰。楊廣本來是想炫耀軍功，讓他們更加畏服自己，結果是落荒而逃，顏面掃地。楊廣每一寸肌膚都要被怒火給燒焦了。撤軍後，楊廣將宇文述等敗軍之將統統關入大牢。宇文述畢竟是楊廣的親信，而且女兒南陽公主（宇文述的兒媳婦，宇文士及的妻子）哭哭啼啼地跑來求情，楊廣不忍誅殺宇文述。最後，楊廣將宇文述與于仲文兩人除爵為民。倒楣的尚書右丞劉士龍被拉出來當替罪羊，斬首以謝天下，來對戰爭失敗做一個交代。

前線領軍諸將之間也相互指責。最後大家都把責任推到了于仲文身上。楊廣也責罵于仲文。于仲文估計有高血壓或者心臟病等慢性疾病，受到強烈刺激，撲通一聲倒地不省人事了。同僚們趕緊把他送回家中。于仲文一回家就死了。

那一頭，不甘心失敗的楊廣高呼：「不滅高麗，誓不甘休！」他很快就宣布，準備再次討伐高麗，而且軍隊數量和物資準備都要超過第一次。第二年（大業九年，六一三年）正月，隋朝下詔要天下官兵再次集於涿郡。經過第一次大敗，隋朝的兵源幾乎到了涸澤而漁的窘境，實在難以再徵發百萬大軍了。楊廣就命令在徵召義務服役的軍隊之外，募民為驍果（志願兵），給予各種政治優惠。等百萬大軍勉強拼湊好了，楊廣第二次趕往遼東，御駕親征。

行前，楊廣做了三項人事安排：命令刑部尚書衛文昇等人輔佐皇孫代王楊侑（故太子楊昭之子）留守西京大興；宇文述官復原職，再次出任征討主將，來護兒繼續統帥水軍出征；留禮部尚書楊玄感在黎陽（今河南浚縣東北，隋朝的大糧倉）督運糧草。

第二次征討高麗的楊廣進展順利。四月底，楊廣渡過了遼水，親率主力圍困遼東城，派左光祿大夫王仁恭分兵進攻新城（今遼寧撫順北），命宇文述等人再次率軍直搗平壤。一千人等正打得滿頭大汗的時候，後方傳來了青天霹靂：禮部尚書楊玄感造反了！

爲什麼是楊玄感？

一

楊玄感是老丞相楊素之子。出身顯貴之家、官至禮部尚書、被楊廣委以重任的人怎麼會造反呢？一切都得從頭說起。

楊素既是隋朝的開國功臣，又是楊廣奪取太子之位、登基、平叛的關鍵功臣。楊廣當皇帝後，楊素權傾朝野，無形中對楊廣形成了巨大威脅。楊廣內心非常忌諱，對楊素「內情甚薄」，表面上對楊素禮遇有加，卻找藉口讓楊素多休息，不讓他參政議事。太史官說隋地所屬的分野將有重大的喪事發生，楊廣馬上把楊素從越國公改封為楚國公，因為楚地和隋地屬同一分野，楊廣藉楊素來攔擋喪氣。大業二年（六〇六年），楊素病重不起，楊廣頻繁派遣名醫前去診治，還賞賜許多藥品。暗地裡，楊廣逼問醫生：「楊素什麼時候死？」病榻上的楊素不肯吃藥，弟弟楊約就勸他要吃藥養病。楊素悲哀地說：「我難道還要活下去嗎？」楊素死後，楊廣對近臣感歎說：「楊素不死，終當滅族。」現在楊素死了，楊廣可以放心地給他立碑頌功，讚揚楊素「垂名跡於不朽，樹風聲於沒世」，是「竭盡誠節」的「茂績元勳」。

楊素沒了，楊廣依然提防著楊家。

楊玄感是楊素的長子，長得體貌雄偉，有一副漂亮的鬍鬚。但這個孩子有點「大器晚成」，小的時候呆頭呆腦的。有人就懷疑楊玄感的智商是否正常。楊素堅定地對眾人說：「我這兒子一點都不癡。」長大後，楊玄感文武全才，因為父親的軍功，很快升為二品官，在朝堂上和父親並列而立。楊堅看到後，給楊玄感降了一等官銜，楊玄感拜謝說：「想不到陛下如此寵愛微臣，在公廷之上讓我有機會敬奉父親。」轉任地方官後，楊玄感表現出很強的組織能力，對地方上的大小事務知道得一清二楚，屬下官吏不敢有絲毫隱瞞。楊素死的時候，楊玄感正在擔任宋州刺史，因為父憂去職。翌年，楊玄感被起用為鴻臚卿，繼承了楊素楚國公的爵位，不久又升遷為禮部尚書。

楊玄感和楊素一樣，感覺到了楊廣的猜忌之心，內心十分恐懼。楊玄感和父親的消極害怕不同，採取了積極反抗的態度。顯貴的家世、順暢的仕途讓楊玄感產生了不切實際的念頭。他看到朝中遍布父親的門生故吏，而朝政越來越紊亂，就和幾個弟弟陰謀推翻楊廣的統治，先擁立秦王楊浩（故秦王楊俊之子，大業二年襲爵），取而代之。大業五年（六〇九年）夏，楊玄感跟從楊廣出巡吐谷渾。六月初八，行進到大斗拔谷這個地方的時候，山路隘險，風雪晦冥，車駕狼狽混亂，楊玄感就想襲擊楊廣的行宮，發動政變。叔叔楊慎拉住楊玄感說：「現在的隋朝，民心統一，國內沒有大亂，尚不可圖也。」楊玄感覺得有理，這才沒有動手。楊玄感知道要起兵首先得有軍隊，所以四處活動，想謀個軍職領一支部隊出來。他找到兵部尚書段文振說：「玄感世荷國恩，寵逾涯分，自非立效邊裔，何以塞責！現在地方上不穩，我願意執鞭行陣，追逐軍功。段公負責兵部，能否通融一下？」段文振告訴了楊廣，楊廣很讚賞楊玄感的態度，對群臣說：「將門必有將，相門必有相，此言不虛。」於是楊廣重賞了楊玄感，開始讓他參預部分朝政，有時也交付部分軍隊。

隋朝處於鼎盛時期，楊玄感不敢貿然動手，當隋朝國勢衰落，楊玄感動手的機會就到了。

二

大業九年（六一三年）春，楊廣二征高麗，楊玄感在黎陽督糧。

楊玄感看到百姓怨聲載道，人心思變，就和武賁郎將王仲伯、汲郡贊治趙懷義等人密謀造反。他計畫先讓楊廣率領的前線大軍沒有飯吃，餓得他們打敗仗，到時候好渾水摸魚。因此楊玄感截阻後方的糧草，不及時發送前方。楊廣派使者逼促，楊玄感就託詞「水路多盜賊，不可前後而發」。楊玄感的弟弟武賁郎將楊玄縱、鷹揚郎將楊萬碩都在遼東軍中打仗。楊玄感祕密派人召二人回來。來護兒的水軍還聚集在東萊海面，沒有按期出發。楊玄感決定抓住這件事情作為起兵的藉口。他讓家奴偽裝是朝廷使者，從東北方面匆匆趕來，謊稱：「來護兒造反了！」楊玄感就以勤王防賊的名義，關閉黎陽城，正式起兵。

楊玄感在黎陽城內大拉壯丁從軍，取帆布為甲，擴充軍隊；按照開皇時代的舊制設置屬下官吏；同時移書周邊郡縣，以「討伐來護兒」為名要求各地派軍，集結到黎陽聽候調遣。

隋朝的天下已經堆滿了乾柴和硫磺，只要有一點火星，就會燃起熊熊大火。

楊玄感就點燃了第一把火。他起兵後，喊出了「為天下解倒懸之急」的口號，極具吸引力，一時間各地從者如流。遠在餘杭的江南百姓劉元進都舉兵響應。楊玄感起兵還在隋朝統治集團內部導致了大分裂。大批年紀相仿的貴族官僚子弟趕到黎陽，「共謀大事」，有觀王楊雄的兒子楊恭道、韓擒虎的兒子韓世諤、虞世基的兒子虞柔、來護兒的兒子來淵、裴蘊的兒子裴爽、周羅睺的兒子周仲等四十餘人。光祿大夫趙元淑、兵部侍郎斛斯政等人都響應楊玄感起兵。

在眾多響應的貴族中，有一個人是楊玄感的刎頸之交：李密。李密的爺爺李耀是北周的邢國公，父親李寬是隋朝的蒲山郡公，他自己才兼文武，尤其喜歡研究兵書，平日以救世濟物為己任。李密年少時，曾用蒲草做的鞍韉騎牛，掛一卷《漢書》在牛角上，邊騎牛邊看書。「牛角掛書」，典出於此。楊素正巧路過看見，慢慢走到這個後生的後面，問：「哪裡來的書生，這麼勤奮？」李密認識楊素，下牛參拜。楊素問他讀什麼，李密回答說是《漢書‧項羽傳》。楊素驚奇之餘，和李密交談，對他大為讚賞。回家後，楊素對兒子楊玄感說：「我看李密的風度，不是你們能比的。」楊玄感因此和李密傾心相交。李密長大後，繼承了蒲山郡公的爵位，散盡家財養客禮賢，結交各界朋友。大業初年，楊廣曾授予李密親衛大都督的職位。李密不喜歡，稱病辭官回家休養去了。聽說楊玄感在黎陽起兵後，李密馬上衝出家門，趕來相助。黎陽城收兵納賢，力量迅速壯大。

起兵引起這麼大的回響，出乎楊玄感的意料。一開始的時候，他還用「討伐來護兒」為號召，後來撕去偽裝，將起兵矛頭直接對準楊廣。楊玄感把死去的老皇帝楊堅給搬了出來，說：「先公楊素曾奉高祖文皇帝遺詔，曰：『好子孫為我輔弼之，惡子孫為我屏黜之。』」因此，楊玄感有為朝廷驅逐暴君的權利和義務。而楊廣即位後的所作所為，顯示他就是一個暴君、昏君。所以楊玄感「上稟先旨，下順民心，廢此淫昏，更立明哲」。

這樣的政治宣言引起了天下一片讚譽聲。

楊玄感的宣言傳到前線，遼東戰役正在關鍵時刻。楊廣充分發揮隋朝人多力量大的優勢，命令將士每人裝土填一個布袋，然後將土袋堆到遼東城前。百萬大軍，每人堆一袋，很快就鋪成了一條寬三十步、和城牆一樣高的「魚梁大道」。隋軍真正做到了將遼東城圍得是水洩不通。天下頭號能工巧匠宇文愷已經死了，楊廣又挖掘出一個叫做何稠的高手來。他為楊廣建造了「六合城」，帶到遼東來。這是座周圍八里、高十仞的大城。城上布列甲士，刀槍如林，旗幟飄揚。此外，楊廣還造了高於遼東城的樓車參與攻城。隋朝大軍日夜俯射遼東城內，打得高麗人毫無還手之力，哀號震天。

楊玄感造反後，這一切都成為了無用功。中原腹心大亂了，征服一座遼東城又有什麼用呢？楊廣勒令全軍前隊變為後隊，後隊轉為前鋒，返身殺回中原，務必要將楊玄感大卸八塊。

隋朝第二次討伐高麗的戰爭就這樣草草收場了。高麗守軍一夜之間，發現隋朝大軍消失得無影無蹤了，開始還以為是楊廣使詐，連出城查看消息都不敢，只在城內鼓噪，高喊「追擊、追擊」。高喊了兩天，高麗人見城外還是沒有動靜，這才派幾千士兵追擊，追上了若干老弱病殘和掉隊的散兵游勇。隋朝囤積如山的軍需物資和攻城器械，全部成了高麗人的戰利品。

東萊的來護兒忽然聽到各處在傳聞「來護兒造反了」，覺得特別詫異，沒幾天又聽說「楊玄感謀反了」，這才知道怎麼回事。來護兒不顧部將們的反對，毅然決定停止進攻高麗，揮師西進，同時派兒子來弘、來整去見楊廣，解釋自己沒有造反，並且已經撤軍反攻楊玄感去了。楊廣對來護兒擅自撤軍的行為非但沒有責怪，還對來弘二人說：「你們父親擅赴國難，真是個誠臣。」

此時坐擁大軍的楊玄感正揮兵圍攻洛陽。

遼東前線的左衛大將軍宇文述、右衛將軍屈突通和來護兒的部隊及時回軍，迅速對楊玄感形成了反包圍。

三

楊玄感的謀主是李密。李密給老朋友提出了上中下三條進取之策。上策是趁遼東大軍倉皇南撤，士氣和戰鬥力低落，主動北上占領幽州，斷絕楊廣後路。如果正面消滅了楊廣，天下就定了大半；中策是趁關中空虛西入大興，控制潼關（今陝西潼關東北），到時局勢再壞也能夠割據地勢相對封閉的關中地區，稱霸一方；下策是就近進攻東都洛陽，但勝負難測。

楊玄感選擇了下策。因為他決定自己為天下人起兵，如果連近在眼前的洛陽城都不攻克，如何示威，同時隋朝百官的家眷都在東都，占領洛陽可以產生巨大的政治威懾力。於是，楊玄感渡過黃河，全軍圍攻東都洛陽。

楊廣指定留守洛陽的是皇孫越王楊侗（故太子楊昭之子），民部尚書樊子蓋等人輔助。洛陽守軍看到楊玄感氣勢洶洶，不敢接戰，全力固守，坐等援軍。洛陽城是百萬民工修建的新城，城郭堅固，城內物資齊全。楊玄感的軍隊一直難以攻克，困在了堅城之下，結果被四處趕來的隋軍給反包圍了。

楊玄感不僅缺乏戰略眼光，而且在用人問題上也犯了錯誤。他在征戰中俘虜了隋朝著名的文臣、內史舍人韋福嗣，就輕易收為心腹，將軍旅機密都和他商量，冷落了李密。韋福嗣不想造反，只是做了俘虜才無奈加入楊玄感一夥。每次商議政事的時候，他都首鼠兩端，說話模稜兩可。楊玄感要他發揮特長，寫討隋檄文，韋福嗣堅決不肯。李密勸楊玄感說：「韋福嗣並非我們一路人，心懷觀望。楊公初起大事，而奸人在側，聽其是非，必為所誤。」李密建議楊玄感將韋福嗣斬首謝眾。楊玄感沒同意。李密知道自己不會被楊玄感信用，退出來對親近的人說：「楚國公造反了，卻不想取勝，怎麼辦？我們遲早要成為俘虜！」後來韋福嗣果然找了一個機會，逃入東都洛陽，重回隋朝陣營——結果被楊廣斬首示眾。

楊玄感也有優點。他是一員猛將，作戰時手拿長矛，身先士卒，擋路者死。軍中將他與項羽相提並論。而且楊玄感善於治兵，士兵們都願意為他效死力。因此楊玄感的軍隊雖然是短期拼湊而成，但戰鬥力很強，戰無不勝。洛陽的攻防雙方僵持之時，鎮守大興的刑部尚書衛文昇組織起兩萬軍隊，東出潼關救援洛陽。衛文昇救援心切，主動挑戰，楊玄感佯敗，把衛文昇引入埋伏圈，殺了一個大敗。幾天後，衛文昇再次挑戰。激戰時，楊玄感讓人大呼：「官軍捉住楊玄感了。」關中部隊不明真相，一下子懈怠下來，結果被楊玄感的騎兵衝殺得稀里糊塗。衛文昇只帶著八千人退回關中。

儘管取得了一些周邊戰鬥的勝利，但楊玄感與隋朝大軍糾纏，沒有鞏固的後方，糧草和軍務供應很快就告罄了。楊玄感下了一步險棋，驅趕全部軍隊與隋朝大軍決戰。雙方在北邙（洛陽北方的邙山）混戰，一天內交戰十幾場。混戰中，楊玄感的弟弟楊玄挺被流矢射死，楊玄感這才感到情況有些不妙。此時，楊廣完全緩過勁來了，從容派遣武賁郎將陳稜進攻黎陽，屈突通守住河陽防止楊玄感北逃，宇文述和來護兒兩人率領大軍找楊玄感廝殺。

楊玄感意識到繼續糾纏下去，自己就要變成甕中之鱉了。他想起了李密之前的中策，決心跳出隋軍的包圍圈，進軍關中。進軍前，楊玄感派人去關中大造輿論，說：「楊玄感已經攻破東都，現在來取關中了。」李密對楊玄感說，進軍關中是最後一搏，兵貴神速，切勿與隋軍糾纏。楊玄感點頭同意，率軍衝過潼關，進入關中。宇文述等人率領隋軍在後頭追趕。

楊玄感開始進軍很快，到達弘農的時候，有父老攔住楊玄感說：「弘農城空虛，城中囤積了許多糧食，很容易攻下。占領弘農，進可以絕敵人之食，退可以割地自保。」楊玄感一下子被弘農這塊蛋糕給吸引住了，揮軍攻城。結果弘農城一點都不好攻，猛攻三天都沒有攻破。三天後，宇文述的追兵到了，纏住廝殺不放。楊玄感只能且戰且行，連戰連敗，血本越拚越小，最後大敗，向上洛（今陝西商縣）方向逃竄。

八月初，楊玄感逃到了一個叫做葭蘆戍的地方。他日夜奔波，已經筋疲力竭，邁不動腳步了。楊玄感自知末日來到，對弟弟楊積善說：「我們失敗了。我不能受人戮辱，你殺了我吧。」楊積善抽刀殺死了哥哥，然後自殺。楊積善自殺的時候力道不夠，結果沒死成，被搜索的隋朝官兵俘虜了。追兵割下楊玄感的腦袋，和楊積善一起送給楊廣。楊玄感之變就此結束。

楊廣下令將楊玄感在東都鬧市暴屍三天，然後再千刀萬剮，最後將骨肉燒成灰，揚灰解恨。

楊玄感被滅族。弟弟楊玄獎是義陽太守，叛亂時想跑去和楊玄感一起幹，結果被郡丞周琁玉殺死；弟弟楊萬碩從遼東前線開溜，不知道是頭腦發昏還是吃不了苦，竟然一路慢騰騰地走，還住在隋朝的傳舍中，結果被旅館負責人許華招呼官兵綁得嚴嚴實實的，押送涿郡斬首；弟弟楊民行，在大興擔任朝請大夫，沒說的，叛亂發生後就地斬首。幾兄弟全都被千刀萬剮。楊廣還不解恨，下詔改楊玄感一家姓氏為「梟」，公布天下。

之後是漫長的追查楊玄感同黨的工作。裴蘊是這方面的專家，一共殺了涉案人員三萬人，全都誅滅全家，另有六千人被流放。楊玄感起兵初期，為了爭取民心，將黎陽的囤糧發放給了周邊百姓。事後，凡是領過囤糧的百姓全部坑殺。結果，楊玄感之變的軍事行動很快結束了，但更大的恐怖氣氛一直籠罩在相關地區，久久不散。

楊玄感失敗後，李密和楊玄感的族叔楊詢兩個人祕密進入關中地區，躲匿在馮翊楊詢老婆的娘家，結果還是被鄰居告發了。李密被捕後，先是關押在大興，後來又和同黨一起被送往楊廣的行在高陽（今河北定縣）。途中，李密對同黨們說：「我們性命危在旦夕，如果到了高陽，下場既悲慘又恐怖。幸虧還在途中，我們不想想怎麼逃跑，還等什麼？」同黨們很表示同意。有個同黨私下裡藏了許多金子。李密就讓他把金子送給押送的官員，說：「我們就要死了，這些金子拜託你來保管，一部分改善我們幾個人的待遇，其餘的都送給你。」官員得到了金子，樂得合不攏嘴，不自覺地放鬆了對一行人的看管。等出了潼關，看管已經非常鬆了。李密等人得到押送官員的允許，去集市上吃飯喝酒，每次都狂食豪飲，大聲喧嘩，通宵達旦。押送官員覺得這是幾個犯人在做「最後的瘋狂」，不以為意。結果到邯鄲時，一行人夜宿村中，李密等七人夜裡挖牆逃走了！

遲到的捷報

楊玄感之變給楊廣提供了一個反省的絕佳機會。楊玄感叛亂是一個分水嶺，之前的隋朝雖然不乏洶湧的暗流和小規模的騷亂，但維持了表面上的安定；之後的隋朝天下遍地狼煙，暗流湧上明處，小騷亂彙聚成了大動亂。攻陷城邑的惡性事件不斷發生。鎮壓叛亂應該成為隋朝的中心工作。但楊廣還對東征高麗的失敗念念不忘。他不能允許兩次去辦同一件事情都沒有成功，何況第二次是自己主動撤軍，功虧一簣。

大業十年（六一四年）二月，楊廣召集百官商討第三次討伐高麗。連續幾天，滿朝官員都任憑楊廣滔滔演講、威脅許諾，沉默不言。群臣知道議事廳外「群盜所在皆滿」，局勢已經病入膏肓了。隋朝亟需集中精力安撫動亂。但楊廣對高麗志在必取。第二次回軍剿滅楊玄感時，楊廣就駐蹕高陽，根本就沒回洛陽。他將剿滅楊玄感看作是第二次征討高麗的一個插曲。現在楊廣執意要完成未盡的事業，群臣又敢說什麼，又能說什麼呢？於是，隋朝決定再次徵調全國軍隊和民工，討伐高麗。

這是楊廣在三年間第三次討伐高麗。

楊廣不是石頭造的，目睹連年大興土木、窮兵黷武造成的累累白骨，他也不能不動容。當然他也需要安撫百姓情緒，贏得出兵的支持。本次征討高麗前，楊廣派人收葬棄於荒野的征遼將士遺骸，設立道場祭壇超度死者亡靈。這麼做的效果並不好，老百姓根本就不買帳。隋朝官府很難徵調足夠的軍隊和民工。被強拉到幽州的士兵和民工們，紛紛逃亡。二月底，楊廣來到北平郡盧龍縣（今河北撫寧縣內），在曠野中設壇祭祀黃帝。楊廣主祭，將捉到的逃亡士兵斬首，以人血塗鼓，以示警戒。可百姓們軟硬都不吃，逃避兵役徭役和逃亡的人隨處可見。幽州的許多道路上，一邊走著被拉往前線的士兵和民工，另一邊就是逃亡的百姓。一來一往，蔚為大觀。

儘管第三次征討高麗的準備工作最差，軍隊數量和軍需物資最少，但取得的成果最大。大將來護兒在遼東大敗高麗軍，乘勝進軍平壤。高麗此前連年作戰，已經三年沒有正常耕作和生產了。粒米不留，舉國饑饉，雜草叢中滿是來不及收殮的屍骨。高麗根本就沒法組織防禦，只好遣使請降。參與楊玄感叛亂的原兵部侍郎斛斯政，之前逃入高麗尋求政治避難，現在剛好被作為禮物送回隋朝，給高麗的乞降增加砝碼。隋朝的戰爭機器也破敗不堪了，比高麗好不到哪兒去。楊廣見高麗舉國投降了，在高麗國內也實在找不到什麼有價值的進攻目標，見好就收，宣布「凱旋回朝」。

隋朝最終還是打贏了高麗。不過這樣的勝利是隋朝用無法計算的物資付出將一個小國高麗給活生生拖垮，拖投降的，兩敗俱傷，沒有任何可以炫耀的內容。

我們客觀地做一下戰後盤點，楊廣征服高麗的價值不在於打敗了一個敵人，而在於維護了自古以來在東亞地區以中國的中原王朝為核心的國際體系。裴矩進入唐朝後寫了一部《高麗風俗》。武德八年（六二五年）三月，他和中書侍郎溫彥博對唐高祖李淵進言：「遼東之地，周為太師之國，漢家之玄菟郡耳。魏晉以前，近在提封之內，不可許以不臣。若以高麗抗禮，四夷必當輕漢。且中國之於夷狄，猶太陽之於列星，理無降尊，俯同藩服。」回溯十多年前，如果任憑高麗侵吞領土，蔑視隋朝的權威，那麼勢必對中國在古代東亞國際體系中的地位產生動搖，助長其他國家「有樣學樣」，向中國挑釁的氣焰。從長遠說，這對中國保持一個和平的周邊環境不利。楊廣阻止了高麗的擴張，吸引百濟和新羅，打敗（或者說孤立了）高麗，穩定了隋朝的東北局勢，最後也為唐朝徹底臣服高麗創造了良好的條件。正是在唐朝極盛時期，以中國為核心的東亞朝貢體系也步入了輝煌。可以說，隋朝又一次為唐朝的輝煌預支了沉重的帳單。

楊廣之所以勝利得如此艱難，是因為他低估了高麗拚死抵抗的頑強意志，狂妄自大，導致了一系列的軍事失誤。隋朝為楊廣的失誤付出了慘痛的代價。三征高麗是一個過於艱巨的任務，不應該由隋朝的這一代人來完成，原本也可以不用完成到這樣。為了對付高麗，隋朝徵發河北百萬民工開鑿三千里長的永濟渠，貫通黃河與涿郡，岸旁修築一百步寬的御道，種上楊柳樹。沿河還建有許多糧倉，作為轉運或貯糧所。可就是在第一次征討高麗的戰爭前夕，大業七年（六一一年）秋，黃河發大水，淹沒了兩岸三十餘郡。楊廣熟視無睹，一心要積累物資以對付高麗，不調撥一兵一卒和一粒糧食救災。無情僵硬的政策、前所未有的壓力嚴重破壞了隋朝已有的社會結構、稅制、府兵制和經濟制度，更讓王朝失去了民心。

王朝也是有元氣的，元氣散了，王朝的命運就堪憂了。

二

楊廣凱旋路上，車駕經過邯鄲時竟遭到農民起義軍楊公卿部的搶劫，被劫去御馬四十二匹。

這年冬天，楊廣在東都洛陽稍作逗留就遷往首都大興城。

勝利了，但楊廣還是覺得渾身不舒服。他命令高麗使者押斛斯政到太廟，說明前後來由。宇文述看著楊廣鐵青著的臉，揣摩他需要發洩失意憤怒的情緒，上奏稱：「斛斯政罪大惡極，天地不容，人神同忿。如果對他施用尋常的刑罰，哪能懲肅賊臣逆子。請變常法嚴懲斛斯政。」楊廣想出了一個發洩的辦法，下令將斛斯政縛於柱上，不砍頭不上吊，而讓貴族百官將他當作活靶子射箭。把斛斯政射成刺蝟後，楊廣命令百官操刀割下他的肉，放在鍋裡煮了吃。吃人肉，而且是吃昔日同僚的人肉，這是多麼噁心的事情啊！可在楊廣的怒視下，即使是讀書人出身的斯文的大臣也不得不嚥下人肉。一些佞臣為了拍楊廣的馬屁，大口吃肉，竟然吃到飽。斛斯政被吃成骨架後，楊廣再焚燒骨頭，揚灰解恨。

做完這一切後，楊廣還是心亂如麻。他在大興沒有待上一個月又率領百官遷往東都洛陽。轉眼，大業十一年（六一五年）的新年就到了。按例要舉辦元旦大朝會。

楊廣在洛陽宮殿以盛宴招待百官和藩屬使節。事先，楊廣徵召高麗王高元入朝。讓高元在元旦的時候朝賀自己，楊廣內心可能會好受一點。但高元根本就不來，只派了使者來參加元旦朝會。楊廣三年多來奮鬥的結果就是要臣服高麗，高元的缺席讓他覺得一切努力都沒有得到回報。楊廣拘禁了高麗使者，並下令整頓軍備，揚言要第四次討伐高麗。但是楊廣也好，一般大臣也好，都非常清楚隋朝已經沒有能力再發動大規模對外戰爭了。吐谷渾的伏允可汗也看出了隋朝的虛弱，乘機收復青海失地，騷擾西陲，重新成為隋朝的邊患。楊廣苦笑著，像平常一樣的大會賓客，像平常一樣的演出百獸魚龍的戲法和盛大的歌舞，像平常一樣的頒賞賜物。

喧嘩過後，楊廣獨自在深宮飲酒，半醉半醒之間賦五言詩，其末句曰：

徒有歸飛心，無復因風力。

楊廣在心中默念，念著念著，眼淚就下來了，沾濕了整個前襟。

三

當年的八月，楊廣決定再次北巡突厥。

有大臣勸諫楊廣不應該在國家多事之秋大興巡遊之事。他們不知道，楊廣巡視北方邊界是假，真實目的是希望重演大業三年（六〇七年）八月在啟民可汗營帳中受到四夷首領朝拜，被推為「聖人可汗」的輝煌感覺。

楊廣已經需要一些美好的回憶來支撐著，繼續沿著腳下的道路前行了。

六年前（大業五年，六〇九年），隋朝的鐵桿忠臣啟民可汗就病逝了。同年，負責對突厥外交的長孫晟也去世了，時年五十八歲。少子長孫無忌繼承爵位。

啟民可汗病故後，兒子始畢可汗繼位。東突厥經過啟民可汗的苦心經營，勢力相當壯觀了。負責王朝外交的裴矩機械地執行「扶弱離強」的策略，認為始畢可汗部眾強盛，需要扶持一個弱小的對立面與他競爭，保證隋朝的安全。裴矩就向楊廣獻策，離間東突厥內部，將隋朝公主嫁給始畢可汗的弟弟叱吉設，同時拜叱吉設為南面可汗。結果叱吉設不敢接受隋朝的好意，裴矩的離間策略沒有成功，反而把始畢可汗給得罪了。始畢可汗漸漸對隋朝起了怨意。裴矩卻為自己的失敗找藉口說：「突厥人本來頭腦簡單，很容易被離間。但現在東突厥內部有許多狡猾的胡人，教導他們不要中計。我聽說史蜀胡悉最奸詐，很受始畢可汗的信任。請皇上允許我誘殺史蜀胡悉。」楊廣同意了，裴矩就遣人對臣服於東突厥的各個少數民族說：「隋朝天子在馬邑（即朔州，治所在今山西朔縣）展開優惠貿易，有許多珍寶，想和東突厥下面的少數民族交易。只要來了，就能得厚利。」群胡信以為真，不告訴始畢可汗，就率領部落，趕著牛羊，爭先恐後地前來貿易。誰料，等待他們的是裴矩埋伏在馬邑的大軍。群胡被殺得乾乾淨淨。隋朝這才通知始畢可汗說：「史蜀胡悉忽然帶著部落來到我朝邊界，說要背棄可汗，請我容納。突厥既是大隋的臣子，這些胡人背叛突厥，我朝就有義務幫忙剿殺。今已斬之，故令往報。」始畢可汗不是傻子，早知道真實情況了，對隋朝的感情由怨恨轉為敵視，從此不再朝會楊廣。

裴矩對突厥外交的失敗就在於他不明白，並不是所有的人都是可以利用的。過於現實，往往會將長期的朋友推向對立面。

楊廣不知道突厥態度已變，依然出塞北巡，結果在雁門為始畢可汗的數十萬騎兵團團圍住。當時雁門守軍只有一萬七千人，形勢危急。楊廣慨歎道：「如果長孫晟還在，肯定不會讓突厥猖狂到這樣的地步。」

隨行的宇文述建議楊廣在數千精銳輕騎的掩護下突圍。此舉遭到了眾人反對。大臣蘇威說：「我軍擅長守城，騎兵作戰是突厥人的特長。陛下是萬乘之主，豈宜輕動！」內史侍郎蕭瑀認為

：「義成公主嫁入突厥，可以派人告之公主，請她相助。同時將士們害怕陛下擊退突厥之後，又要四征高麗。如果皇上能夠公開發詔，告諭天下不征高麗、專討突厥，則眾心皆安，人人奮勇作戰了。」虞世基、來護兒、樊子蓋等人也紛紛表示贊同。楊廣抖擻精神，下詔停止第四次征討高麗的準備工作，親自慰勞守軍，給奮勇殺敵者開出重賞。雁門守軍士氣大振。同時，楊廣下詔各地勤王。

四

楊廣勤王令下。許多日後的梟雄參加了勤王的隊伍。

屯衛將軍雲定興組織勤王軍隊北上，許多貴族官僚將子弟送入軍中效力。唐國公李淵沒有成年的二兒子也在其中。李淵採「濟世安民」之意將自己的次子取名為「李世民」。雲定興戰前召開會議，商議進軍策略。主導的意見是大軍要輕裝快進，迅速與突厥軍隊作戰，爭取救出皇帝。年輕的李世民很不以為然，對雲定興說：「我軍勤王，必須大張旗鼓才有大勝利的希望。」雲定興很奇怪，問李世民為什麼要高調進軍。李世民胸有成竹地說：「突厥可汗率騎兵深入內地，圍困皇上，採取的是突擊戰術。突厥人料定我們倉卒之間無法救援。現在如果我們大張旗鼓，數十里之間幡旗相續，晝夜鼓聲相應，就大大出乎突厥意料之外。突厥肯定會以為我朝四方勤王軍隊雲集而來，突擊戰術已經失去意義。那時突厥騎兵必然撤圍而去。如果我軍現在輕裝快進，與突厥大軍硬碰硬決戰，勝負很難預料啊。」雲定興略加思索，肯定了李世民的計畫。雲定興於是率軍大張旗鼓，穩步推進。事後，始畢可汗還真如李世民預料的那樣，認為隋軍勤王部隊越聚越多，感到心虛。這一下，隋朝很多人都知道唐國公李淵有個很有軍事頭腦的兒子。

江都郡丞兼領江都宮監王世充也招募了上萬人的隊伍，千里迢迢趕到晉北勤王。王世充本人出身西域胡人，沒有顯赫的家世，只能靠自身努力步步提升。在招待楊廣在江都遊玩方面，王世充最活躍。當時隋朝各地有許多小股騷亂，江南也不能倖免。王世充就率領小股部隊，剿滅江南各處的騷亂，從沒打過敗仗。但是王世充這個人偽善狡詐，表現得勤政清廉，沽名釣譽。在勤王軍隊中，王世充終日蓬頭垢面，拚命催促部隊趕赴雁門。一路上，王世充悲傷地哭泣，晝夜不解甲，睏了就趴在草堆裡瞇盹兒。事後，楊廣聽到了王世充的「事跡」，非常感動，開始將王世充劃入親信大臣的圈子裡來。第二年（大業十二年，六一六年），王世充就被擢升為江都通守。

隋朝各地勤王軍隊陸續趕到，始畢可汗感覺越來越沒有勝利的把握。這時候，與隋朝暗中聯絡的義成公主從後方派人來報警說，北邊依附的少數民族叛亂了，請可汗速回。始畢可汗匆匆撤圍而去。

雁門解圍了。重圍時，楊廣曾許諾要重賞奮勇殺敵者。現在他把這個承諾拋到了九霄雲外，苦守雁門的一萬七千將士只有一千五百人得到虛勳封賞，各地勤王人馬什麼賞賜都沒有。

五

解圍後的楊廣，情緒壞到了極點。突厥降服，北方恭順曾經是楊廣最顯耀、最成功的政績。

在東北和西北接連出現問題的如今，順服的突厥是少數楊廣可以尋找安慰的地方之一。現在連突厥人也反了，而且反得這麼徹底，將楊廣團團包圍在亂軍之中。這讓楊廣產生了巨大的心理落差，讓他覺得多年的努力非但沒有結果，而且使得朝政朝著相反的方向惡性發展。楊廣的自信心受到了極大的打擊。城外的每一陣喊殺聲都似乎在嘲笑楊廣的無能和失敗，嘲笑楊廣不配當一個合格的帝王。雁門保衛戰最艱險的時候，流矢射入城內，射中龍椅。楊廣竟然嚇得抱住兒子趙王楊杲號啕大哭。哭聲遠達戶外，楊廣哭得雙目紅腫。隨行的大臣們第一次看到楊廣哭泣，一時不知所措。

在哭聲當中，楊廣的意志徹底消沉了。

如果說之前的楊廣胡作非為，內心充滿欲望和志向，那麼之後的楊廣不再胡作非為了，可內心也沒有任何追求了。

九月，楊廣車駕南行到達太原，大臣們紛紛勸楊廣返回大興。蘇威就說：「如今盜賊不止，士馬疲敝。願陛下還京師，深根固本，為社稷之計。」楊廣不願意再聽到什麼社稷大事。宇文述察言觀色，認定楊廣恰恰是想逃避政事，說道：「隨從眾官的家眷多在東都，請陛下前往洛陽。」楊廣答應了，於當年十月抵達洛陽。

楊廣現實了許多，開始時常詢問近臣各處盜賊的事情。宇文述說：「盜賊還很少，不足為慮。」蘇威怕楊廣問到自己，就隱身到宮殿大柱子後面，可偏偏被楊廣指名回答。蘇威只好旁敲側擊：「臣並非不負責剿滅盜賊一事，不知道數目多少，只擔心盜賊離兩京和聖駕越來越近。」楊廣問：「怎麼說？」蘇威說：「他日盜賊占據長白山（在今山東章丘境內），現在滎陽、汜水（在河南腹心地區）等處都出現了盜賊。」楊廣面露不悅之色。近臣們不敢再說話。一些特定的節日裡，百官要向楊廣敬獻禮物，一般是珍玩器物。這一年，蘇威偏偏進獻了一部《尚書》，提醒楊廣應該靜心讀書，仁德為政，再次惹楊廣不高興。後來，楊廣又問蘇威對征討高麗問題的看法。蘇威回答說，希望楊廣赦免天下的盜賊義軍，派他們去討伐高麗。楊廣見蘇威又提起盜賊的事情，生氣了。裴蘊是討好楊廣、懲治他人的高手。他看楊廣生蘇威的氣，就找了個人出面檢舉蘇威負責人事選拔，濫授他人官爵，同時畏怯突厥，請還京師。楊廣交代裴蘊查辦，很快案子就成立，審判完成了。蘇威被判定有罪。楊廣下詔說蘇威勾結朋黨，謗訕官員，除名為民。一個多月後，繼續有人檢舉蘇威與突厥私下勾結，圖謀不軌。這回是大案，蘇威被拉到大理寺審訊。蘇威知道勾結外敵圖謀不軌的事情夠得上滅族的，在獄中上書，自陳服務二朝皇帝三十多年，請求赦免死罪。楊廣本來就不怎麼相信蘇威會勾結突厥造反，現在看了求情書，網開一面，將蘇威釋放為民。

六

楊廣消極墮落之後，開始追求物質享受和聲色之娛。

江都的王世充知道楊廣好色，祕密進言說江淮多美女，自告奮勇要為楊廣選美充實後宮。楊廣高興地同意，但提出一個要求：祕密進行。他讓王世充暗中物色美女，挑選那些「姿質端麗合法相」的女子。為了做到神不知鬼不覺，王世充取官府錢財和入京貢物作為入選美女的聘禮和挑選組織的費用。選美的規模很大，費用不可勝計，但王世充在帳目上做得天衣無縫，不知情者根本看不出來。積累了一批美女後，王世充就通過大運河送入洛陽。當時，大運河兩旁騷亂不止，遊蕩的武裝隊伍很多，再加上船工苦於勞役，運送美女的船隻常常不能正常到達洛陽，沉沒在淮河和泗水中。沉船事故前後發生了十幾起。如果事情敗露，王世充就千方百計地擺平。而楊廣收到美女後，看中合心意的，就重賞王世充；如果看不中，就讓人帶回江都賞賜給王世充了。王世充和楊廣的關係日益密切。

楊廣對江都的感覺越來越好。當時江都的局勢還相對穩定，楊廣產生了去江都遊玩的念頭。宇文述最先看出楊廣的意思，主動提議巡遊江都。楊廣很高興地批准了。大業十二年（六一六年）七月，楊廣命令王世充在江都建造龍舟，送至東都，為第三次巡遊江都做準備。楊廣前兩次不是建造過漂亮的水殿龍舟嗎？非常不幸，楊玄感造反的時候焚毀了所有的御舟。現在只能麻煩王世充再造了。

來護兒反對再驚擾天下搞大巡遊，出面勸阻楊廣說：「本朝壽命將近四十年了，薄賦輕徭，戶口滋殖。陛下之前因為高麗抗命，稍興軍旅。老百姓們無知，受人蠱惑，集聚為群盜，四處作亂。車駕此時遊幸，深恐非宜。願陛下駐駕洛陽，與民休息，再調兵遣將，掃清群盜。陛下如今要去的江都是臣的故鄉，臣荷恩深重，不敢專為身謀。」楊廣接到老將忠言，感歎良久，又將奏章放下，數日之後才召來護兒相見，說：「公意乃爾，朕復何望！」來護兒從此不再進言。

楊廣巡遊之意已決，留大將屈突通鎮守大興，留越王楊侗鎮守洛陽，自己攜帶後宮、文武百官準備出發。屈突通為人正直，秉公辦事，此前雖然沒有大捷，但也從來沒有吃過敗仗。皇孫楊侗也是經常奉命留守東都，辦事熟練。所以楊廣放心把兩京託付給他們。

聖駕待發之時，有個小官員——建節尉任宗上書極力勸諫。當天，楊廣召見任宗，將他在朝堂之上當眾杖殺。奉信郎崔民象又上表說，方今天下盜賊橫行，不宜出遊。楊廣命人將崔民象削去兩腮和嘴後斬首。聖駕到達梁郡（今河南開封）時，有人攔路上書說：「陛下若去江都，天下將不復為隋朝之天下！」如此狂徒，驚擾聖駕，自然沒有好下場。

出發前，楊廣寫了首詩贈給留在東都洛陽宮殿中的宮人：

我夢江都好，征遼亦偶然。

但存顏色在，離別只今年。

楊廣承諾告別洛陽的時間不會太長，一年之後自己就會返回中原。誰能料想，他這一去竟是永別。

第八章

十八路反王

中國農民是最能吃苦耐勞的，如果沒有被逼到了絕境上他們是不會造反的。山東之所以成為隋朝末年農民起義最早爆發的地區，就是因為山東地區受隋朝暴政折磨最深，百姓的境況最慘。儘管早期的農民「革命英烈」們缺乏清晰的政治規畫，但一點都不妨礙他們成為隋朝的心腹大患。隨著革命的推進，許多舊體制內的官僚貴族開始「混入」革命陣營，成為呼風喚雨的人物，比如羅藝、李密，自然也包括李淵父子。

本章的主角是膾炙人口的「隋唐英雄」們：程咬金、秦叔寶、單雄信、徐世勣等等。遺憾的是，真實的隋唐英雄和說書、演義中的形象有著較大的差距。

楊玄感造反的消息傳到行在，楊廣和蘇威呆立帳中。楊廣很擔心，對蘇威說：「楊玄感這小兒聰明，是個心腹大患啊！」蘇威則說：「識是非，審成敗的人才能稱得上聰明。楊玄感內心粗疏，並不聰明，沒有什麼可以擔心的。臣只怕楊玄感造反，引發各地騷亂，盜賊紛起。那才是朝廷的心腹大患。」蘇威是執政階層中極少數實事求是，憂慮時局的人。他見天下勞役不息，人心思亂，多次提醒楊廣注意。楊廣的心思卻一直沒有放在平定內亂上。

結果，群雄奮起，割據一方，演出了一場名為「隋唐英雄傳」的大戲。

程咬金和他的弟兄們

一

說隋末的盜賊，先得從無名氏所寫的一首〈挽舟者歌〉談起：

我兄征遼東，餓死青山下。
今我挽龍舟，又困隋堤道。
方今天下飢，路糧無些小。
前去三千程，此身安可保！
寒骨枕荒沙，幽魂泣煙草。

悲損門內妻，望斷吾家老。
安得義男兒，焚此無主屍。
引其孤魂回，負其白骨歸！

這一首詩將隋末為什麼會天下暴亂的原因解釋得非常清楚了。

楊廣大興土木，修建東都洛陽時徵發民工二百萬，開通大運河時徵用民夫超過一百萬人，如果按照五成的死亡率保守估計，累死的民夫有一百五十萬人。此外，楊廣三次東征高麗，傾盡國力，每次用兵超過一百萬，保障運輸、後勤的民工是軍隊的兩倍以上，也就是超過二百萬。按照每次陣亡三十萬將士，死亡一半民工計算，三次高麗戰爭共讓三百九十萬人付出了生命的代價。此外，北巡突厥、西討吐谷渾、建造水軍和龍舟、修建馳道等其他工程累死的民工，當不少於一百萬人。這樣，共有六百四十萬人成為隋朝暴政的冤魂。這還是非常保守的估計，還沒有包括那些逃避服役被殺、逃難的人口，沒有那些因為犯罪或者受株連被殺的人口，十多年間隋朝喪失了超過七百萬的人口，其中多數是青壯年勞力，占隋朝極盛時人口的六分之一。

沒有死的人只能繼續受罪，妻離子散的家庭就更多了。

楊廣第三次征討高麗的時候，黃河以北多數地區已經杳無人煙，一片死寂。暴露在曠野中的屍骨沒人收殮，發出惡臭，瘟疫橫行。其中山東地區是重災區。修建洛陽、大運河、馳道，徵兵出征、出力，山東都有分兒。而在東萊造船、向河北運糧等苦役則只有山東有分兒。此外，大業七年（六一一年）秋，黃河發大水，淹沒了山東、河南等地三十餘郡，大災之後山東又爆發大旱災和瘟疫，災情極其嚴重。隋朝官府都沒有救濟山東。原本富庶的山東大地頓時滿目瘡痍，慘不忍睹。

大業七年，山東鄒平人王薄在鄰近的長白山登高大呼：「造反了！」被人禍天災折磨得死去活來的山東百姓聞訊，揭竿而起。隋末農民起義就此爆發。

王薄很有「革命先驅」的樣兒，能力出眾。他自稱「知世郎」，寫了〈無向遼東浪死歌〉號召百姓響應起義。「……忽聞官軍至，提刀向前盪。譬如遼東死，斬頭何所傷。」歌曲琅琅上口，傳唱很廣，起到了很好的宣傳作用。一年之內，王薄起義軍像滾雪球一樣擴大至數萬人，活動在山東中部的齊郡（今濟南）、濟北郡（今茌平境內）一帶。

王薄勢力發展很猛，小股隋軍望風披靡，一般州縣看到王薄的旗號就閉門自守。真可謂「疾風知勁草，板蕩見忠臣」，隋朝在危急時刻還有那麼幾個忠心耿耿的幹臣。

齊郡郡丞張須陀就是這樣的忠臣。他是當年隨史萬歲征戰雲南時培養出來的將領。張須陀觀察到王薄的勢力發展很快，驕縱情緒較濃，就挑選精銳，出其不意對王薄起義軍發動進攻，竟然一舉大敗農民軍，斬首數千。王薄收攏散部，結聚上萬人，準備渡過黃河去河北發展，又在臨邑（今濟南城北）遭到張須陀的追擊，結果大敗而走。第二年（大業九年，六一三年），王薄聯合孫宣雅、石秪闍、郝孝德等各部義軍，組織了十萬人進攻章邱（今山東章丘）。張須陀先派人截擊農民軍的水運，中斷後勤，然後率領兩萬人主動殺向農民軍主力。這一次，張須陀再次大敗農

、竇建德一夥。高士達見竇建德輕易消滅了郭絢，看得心癢癢，以為楊義臣也很好消滅，就向隋軍發動主動進攻，結果反過來被隋軍給消滅了。高士達被砍掉了腦袋。楊義臣乘勝猛攻竇建德的部隊。竇建德猝不及防，部隊潰不成軍。竇建德本人一路逃到饒陽（今河北饒陽），身邊只剩下幾百人而已。楊義臣沒有把握時機，痛打落水狗，急著去消滅其他的農民武裝了。楊義臣剛走，竇建德就率兵返回平原，召集潰散的部眾，軍隊迅速增加，不僅死灰復燃，還膨脹到了十萬多人。竇建德兵強馬壯，自封為將軍，儼然成了一方豪強。

大業十三年（六一七年），竇大將軍轉戰河北，攻城掠地。經過河間（今河北河間）一戰，竇建德殲滅隋朝在河北的主力、涿郡留守薛世雄的部隊，占領了河北大部分郡縣。之後，他乾脆在樂壽（今河北獻縣）稱長樂王，設置各級官府組織，建立起與隋朝相對峙的政權來了。這個政權很有草根特點，無名無號，只有一個土得掉渣的年號「丁丑」。

三

說完山東說河南。河南有個人叫做翟讓，擔任東郡的法曹，算是隋朝的中級幹部。不知道為什麼，翟讓「執法犯法」，犯下了死罪被關進大獄。一個好心的獄吏放了他。翟讓不能再當公務員了，只好在大業七年（六一一年）逃到今河南滑縣南邊的瓦崗山，建立山寨，從事招攬農民造反的新職業。同郡的單雄信勇猛好鬥，拳腳和馬上功夫都很了得。他聽說翟讓挑頭樹起了反旗，也叫上一群少年前往瓦崗寨入夥。這一時期，最早投入瓦崗寨幹革命的元勳有曾經當過縣政府小吏的邴元真、遊走江湖的算卦師傅賈雄、勇猛少年徐世勣和翟讓的哥哥翟弘等人。翟讓以賈雄為軍師，邴元真為書記，徐世勣、單雄信為衝鋒陷陣的殺手，組成了一支有相當規模的武裝。最初上了瓦崗山的士兵大多是濟河兩岸的漁夫和獵人。

此處值得一提的是來自濟陰郡離狐的徐世勣。徐世勣這個年輕小夥子，幹勁足，打仗勇敢。但在後世的評書和演義小說中，徐世勣硬是被人「修理」成一個羽扇綸巾，迂腐矯情的牛鼻子老道。歷史上真實的徐世勣更類似於三國趙雲那樣的人物，不僅善戰，而且有謀。他的政治經驗遠高於同齡人，往往能一下子抓住問題的要害，眼光毒辣。他覺得翟讓等人待在瓦崗寨打打劫、反反政府，沒有什麼大的前途，建議瓦崗軍前往滎陽、梁郡交界處（今河南東部鄭州、商丘一帶）搶劫汴河運輸，扣留往來的公私船舶以壯大自己。翟讓照計而行，果然搶劫到大量物資充當軍需。瓦崗軍很快發展成南北聞名的擁有上萬人的大武裝。

部分隋朝的地方官、將領看到造反的收益比老老實實當官大多了，開始自覺不自覺地站到了楊廣的對立面去。身逢亂世，安安穩穩地當個太守、通守，每個月拿幾斗米的俸祿生活，整天忙著鎮壓反叛，提心吊膽的，還不如渾水摸魚，憑手中的權力和軍隊參與中原逐鹿，幹好了還能稱王稱霸。這些人從舊體制中走出來，對舊體制的衝擊更大，更致命。虎賁郎將羅藝就是這種舊體制中的造反者。說書人將羅藝講成是羅成的父親，幽州總管。歷史上真實的羅藝僅僅是右武衛大將軍李景的部將，駐守涿郡。羅藝是職業軍人，為人嚴肅，但任氣縱暴，和上司李景的關係很不好（史載是為李景所辱）。羅藝忌恨李景，看到涿郡囤積大批征討高麗時的軍需器仗、倉穀錢糧，心理就活動開了。當時許多造反者都將涿郡當作侵掠的目標。留守的其他將領打不過不斷湧來的造反者，只有羅藝先後多次破賊，斬殺不計其數。羅藝威勢日重，被同僚們嫉妒。羅藝非常自然地選擇了造反。他指著涿州堆積如山的物資，再讓官兵和百姓們看看自己的衣服和生活，很快就激起了軍民的憤慨和擁護，輕鬆地奪取了政權。大業十二年（六一六年），羅藝賞賜戰士，開倉賑窮，殺害多名不擁護造反的地方官，吞併河北北部，自稱幽州總管。

自此，有頭有臉的造反者都出場了。有關隋末唐初的說書和演義對此有一個專門名詞，稱「十八路反王」。這十八路反王到底是哪十八人，歷來說法各異。比較通行的版本是：瓦崗寨大魔國混世魔王程咬金、大梁王李執、小梁王蕭銑、濟寧王王薄、江南王沈法興、海州王高士魁、冀州王高士達、陳州王吳可玄、易州王鐵木耳、南陽王朱燦、河北鳳鳴王李子通、濟南王唐璧、湖廣襄陽王雷大鵬、口北王福克宗坦、沙漠王羅子都、金提王張稱金、川蜀王薛鳳池、曹州順義王孟海公、相州白御王高談聖。人們還經常說起的幾路反王有洛陽王王世充、定陽王劉武周、夏明王竇建德、北平王羅藝等等。這些口口相傳的人物身上有許多虛構的色彩，但基本上能找到歷史原型。他們都在隋末的亂局中留下了各自的色彩。

這十八路反王中知名度最高的莫過於混世魔王程咬金了。即使對隋朝歷史茫然無知的人也會知道「半路殺出個程咬金」。有關程咬金的傳說太多了，以至於這個人物已經深深融入了中國的民間文化之中，許多事情真假難辨了。

程咬金的「民間履歷」是這樣的：程咬金原本家住濟南，幼年喪父，隨母逃荒至歷城。長大後，程咬金販賣私鹽，被捉了，不服，還打死了捕快，被判死緩入獄。坐牢坐到第三年，楊廣大赦天下，程咬金釋放出獄。出獄後的程咬金一度決心找份正當職業，就去賣掃把，卻被尤俊達騙入強盜集團。在強盜集團中混，程咬金需要學點本事。可是他太笨了，尤俊達怎麼教他，他都學不會。一次，程咬金正做著美夢，一位老人跳出來教會了他全套精妙斧法。程咬金醒來復習，中途被尤俊達一聲喝斷，只記住了三招半的耍斧招式。好在拿斧頭殺敵，關鍵看力量，不看招式。程咬金用那可憐的三斧半功夫，竟然在之後的打鬥中所向披靡，成為一員猛將（多半是程咬金蠻力太大，很少有人能連續接他四斧打擊，一般不到第三斧就崩潰了）。有趣的是，程咬金的三斧頭在隋唐英雄榜中成為了一個排名標準。接不了程咬金三斧頭的人都進不了排行榜。

程咬金當強盜出門「辦」的第一樁買賣就是攔路搶劫。很不巧，他搶了靠山王楊林獻給楊廣的金銀珠寶。之前，一般人打著靠山王的旗號，都平安無事，無人敢搶。可偏偏程咬金是文盲，不認識字，再加上又是新手，沒人告訴他道上的規矩，程咬金半路揮舞著斧頭把護送官兵打得落荒而逃。這就是「半路殺出個程咬金」的典故所在。

程咬金劫了橫財，惹出無數事端。楊林嚴令追查，結果促成了各地三十六個英雄豪傑抱團聯合，在山東合兵造反。當時主持結義典禮的就是牛鼻子老道徐世勣。也就是這個徐世勣，想出了奪取瓦崗寨，占山為王的計畫。程咬金一馬當先，三板斧定瓦崗，被大家擁立為當家人，號稱混世魔王。之後，程咬金的經歷就相對平淡無奇了，帶著瓦崗軍參與中原逐鹿。他人生最輝煌的時刻是十八路反王為了在半路上攔截巡遊江都的楊廣，齊聚四明山❶時推舉部隊實力最強的混世魔王程咬金做天下義軍的盟主。一個賣掃把的落魄囚犯，最後成為了武林盟主一般的人物，這輩子過得也算是值了。

真實的程咬金遠遠沒有演義中這麼風光。程咬金從小勇敢鬥狠，是耍長矛（不是斧頭）的高手。山東大亂的時候，打著義軍旗號的隊伍有上百支之多。這些隊伍基本上沒有政治規畫，流動作戰，四處搶掠。程咬金最初為了保家護身，在鄉里聯絡豪傑組織起了一支部隊，防備義軍。由此許多歷史學家認為程咬金是地主出身，即使算不上真正的地主，也起碼是個地方豪強，肯定不是什麼賣掃把的死囚。程咬金起義的時間很晚，而且隊伍規模不大，組織也不強，只能算是山東眾多造反者中很不起眼的一個。

到大業十三年（六一七年）時，隋朝全境形成了三支主要的義軍，即翟讓領導的瓦崗軍，竇建德為首的河北義軍，以及杜伏威統率的江淮義軍。造反最初的混戰階段已經結束，蝦米們消失了，剩下的都是大魚了。再想加入造反者俱樂部，門檻已經很高了。

程咬金這種地方自保勢力無法維持下去，只得投奔了瓦崗軍。

李密來到瓦崗寨

一

大業十二年（六一六年），李密經過瓦崗軍將領王伯當的介紹，來到瓦崗寨入夥。

李密在邯鄲逃脫後，先投奔在平原造反的郝孝德。郝孝德不清楚李密身分和能力的潛在價值，對李密一點也不重視。當時各部混戰，大家都沒飯吃。郝孝德的軍隊也窘迫到削樹皮為食的地步。李密判斷郝孝德沒什麼前途，脫離隊伍再逃到淮陽，找了一個村子落腳，改名為劉智遠，當起了教書先生。可李密壓根就不是能靜心隱居的人，內在勃勃的野心難以抑制。只教了幾個月的書，李密就鬱鬱不得志，寫了一首五言詩：

金鳳蕩初節，玉露凋晚林。
此夕窮塗士，空軫鬱陶心。
眺聽良多感，慷慨獨霑襟。
霑襟何所為？悵然懷古意。
秦俗猶未平，漢道將何冀！
樊噲市井徒，蕭何刀筆吏。
一朝時運合，萬古傳名器。
寄言世上雄，虛生真可愧。

李密懷才不遇，將滿腹的委屈都寫了出來，盼望能夠像樊噲、蕭何一樣日後成為開國元勳。李密邊寫邊哭，被很多人看到了。有人就覺得劉智遠這個人太不正常了，密告了淮陽太守趙他。趙他猜測所謂的劉智遠可能是某個重要的欽犯，組織人力要捉拿李密。李密再次逃亡，去投靠妹夫、雍丘縣令丘君明。丘君明收留了李密，但他的姪子丘懷義卻向朝廷告密。楊廣親自安排，派人祕密逮捕李密。李密又一次逃脫，丘君明則被捕遇害。亡命天涯之餘，李密放眼天下，決定需要「借殼上市」，借助某個已經上規模的武裝力量實踐滿腹經綸，剛好他認識瓦崗軍的王伯當。最終，李密和瓦崗軍「雙向選擇」成功。

李密這樣有膽有智的世家貴族子弟加入了農民扎堆的瓦崗軍，給瓦崗軍的發展帶來了質的飛躍。有歷史學家認為瓦崗軍從此由農民革命武裝墮落成了地主階級武裝，我覺得更恰當的說法是李密向瓦崗軍灌輸了一套有效的政治制度和思想，將這支部隊轉化為問鼎天下的強大武裝。

在李密的策畫下，瓦崗軍有了清晰的政治規畫（奪取大城市，奪取政權），並且迅速膨脹為巨無霸。

大業十二年當年，李密就輔佐翟讓攻下了金堤關（今河南滎陽東北），打通了進軍洛陽甚至是關中的道路。楊廣急了，派遣手頭的王牌、隋朝最後的名將張須陀鎮守軍事重鎮滎陽，調集軍隊鎮壓瓦崗軍。翟讓久聞張須陀大名，之前多次被他打敗過，聽說張須陀率兵來剿自己，大懼，想撤軍躲避。李密攔住他說：「張須陀勇而無謀，軍隊驟勝，既驕且狠。這樣的人一戰可擒。李公只要列陣以待，我保證大破張須陀。」翟讓心中稍安，決心一戰。瓦崗軍與張須陀的部隊正面接戰，佯敗逃走。張須陀果然謀略不足，尾隨追擊，追到滎陽以北的大海寺。大海寺附近森林茂密，李密預先埋伏了數萬精兵，一併殺出。張須陀草率追擊，一旦被強敵團團包圍，防不勝防，只能力戰，以求突圍。他不愧為隋朝的猛將，左右廝殺，硬是從李密的重圍之中殺出一條血路來，逃出了包圍圈。但張須陀回頭看到包圍圈內還有許多部下，策馬重新殺入包圍圈救援。如此反覆四次，最後張須陀深陷重圍，筋疲力竭，身邊部下所剩無幾。他見突圍無望，仰天長歎道：「兵敗如此，何面見天子乎？」歎完，張須陀下馬肉搏，慘烈而死，終年五十二歲。

大海寺戰鬥的勝利，不僅讓瓦崗軍鞏固了對滎陽及周邊地區的占領，直接威脅東都洛陽的安全與大運河的暢通，而且在心理上給隋朝政府沉重的打擊。張須陀率領的部隊是隋朝最後的精銳主力部隊，久經沙場。張須陀的死和部隊的覆亡讓隋軍「晝夜號哭，數日不止」。張須陀死後，隋朝再無良將矣。

大業十三年（六一七年），李密進一步建議翟讓乘楊廣停留江都，洛陽守備空虛的良機，奪取洛陽周邊的洛口倉（又名興洛倉，在今河南鞏縣東北）。洛口倉和黎陽倉並列為隋王朝最大的官辦糧倉，倉城周圍二十多里，共有三千個大糧窖，每窖貯糧八千石。李密率領數千精兵成功占領洛口倉，開倉濟貧。貧苦百姓歡呼雀躍，更加擁護瓦崗軍，還踴躍參軍。瓦崗軍兵更精，糧更足了。

洛口倉就像是棋局上一枚關鍵的棋子。隋朝失掉了這枚棋子，撼動了全局。東都洛陽不僅失去了戰略價值巨大的周邊屏障，而且失去了主要的糧食供應，陷入一片恐慌之中。

留守洛陽的越王楊侗數次發兵，企圖奪回洛口倉，都被李密打敗了。

李密連續幾個大手筆，大捷不斷，對瓦崗軍貢獻巨大，聲望水漲船高。翟讓不得不承認自己的能力和作用都比不上李密，將頭號交椅讓給了李密。瓦崗群雄公推李密為新主。李密自稱「魏公」，建元「永平」，草創了一個政權。中原各路義軍聽到消息，紛紛趕來歸附。瓦崗軍迅速擴張到數十萬人，成為隋末農民大起義中勢力最強大的一支義軍。

李密建立政權後，分別奪取河南、山東等地州縣，擴張勢力；一面發兵進攻東都洛陽。東都洛陽是隋朝後期事實上的首都，就像皇冠上的明珠，有志於天下的李密對它志在必得。隋朝不敢怠慢，調集中原地區能夠調集的殘餘力量，組織洛陽保衛戰。於是，在以洛陽為中心的中原廣大地區中，最大的造反者武裝和隋王朝的主力部隊展開了鏖戰。

二

遠在江南的楊廣愛江都，也愛洛陽。他擔心中原隋軍力量不夠，生怕洛陽失陷，決心抽點東南的隋朝精銳部隊，增援洛陽。楊廣環顧身邊重臣，已經無將可派了，苦惱之間突然想起一個人來。

這個人就是楊廣相當欣賞、關係飛速升遛的江都通守王世充。

我們認識一下王世充這個人。王世充的父親是西域人，早死。王世充從小跟著母親。母親改嫁了霸城人王粲，王世充就姓了王。但他滿頭捲髮，利口善辯，喜好兵法，對隋朝的法律特別感興趣，可見根子上還是和中原人有區別的。開皇年間，王世充擔任侍衛，開始進入仕途，逐漸升遷到兵部員外郎。大業年間，他歷任江都郡丞兼領江都宮監、江都通守，是東南的地頭蛇，以搜括民脂民膏和美女得寵於楊廣。當然，楊廣不是糊塗蛋。他在王世充邀寵獻媚的表象下，看到了一顆勃勃欲試、渴望建功立業的內心，況且王世充政治經驗豐富、能力出眾。所以，楊廣把隋朝最後的精銳部隊和防守洛陽的重任都託付給了他。

王世充果然不負厚望，率領江淮勁卒五萬人，日夜兼程趕赴洛陽。李密率軍迎頭而上，與王世充戰成一團。王世充竟然遏制住了李密旺盛的勢頭，生生地連挫瓦崗軍。兩軍進入了對峙狀態。

但戰場的主動權還牢固掌握在瓦崗軍的手中。瓦崗軍擁兵數十萬，占領中原多數地區。

李密遭到王世充的阻擊後，為了振奮士氣，打擊隋軍，公布了洋洋灑灑的〈討楊廣檄文〉，給楊廣列了十大罪狀，號召天下推翻隋朝統治。李密給楊廣列的十大罪分別是：弒父、亂倫、嗜酒、勞民、濫賦、興役、征遼、濫誅、賣官、無信。他慷慨高呼：「有一於此，未或不亡。況四維不張，三靈總瘁，無小無大，愚夫愚婦，共識殷亡，咸知夏滅。」最後說楊廣是「罄南山之竹，書罪未窮；決東海之波，流惡難盡。」全文果然振奮人心，還產生了一個新成語「罄竹難書」，專門形容楊廣犯下的重罪。

正當形勢一片大好，鼎盛的瓦崗軍發生了內訌。領導集團之間矛盾激化了。

李密在瓦崗軍內部的地位上升得太快了。大批隋軍投降於他，許多隋朝官吏和將領也趕來依附李密。李密出身隋朝的世襲貴族家族，這樣的身分很容易得到有意投靠農民軍另謀出路的隋朝勢力的認同。這就在李密的身邊形成了一個帶有濃厚隋朝官僚色彩的勢力集團，他們與翟讓領導的瓦崗軍農民將領之間的矛盾越來越尖銳。雙方在處理隋朝降官和俘虜、分配軍需和戰利品等問題上的分歧越來越大。翟讓屬下的司馬王儒信先勸翟讓總領眾務，奪回最高領導權。翟讓的哥哥翟寬也勸道：「天子只能自己做，怎麼能讓給他人呢？如果你不想做，我來幹。」翟讓猶豫不決，下不了決心。李密聽到翟讓集團的傳言後，產生了除掉翟讓的念頭。

李密拉攏前來投靠的小股造反者勢力，比如程咬金、秦叔寶等新附之人。他從忠於自己的部隊中挑選了八千名勇士，組成了「內軍」作為直屬部隊，防備突發事件。「內軍」分為左右兩隊，分別由程咬金和秦叔寶率領，任務就是保護李密，只聽從李密的命令。李密對這支裝備精良、勇猛頑強的內軍非常滿意，常說：「此八千人可當百萬。」

這一時期，程咬金改名為程知節。

一天，翟讓帶著數百號兄弟去李密那裡歡宴作樂。李密擺出好酒好菜，招待得很周到，將翟讓帶來的兄弟們分別安置到各個房間裡吃飯喝酒。然後，李密調來親信，嚴密把守住各門。翟讓在大廳飲宴，對危險毫無察覺。李密安排好後，來招呼翟讓。酒過三巡，李密告訴翟讓最近得到一張好弓，想讓翟讓見識一下。弓拿過來後，翟讓一看，果然是張好弓，忍不住就拉弓張弦，把玩起來。這時，李密向站在大廳裡伺候的親信蔡建使了一個眼色。說時遲，那時快，蔡建忽的抽出佩刀，從頭面一刀劈了翟讓。鮮血四濺，翟讓當即撲倒在地上，死了。

大廳中的刺殺行動轉瞬而成，在其他房間的翟讓親信們都不知道。

李密從容不迫地指揮將士，殺入各房，將翟寬、王儒信等一同來赴宴的人送入黃泉。徐世勣是最早跟隨翟讓的武將之一。他在混亂中被亂刀砍成重傷，奄奄一息。李密趕忙制止部下傷害徐世勣，保全了他的性命。隨行而來的單雄信等人叩頭求饒，得到了李密的寬恕。

解決完家裡的翟讓黨羽，李密全副戎裝，率領數百內軍殺入翟讓的軍營。王伯當、邴元真、單雄信等在營中向將士們解釋了一把手和二把手相互殘殺的情況，告知翟讓已經死了，勸諸軍投降。翟讓的部屬不敢輕舉妄動，都紛紛投降。李密有政治手腕，治軍也很有一套。每次打仗，他都身先士卒，戰後得到的金銀珠寶都分給手下將士，在軍隊中的名聲很好。而翟讓為人粗暴，頭腦簡單。他和哥哥翟寬兩個人常常侮辱、虐待那些親近李密的將士。因此，在生死關頭，瓦崗軍的將士們最終選擇了李密，接受李密誅殺翟讓的現實，不能說與兩人的性格、秉性沒有關係。

李密吞併了翟讓的部隊後，仍然命令翟讓的老部將徐世勣、單雄信、王伯當率領舊部。他整合瓦崗軍，繼續猛攻洛陽地區。

當年楊玄感造反的時候，最初的發展情形與李密類似。李密作為楊玄感的謀主，提出了上中下三策，其中的下策就是圍攻洛陽。現在，李密轉換到了楊玄感的位子，令人費解地也選擇了圍攻洛陽。有謀士建議李密充分發揮瓦崗軍兵強馬壯，隋朝分崩離析的有利條件，分兵占領江淮、河北等地，或者西入關中，占領隋朝的首都大興。李密都沒有採納，就要耗在洛陽。

洛陽城不好攻——這一點楊玄感用血的代價證明了，李密偏偏要重蹈覆轍，結果和王世充的部隊前後交戰上百次。儘管瓦崗軍一點一點地壓縮隋軍的地盤，但離勝利相當遙遠。李密占領洛陽郊區後，修繕了魏晉時期的金墉古城作為大本營，屯兵三十多萬，做長久之計。

王世充不敢懈怠，收集中原隋朝軍力，飄著一頭捲髮，到處阻擊瓦崗軍。

洛陽城就像絞肉機一樣，把雙方的時間和有生力量都絞了進來。

李淵太原起兵

一

中原各地紛紛擾擾之時，隋朝最終的取代者還偏居山西一隅，孕育在隋朝政治體制之內。將隋朝取而代之的人是隋朝的世襲貴族李家，也就是唐國公李淵他的家族。

李淵家族源於北魏六鎮兵家，顯貴於西魏時期，也是一個胡漢混血民族融合家庭。唐朝建立後，李家自稱是十六國時涼武昭王李氏的後代，現在研究者普遍認為李唐皇室很可能是漢人與胡人的混血後裔。因為李家有多半漢族血統，所以被視作是漢人。和楊忠一樣，楊忠的同僚李虎因為功勞卓著，曾被北周王朝賜姓「大野」。所以李淵早年也被叫做「大野淵」。同為北周的軍事貴族，「大野淵」和「普六茹堅」關係密切，不僅是世交，還是親戚。楊李兩家結親，要歸功於大將軍獨孤信。李淵的母親獨孤氏與北周明帝獨孤皇后、隋文帝獨孤皇后是姊妹關係，都是獨孤信的女兒。

李淵七歲時父親李昞就逝世了，依靠父輩的祖蔭，承襲父爵做了唐國公。因為貴族身分，李淵很早就入仕了。在隋朝建立之初，李淵補為千牛備身。隋文帝楊堅在位時，將李淵看作是與自家有世交的「姪子」，又看作是本家的「外甥」，照顧有加。加上李淵和皇子楊勇、楊廣等人年紀相仿，李淵和皇室關係密切，在隋朝早期的日子相當好過。如果此時有人說李淵對朝廷懷有二心，想必沒有幾個人會相信。楊廣即位後，李淵的官運就不太亨通了。據說是因為他過分喜愛自己養的駿馬和獵鷹，不肯獻給楊廣，所以楊廣就給自己這個表親小鞋穿。後來李淵在妻子竇氏的提醒下，開始積極向楊廣進獻駿馬、獵鷹和玩物，官運立即亨通起來，先後任滎陽（今河南鄭州）、樓煩（今山西靜樂）兩郡太守、殿內少監、衛尉少卿。大業十一年（六一五年），李淵出任山西河東慰撫大使，兩年後出任太原留守。雖然算不上是隋朝政壇呼風喚雨的人物，但沒人否定李淵是朝廷的顯貴，是現有政治體制的既得利益者。

天下烽煙四起時，李淵是以鎮壓造反者的「正面形象」登上競技場的。他一開始對各地的農民起義軍咬牙切齒，寄希望於謀畫得當撲滅起義。因為各地洶湧的農民造反者們逐漸動搖了隋朝的統治，直接威脅著李淵這個既得利益者的權益。大業十三年（六一七年），馬邑郡人、鷹揚府校尉劉武周因為和太守王仁恭的侍女私通，先下手為強，以貪汙之名殺死了王仁恭，造反起兵。劉武周自稱天子。李淵以討伐劉武周為名，招兵買馬。李淵和二兒子李世民、親信劉文靜、長孫順德、劉弘基等人積極募兵，十餘天就聚集了超過一萬人的軍隊。但是李淵並不出兵攻擊劉武周，還祕密派人召回在河東的長子李建成和三子李元吉。這讓人很懷疑李淵大張旗鼓擴充勢力的真實意圖。

此時的李淵內心已經起了不臣之心。

二

李淵相貌慈眉善目，身材肥碩，似乎看起來是那種既平庸又懦弱的官場老油條。實際上，他並不是那種保守頑固、對隋朝愚忠的人。李淵長期在與起義軍作戰的第一線，非常清楚造反者已經遍布全國，朝廷已經無力鎮壓。隋朝大勢已去，滅亡是遲早的事情了，李淵不得不為自己的前途考慮。李淵開始覺得自己沒有必要始終坐在隋朝這條船裡跟著楊廣一起覆滅了。最開始，李淵效忠隋王朝是因為可以從中獲得權益；現在，李淵要留意自己的出路了。出鎮太原的時候，李淵曾對李世民說：「唐固吾國，太原即其地焉。」隱約透露出割地自守，稱霸一方的意思。

而接連遭受挫折失敗的楊廣也變得多疑起來，開始猜忌李淵。楊廣一次出巡途中，徵召李淵來行宮覲見。李淵稱病沒有前來，楊廣大為不滿。當時李淵的外甥女王氏在後宮做妃子。楊廣不經意地問她：「你舅舅為什麼不來啊？」王氏說舅舅生病，來不了。楊廣再問：「李淵的病，能讓他死嗎？」李淵輾轉聽到這話後，更加恐懼，再也不敢輕易去朝見楊廣了。他以縱酒沉湎，納賄貪汙的表象來掩護保全自己。

形勢惡化和個人境遇艱難，兩方面一逼，讓李淵造反的念頭得到了深入發展。

二兒子李世民在李淵造反思想的發展和造反實踐過程中，起到了推波助瀾的作用。李世民從小經歷軍陣，聰明的名聲遠播在外。隨父親守太原時，李世民已經是很有政治眼光和宏大志向的年輕將領。天下群雄並起，隋朝官府已經處於風雨飄搖之中，李世民敏銳地預料到隋朝國運將盡，正是英雄建功立業的大好時機。他充分利用父親主政太原的有利時機，積極為反隋爭霸進行活動。李世民一邊廣交英雄豪傑，聯絡太原縣令劉文靜、晉陽宮副監裴寂奔走謀畫；一邊積極招兵買馬，準備起事反隋。

劉文靜曾經因李密案株連，被捕入獄。李世民以探視為名，與他在獄中擬定了召募兵士、西入關中、創立帝業的起兵計畫，並通過隋裴寂將這個計畫轉告給了李淵。

唐初的歷史是被人為修改刪定的。唐朝的史料記載，李世民最終勸李淵下定了起兵太原的決心。李世民第一次勸父親李淵說：「今主上無道，百姓困窮，太原城外皆為戰場。父親大人如果只滿足於現在的身分地位，那麼天下到處是寇盜，朝廷又有嚴刑峻法，我們隨時處於危亡之中。不如順應民心，起兵舉義，轉禍為福。這就是所謂的『天授之時』啊。」李淵一聽，大驚失色：「你怎麼說出這樣的話來，我現在就把你捉到官府去！」話說到這個分兒上，李世民也只好不再勸了。李淵也沒有把他扭送官府。

沒幾天，李世民第二次去勸李淵造反：「現在盜賊日繁，遍於天下，父親大人受詔討賊，現在情況又怎麼樣了呢？您假若能夠討蕩群賊，朝廷也會功高不賞，益發身陷危局！父親如果聽從我上次勸您的話，就可以避禍。我說的是萬全之策，請父親大人不要懷疑。」這一回，李淵不像第一次那樣堅決拒絕，而是以無可奈何的口吻說：「今日破家亡軀由著你去，化家為國也由著你吧！」

之後，李淵「討賊不力」，楊廣要興師問罪。李世民乘機第三次規勸李淵：「現在的朝廷是君昏臣亂。父親盡忠是沒有意義的。現在太原士馬精強，宮監蓄積巨萬，如果以太原的資源舉事，何患無成！」李淵這次在李世民的勸說下，終於下了起義的決心。當然這些都是唐朝初期李世民修訂的歷史的說法，如果沒有李淵早有不臣反叛之心，如果沒有李淵利用身分暗中進行了準備，太原起兵最終不會付諸實施。

還有一段流傳很廣的故事，似乎可以說明李淵是自動走上造反道路的。傳說晉陽宮副監裴寂和李淵交好，往來甚密。裴寂為了前途計，早想投靠新主子了。可他是個太監，唯一可行的辦法就是扶立新天子。他看中了李淵的潛力，決定激發李淵造反。一次，裴寂請李淵飲酒，將他灌醉。之後，裴寂安排楊廣留在晉陽宮的妃子和宮女為醉酒的李淵侍寢。一夜風流清醒後，李淵意識到了事情的嚴重性：楊廣要是知道自己與皇妃睡覺的事情，肯定饒不了自己。裴寂於是勸說李淵造反。《新唐書》正式將這個傳說記入正史。它還增加了一些情節，說整件事情其實是李世民和裴寂兩人的陰謀。事後，裴寂勸說李淵舉事，李淵在大驚之餘還是猶豫不決。裴寂恐嚇說：「事發，你我大罪當誅，現在只有叛隋一條路可以走了。」李世民在關鍵時刻，出現在談話中，敦促父親造反。李淵覺得自己被算計了，開始還拒絕做亂臣賊子，揚言要將李世民送官法辦。但是片刻思考後，李淵點頭同意了。

三

太原副留守王威和高君雅都是楊廣的親信，安插在太原監視李淵。他們倆意識到情況反常，判斷李淵極有可能加入造反者的行列，決定先下手除掉李淵。他們假稱將在晉祠舉辦祈雨儀式，請李淵主持，準備暗中埋伏士兵殺掉李淵。可惜王、高二人的陰謀被知情人向李淵告發了。

知道王、高二人的刺殺陰謀後，李淵是不想造反也不行了。

大業十三年五月某日，李淵找王威、高君雅兩人來議事。劉文靜領太原屬下開陽府的司馬胙城劉政會趕來，說有密狀呈給李淵。所謂的密狀就是劉政會告發兩位副留守勾結突厥，圖謀不軌。李淵當場認為證據確鑿，命令將王、高二人拿下正法。王威、高君雅不甘心束手就擒，召喚親兵隨從拔出兵器拒捕。怎無奈，大殿外湧入李世民早已經埋伏好的鐵甲精兵。沒幾個回合，王、高二人就被俘了。當天，王威和高君雅被斬首。當時突厥趁中原大亂，時常入侵中原。太原城外頻頻出現遊蕩的突厥騎兵。李淵為除去王、高二人找的理由非常自然，他人提不出確切的反對證據來。

除去兩個礙手礙腳的同僚後，李淵開始明目張膽地準備起兵。七月，李淵率軍三萬在太原誓師，正式起兵。

作為從隋朝陣營中脫離出來的高級貴族，李淵一開始就顯露出比一般造反者高明的地方。他不稱王不稱霸，而是發布了興兵檄文，宣稱自己是替天行道，而不是爭權奪利。他斥責楊廣聽信讒言，殺害忠良，窮兵黷武，致使「荊棘旅於闕廷，豺狼充於道路」，朝政日非，民不聊生。因此，李淵起兵的目的是要廢掉昏君，改立明主，拯救萬民於水火之中。這樣聲明為李淵減輕了許多政治阻力。同時，李淵制定了明確的目標。那就是直取隋朝的心臟——大興。李淵不像農民軍一樣，攻城掠地，擴充地盤，也不像楊玄感、李密一樣，腦袋發熱，聚焦在少數大都市上。起兵後，李淵採取了靈活正確的戰略，一面派遣劉文靜出使突厥，請求突厥可汗派兵馬相助，主要目的是減輕突厥南下的軍事壓力；一面招募軍隊，率師直向大興衝去。

隋西京留守、代王楊侑聽說遠房親戚李淵造反了，派遣虎牙郎將宋老生率精兵二萬駐守霍邑（今山西霍縣），扼守李淵進軍關中的道路。大將屈突通率領驍果數萬駐守河東郡（今山西永濟西南蒲州鎮），與宋老生遙相呼應，以拒李淵。

在所有造反者中，李淵開始時只能算是一個中等規模的角色。從太原到大興，沿途有數倍於己的隋朝軍隊。在進軍霍邑的途中，李淵遇到了大麻煩。天氣驟變，大雨傾盆，軍隊又缺糧少衣。更嚴重的是，後方傳來了突厥與同為造反者的劉武周聯合，將乘虛偷襲太原的情報。李淵前進艱難，老窩也可能不保。李淵的困境被李密知道了。李密給李淵寫了一封信，表示要與李淵「合作」，一起攻打天下。實際上，合作是假，吞併是真。李密的意思是，既然你前無去路，後退無所，直接把隊伍拉過來併入瓦崗軍算了。面對李密的試探與威脅，李淵裝傻，給李密回了一封肉麻的吹捧信：「天下百姓渴望明君聖主已經很久了。那麼傳說中的救世主，非您莫屬。我非常榮幸，與您同姓。我已經老了，您還年輕，希望以後能得到您的關照。」李密在金墉城裡沒見到李淵帶隊伍來，卻見到了拍馬屁的信，也很高興，還拿著信向部下到處顯擺，說：「看來李淵只是一個無能之輩，成不了什麼大氣候。」

話說回來了，逗留霍邑附近的李淵的麻煩的確很大。他倉卒召集將佐開會，決定撤退，先保住老窩太原再說，會後一部分軍隊開始起程回太原。大兒子李建成和二兒子李世民就勸父親說，造反的前途是光明的，困難是暫時的，如果全軍撤退回太原，李家最多就只能做一個割據頭目。而李家起兵的目的不是割據，是造反奪天下。李淵醒悟後馬上召回軍隊，傾注全力猛攻霍邑。不久，後方軍糧運到，突厥偷襲太原的消息也被證實是個假情報。

霍邑城池堅固，不是李淵的三萬新兵能輕易攻克的。李建成、李世民兄弟倆制定了引宋老生出戰，分兵去偷襲城池的作戰方案。宋老生中了激將法，率軍出來和李淵決戰。混戰開始沒多久，李淵讓軍士鼓噪高呼「宋老生已經被殺死了」，隋軍聞知大將被殺，全都亂了手腳，群龍無首，四處潰散。等潰退回霍邑城下，城頭早已換上了「李」旗號。此戰，霍邑在唐軍的猛攻面前失陷，宋老生被殺。

李淵就是和那些農民出身的造反者不一樣。占領霍邑後，李淵厚葬了宋老生，對於想回家的關中士兵「授予」五品閒散官銜放回。這些舉措不同凡響，贏得了許多隋朝陣營的人的好感。那些拿著路費回家的隋軍添油加醋地把李淵的戰功和寬容大度傳播到了關中各地，變成了李淵部隊的「編外宣傳隊」。

霍邑失守後，大興變得無險可守，成為李淵的囊中之物。李淵有今天的樂觀局面，首先是抓住了千載難逢的良機。此時李密領導的瓦崗軍正在洛陽與隋朝的主力王世充軍激戰，關中地區空虛。而河東方向的屈突通部隊為了抵禦河北各地的農民起義軍，不敢西進攻打李淵的軍隊，反而幫助李淵擋住了其他覬覦關中的造反者過來搶食。李淵輕鬆向前推進，一路上瓦解農民起義軍和收編地主武裝，到大興郊區時已經擁有二十萬軍隊了。

客觀地說，李淵的確得感謝各地農民兄弟送給他的良機。

防守大興的代王楊侑是個小孩，不過十二三歲。他是故太子楊昭之子、楊廣之孫，算起來也是李淵表孫子輩的。

四

楊侑根本就不懂政事，任由城內留守的幾個大臣決定守城。

留守京師的刑部尚書衛文昇和右衛將軍陰世師堅持要在大興進行防禦戰，等待關東和其他地區的隋朝救兵到來。兩人挾持著楊侑巡視城防，積極備戰。怎奈隋朝國勢衰弱已久，即使是首善之區的京師也拼湊不了一支雄壯精幹的守軍。李淵希望不戰而屈人之兵，兩次發通牒要求楊侑獻城投降。楊侑不置可否，但衛文昇、陰世師和京兆郡丞滑儀堅持要固守一戰。

大興孤城很快就被唐軍攻破，十月，李淵勝利占領了隋朝名義上的首都。這時，李淵早年的政治經歷和官場實踐為他充分利用京城的價值提供了幫助。一進城，李淵就號令三軍：「犯隋七廟及宗室者，罪三族。」唐軍嚴格做到了這一點。城內的隋朝高官、貴族和百姓的心理迅速安定了下來。李淵入城後，仿效漢高祖劉邦當年與關中居民的約法三章，也約法十二條，規定殺人、劫盜、背軍、叛者死，廢除隋朝的嚴刑峻法和苛捐雜稅，嚴格執行。大興城很快就從安定中走出來，轉而支持李淵了。李淵帶來了新的秩序，更好的制度，為什麼不支持他呢？

眾將皆推李淵為尊。李淵起兵僅僅幾個月，就成為了囊括關中、占據西京的豪強。

注釋

❶真正的四明山在浙江省的寧波和紹興之間，根本就不在洛陽到江都（揚州）之間。千百年來，說書人一直堅持說十八路反王是在四明山攔截楊廣，還引出許多其他故事來。

第九章

楊廣的窮途末路

楊廣沒有料到第三次與江都的親密接觸會成為人生絕唱。眾叛親離的遭遇，分崩離析的天下，一切讓已經失去奮進精神的楊廣用徹底的墮落和荒淫來麻痺自己、逃避現實。現實是不能逃避的，最終要了楊廣性命的是江都的禁衛軍。在名為「江都政變」的兵變中，楊廣被活活勒死了，就地草草埋葬。這位至死保持瀟灑姿態的文人皇帝的死，是一個理想主義者的失敗，還是一個暴君的毀滅呢？

在隋朝覆滅的同時，李淵的唐朝在關中建立了，與宇文化及等隋朝殘餘勢力爭奪天下。

大業十二年（六一六年）七月，楊廣第三次與江都親密接觸。剛到江都不久，老夥計宇文述就一病不起，病情日益嚴重。楊廣不斷派人探望，還想親自去看望。後經大臣苦勸，楊廣才沒去，但派人去問宇文述：「你如有不測，需要事先留什麼遺言嗎？」宇文述從北周時期就開始征戰，在楊廣時期把持朝政胡作非為，臨死前放心不下的是幾個兒子。小兒子宇文士及娶了楊廣的女兒南陽公主，封尚輦奉御，為人老實，宇文述沒有什麼好擔心的。另外兩個兒子宇文化及、宇文智及，是標準的富貴公子哥兒加「街頭霸王」，從小生活在特權中，腦子裡沒有規則法理的概念，沒有畏懼的東西。宇文化及、宇文智及之前當官時因為犯罪被削職為民，待在家裡無所事事。宇文述就向楊廣傳話說：「臣的長子宇文化及，是臣的繼承人，希望陛下多多哀憐他。」楊廣聞後潸然淚下。挺到十月，宇文述去世。楊廣為之罷朝，追贈司徒、尚書令、十郡太守，謚號「恭」。楊廣令黃門侍郎裴矩為宇文述祭祀，鴻臚監護喪事，任命宇文化及為右屯衛將軍，宇文智及為將作少監。

對於楊廣來說，宇文述的死意味著一個從年輕時期開始就一直見證自己成長和輝煌的老人的離開。從此，再也沒有人對楊廣的輝煌過去有親身體驗，能夠詳細描述了。

又見江都

三遊江都，美麗的曇花彷彿也失去了往日的魅力。楊廣在此地的日子很快就陷入了困境。史載：「普天之下，莫匪仇讎，左右之人，皆為敵國。」楊廣眾叛親離，隋朝風雨飄搖了。

楊廣早已經沒有開創盛世，建功立業的雄心，如今只想保住性命，偏安一隅，繼續做他的皇帝。

上天不遂人願。楊廣剛到江都，中原就遍地民變，繼而全國大亂。時間進入大業十三年（六一七年），局勢急速惡化，讓人不忍卒睹。正月，竇建德在河北當起了長樂王；二月，割據朔方郡的梁師都見有人稱王了，就勾結東突厥汗國，攻陷陝北諸郡，做起了皇帝，自稱「梁帝」。而攻陷洛口倉的李密比較「謙虛」，不稱王也不稱帝，在中原各路反王的公推之下，做起了「魏公」。四月，隴西的薛舉覺得「王」也好「帝」也好，都太俗了，自封「西秦霸王」，攻城掠地。有讀書人提醒薛舉說「霸王」二字太粗野，薛舉覺得有道理，也做起了皇帝，稱「秦帝」。再往西，李軌占領了河西走廊，自稱「涼王」，重新割斷了中原與西域的交通。時間進入七月，遠房親戚李淵在太原起兵南下，大大出乎楊廣的意料之外。等到十月，李淵占領首都大興城，又一次大出楊廣的意料之外。而隋朝的武陽郡丞元寶藏向李密獻城投降，進而攻陷了黎陽倉。隋王朝的政府囤糧全部成了造反者的軍糧。

江南一帶也不安寧。從山東南下的杜伏威侵擾江淮各州縣，勢力日趨強大。湖北方面，西梁後裔、羅縣縣令蕭銑割據本縣，攻陷湖北各地，重建「梁國」，以梁朝正朔自居。

噩耗連連，楊廣內心被打擊得鮮血淋漓，再也不願意看到新的噩耗，也就不再處理政務了。

他被迫承認隋朝大勢已去。無可奈何之際，楊廣經常自我安慰，用荒淫無恥的舉動麻痹自己。他在江都行宮中新建了上百間房舍，間間鋪陳華麗，選一個美人居住其中。楊廣和她們玩「過家家遊戲」，帶著蕭皇后裝作客人，每天去不同的美人屋中作客。他晝夜與眾姬妾東遊西宴，酒杯不離口。有時，楊廣戴幅巾、著短衣、持竹杖，裝扮成文人模樣，步遊各宮各院，直到深夜秉燭而歸。深夜上床後，楊廣也難以安睡，犯上了嚴重的失眠；即使勉強入睡，夢中又常驚呼有賊，需要宮女像哄孩子那樣搖撫、哄著才能入睡。

楊廣長得很漂亮，美男子一個。有一次，他拿起鏡子，端詳了半天，回頭對蕭皇后說：「如此好頭顱，誰來砍之？」蕭皇后聞言大驚，問皇上何出此言。楊廣苦笑著說：「貴賤苦樂，更迭為之，人間常態，無須悲傷！」表面上，楊廣如閒雲野鶴，把生死禍福都看淡了；私下裡，他對蕭皇后說：「隋朝國祚已絕，但即使亡國了，我也還能做個長城公（陳叔寶降隋後被封為長城公），你也還能學學沈后（陳叔寶的皇后沈氏在隋朝受到優待）。我們一切順其自然，及時行樂吧！」

二

楊廣揚言不再處理政務了，但天下越亂，政務就越多。地方州縣和前線將領的告急求援文書如雪片一般飛來江都。

所有的壞消息到了掌管奏章和機要的虞世基那裡，都被壓了下來。楊廣有時問起天下剿匪的情況，虞世基只輕描淡寫地說：「鼠竊狗盜，不久就會被郡縣捕滅，陛下無須擔心。」前線將領楊義臣一次奏報說，他消滅並招降了河北農民軍數十萬人（估計是在吹牛）。虞世基看了，覺得是個好消息，就把奏章呈給了楊廣。不想，楊廣看了以後，歎息道：「我一直不知道造反者的人數，想不到僅河北一地就有數十萬之多！」虞世基一看壞了，忙說：「其中多數是一些小偷小摸之人，數量雖多，未足為慮。反而楊義臣擁兵在外，專權日久，恐怕生變，皇上要多加注意。」楊廣信以為真，竟然下詔解散楊義臣的部隊，勒令回家務農。結果那些散兵游勇轉眼就參加農民軍隊伍了，白白助長了造反者的聲勢。

蕭皇后把一切都看在眼裡，也勸宮人們不要向楊廣進言說實話。她說：「天下事已至於此，無可救藥，多說無益。多說話，只能讓皇帝擔憂而已！」

楊廣的江都生活就籠罩在一片虛無之中。一度，他想起用隨行同來江都的蘇威，恢復官職，主持朝政。裴蘊、虞世基等人趕緊奏稱蘇威昏耄羸疾，不堪再用。楊廣也沒有堅持。已經是一介平民的蘇威被楊廣帶來江都，但受到虞世基等人的排斥，情緒日漸消沉下去。禍不單行，蘇夫人在他隨行江都不久之後死於洛陽，兒子蘇夔思念母親，悲傷過度而死。蘇威的內心可以想見。

虞世基所有的消息都可以扣壓下來，但是有一個消息，不能不報告楊廣。

占領首都大興的李淵在大業十三年（六一七年）十一月十六日把俘虜代王楊侑捧了出來，立為皇帝，遙尊楊廣為太上皇。也就是說，楊廣在法律上已經不再是隋朝的皇帝了！

李淵他自己想當皇帝，但也清楚自己和皇帝寶座還是有距離的。雖然占領了首都，並不意味著占領了天下。占領大興城後，代王楊侑好好地躲藏在王府中。李淵把他抬了出來，尊為名義上的皇帝。楊侑在曾祖父建造的大興殿即皇帝位，遙尊遠在揚州的爺爺楊廣為太上皇，改元「義寧」。大業十三年也就變成了義寧元年。李淵立楊侑為天子是個狠招，最大限度地利用了手中的優質資源，一下子就取消了楊廣的正統性，占據了最高的法統地位。他又以楊侑的名義任命自己為大都督、尚書令兼大丞相，爵位從唐國公進封為唐王，綜理朝廷萬機。李淵長子李建成成為唐王世子，次子李世民封為秦王，三子李元吉封為齊王。

消息傳到江都，人心惶惶。原本大家還可以搬出王朝正統聊以自慰，誰想身分頃刻就轉變成了亂賊。

李淵站穩腳跟後，開始擴張地盤，向南攻取四川，向東消滅關中附近的隋朝殘餘勢力。楊廣的親信大將屈突通，受楊廣之託率領隋軍精銳鎮守關中，現在還屯兵關中東部一帶。屈突通部隊夾在李密、竇建德、李淵三方勢力之間，處境窘迫。有部下勸屈突通投降一方，屈突通大罵：「我蒙國重恩，歷事兩主，受朝廷厚祿，怎麼能不赴難殺敵？今日之勢，唯死而已！」屈突通的家眷都在大興，成了李淵的俘虜。李淵派屈家的家僮去招降屈突通，屈突通當場殺死家僮。思前想後，屈突通留下部將桑顯和鎮守潼關，阻擾李淵東出，自己率主力向洛陽靠近，準備和王世充合兵一處。屈突通剛走，桑顯和就獻出潼關，投降李淵了。屈突通的大部隊隨即失去掩護，完全暴露在李淵追兵的攻擊之下。屈突通在稠桑（今河南靈寶北的黃河南岸）被唐軍圍攻。唐將竇琮派屈突通的兒子屈突壽去勸降。屈突通罵道：「往日，我和你是父子，今日，我和你是仇敵。」邊罵邊命左右射死兒子。跟隨唐軍而來的桑顯和想出一個辦法，衝著屈突通的部隊現身說法：「京師已經淪陷了，你們大家都是關中人，想要去哪裡？」隋軍也不想背井離鄉，聞聽此言紛紛扔掉兵器投降。屈突通知道大勢已去，下馬向江都跪地磕頭，號哭道：「臣力屈兵敗，不負陛下。天地神明，為我作證。」最終，屈突通被捉住，押送大興。關中的隋軍主力就此覆亡了。

李淵見到屈突通，劈頭就問：「為何相見如此之晚？」屈突通哭道：「我不能盡人臣之節，力屈而至，是本朝的恥辱，愧對代王。」李淵對他的忠君行為很讚賞，評價屈突通是「隋室忠臣」，當場釋放，封為蔣國公，任命為兵部尚書，協助秦王李世民行軍打仗。屈突通最終轉換了陣營。

三

局勢越來越亂，楊廣的命令在北方越來越沒有效力了。楊廣也就無心北還，想在南方長住下來。

楊廣是這麼想的，即使當不成全天下的皇帝，能保住江南的半壁江山，延續隋朝的國祚，也是可以接受的。這在歷史上也有先例。西晉爆發了「八王之亂」，北方動盪不安，司馬睿不就放棄了北方領土，在建康建立政權，史稱「東晉」嗎？況且現在的江南比司馬睿時期要好多了，經濟有了長足發展，人口增加了不少，而且比北方安定多了，完全可以支撐一個王朝。南遷已定，那麼具體定都哪個城市呢？江都？不行。江都在江北，不可仰仗長江天險防禦外敵，而且周邊地區已經出現了造反痕跡。楊廣想遷往長江南岸偏上游的丹陽（今江蘇南京）去。丹陽虎踞龍蟠，是六朝（東吳、東晉、宋、齊、梁、陳）古都，具有豐富的當首都的經驗。

楊廣提前派人過江在丹陽修建宮殿，準備一建好就搬遷過去。

這時候，有烏鵲在楊廣的幄帳外築巢，宮人怎麼驅趕都趕不走。烏鴉老是繞著楊廣的房子呱呱叫。有人看到長江中突然冒出巨石，漂向江都。而且最近的天象也很不好：熒惑犯太微，日光四散如流血。所有一切似乎表明上天不同意楊廣遷都丹陽，另建朝廷的計畫。

可楊廣把這一決定當做是人生最後一搏。他已經年近半百，外面局勢又那麼亂，楊廣的選擇餘地已經很小了。如果不搏一搏，可能連命都沒了。

楊廣去意已決，江都的禁衛官兵們多數是關中人，不願意再向南逃往丹陽。他們本來就想家。關中打得越亂，消息越壞，這些離家千里的小夥子就越想家，盼望著早日回家看看家人安危。現在看到楊廣決心遷都丹陽，禁衛官兵們的心一下子就散了。將軍竇賢竟然率領所部兵馬私自出逃，要回到關中去，被楊廣急忙調兵追殺了。但暴力鎮壓制止不了官兵們開小差，逃跑的官兵越來越多，最後連楊廣的近身侍衛也有人開小差跑了。

楊廣很擔心，問裴矩怎麼辦。裴矩回答說：「聖駕駐留江都已經兩年了。禁衛官兵多數是在關中招募的驍果勇士，背井離鄉。人沒有家庭的溫暖，心就不能久安。臣建議讓士兵們在本地娶妻，建立家鄉。這樣他們就不會想回家了。」楊廣大喜：「裴矩一向多謀，現在又出了一條奇計。」

隋朝的軍制規定官兵不能隨軍攜帶家眷，更不能在外服役期間結婚生子。如今是特殊時期，一切都可以改變，楊廣命令裴矩負責，大張旗鼓地為禁衛官兵們娶妻。裴矩就把江都境內的寡婦和沒有出嫁的女子，全都聚攏起來，再叫來江都的將帥、士卒，聽憑官兵們隨意拉人強逼結婚。之前，凡是有官兵姦汙婦女、尼姑、女優的，現在也都讓雙方結婚。這簡直是江都周邊地區婦女的末日。而生理得到滿足的禁衛官兵們很高興，爭相說起裴矩的好來：「裴公真是個好人。」

楊廣的好頭顱

一

生理問題解決了，但並不意味著心理問題也隨之消失了。娶了老婆的禁衛官兵們還是想家。

虎賁郎將司馬德戡是楊廣的寵將，在江都混得不錯，可還是想逃回關中。他拉虎賁郎將元禮和楊廣多年的貼身侍衛、直閣裴虔通兩人一起密謀西歸。三人又輾轉拉上了內史舍人元敏、虎牙郎將趙行樞、勳侍楊士覽等人同謀，商量怎麼才能既避免楊廣的追殺，又突破各地造反武裝的攔截，安全地逃回家去。司馬德戡這個小團夥一開始還偷偷摸摸地聚會，後來人越聚越多，上頭也沒有過問，就堂而皇之地公開議論叛逃的事情了。

有一個宮女聽到司馬德戡一夥人的商議後，趕去報告蕭皇后：「外間有人謀反。」蕭皇后說：「你直接報告皇上去。」宮女就跑去報告楊廣。楊廣聞言大怒：「你一個宮女，知道什麼國事，到處妖言惑眾！」結果這個可憐的宮女被活活打死了。自此以後，宮中再也沒人敢說外面的消息了——儘管太監宮女們都知道司馬德戡等人的活動進展情況。

司馬德戡一夥人商量來商量去，決定在大業十四年（義寧二年，六一八年）三月十五日結伴西歸。趙行樞和宇文智及的交情很深，楊士覽是宇文智及的外甥，兩個人就找他密謀，把司馬德戡的決定全盤托出。

宇文智及想了想，說：「楊廣雖然無道，威力尚在，你們擅自逃走，恐怕也會落得竇賢那樣的下場。」

趙行樞二人忙問：「那如何是好？」

宇文智及神祕地說：「隋亡已成定局，方今英雄並起。我看同心西歸者已達數萬人之多，因行大事，此乃帝王之業也。」說完，他做了一個拔刀的手勢。

趙行樞和楊士覽面面相覷，傻了。成幫結隊開小差，他們敢，也計畫好了，但要說殺了楊廣，推翻隋朝，自己拉武裝幹，他們還真沒這個膽。愣了半天，趙行樞才說：「欲行大事，必有一主帥。我等幾個，人微言輕，難當重任。看來只有宇文公兄弟，才能擔此重任。」他把皮球踢給了宇文智及：造反也行，你挑頭，當首犯，我們跟著幹，當從犯。

宇文智及暗暗高興，表面卻大驚失色，說：「這等重任，我還沒有想過。我先前只是想和你們圖謀救命罷了。」趙行樞就勸他答應，勸了半天。宇文智及說要找兄長宇文化及商量一下。趙元樞趕忙跑出來，把宇文智及的意思告訴司馬德戡等人。大家覺得這個方法不錯，直接幹掉楊廣，大搖大擺，大張旗鼓地率領大部隊回關中去，安全係數高，而且也威風。司馬德戡一夥人約上宇文智及，一起到宇文化及的住處，要推他為首發動政變。宇文化及早有謀反之心，當即答應了。於是，一個以宇文化及、司馬德戡、裴虔通、宇文智及、趙行樞為核心，鷹揚郎將孟景，內史舍人元敏，符璽郎李覆、牛方裕，千牛左右李孝本、弟弟李孝質，直長許弘仁、薛世良，城門郎唐奉義，醫正張愷等人組成的陰謀團體產生了。看看團體名單，幾乎囊括了楊廣身邊各個部門、不同級別的大臣，可見楊廣眾叛親離到了何種程度。

接著，司馬德戡等人到處散布謠言，說楊廣知道關中和其他北方將士們有心叛逃，準備了毒酒，計畫藉犒軍的機會毒死大家，只留南方籍的將士。禁衛官兵們本來就人心惶惶，很自然地相信了謠言，恐懼起來。恐懼情緒相互傳染，使全軍都有了謀反自救的念頭。

二

大業十四年（六一八年）三月初十日深夜，司馬德勘、宇文智及等人率兵在江都東城放起火來，宣告起事。

楊廣在宮中第一時間看到了火光，隱約聽到宮外人聲喧囂，就叫貼身侍衛詢問情況。裴虔通這天值班，謊稱是城內草坊失火，軍民正在救火。楊廣還是晉王的時候，裴虔通就是侍衛，對他很信任。聽了裴虔通的謊話後，楊廣不在意火光，睡覺去了。

司馬德戡集團逐漸控制了江都城，在五更時分殺入皇宮。皇宮守衛一觸即潰，亂軍直奔楊廣的寢宮而去。楊廣知道情況有變，換上普通服裝逃到西閣躲藏起來。司馬德戡沒捉到楊廣，拉過一個美人逼問。美人告發了楊廣的去處。校尉令狐行達持刀直入西閣，楊廣知道自己被發現了，隔著窗子喝問：「你敢弒君？」

令狐行達被嚇住了，說：「臣不敢。將士思歸，臣等想奉迎陛下西歸京師。」楊廣解釋說：「朕也一直想回關中，先前因為糧食未到，沒能成行。現在，朕就和你們一起還於京都。」楊廣以退為進，主動亮相。亂軍反而一時不知如何是好。

亂中，有人牽來一匹馬，請楊廣上馬去見百官。這個時候了，楊廣看到馬鞍敝舊，還要求造反的士兵找來一副新馬鞍換上。之後他才上馬，由士兵挾刃牽著轡繩，被押到眾將面前。

宇文化及遠遠看到手下牽著騎乘高頭大馬的楊廣過來，忙揮揮手喊道：「你們把這個人拉出來有什麼用，殺掉算了。」宇文化及不愧是宇文述的兒子，政治經驗豐富，狠毒，敢幹。政變勝利了，要推翻的楊廣安然無恙地被拉了出來，如何處置？這是費心費力的麻煩事，還不如直接殺掉算了，簡單明快，大家也方便。

一干人等又把楊廣押回寢宮。裴虔通等人執刀站在一旁，商量怎麼「做」掉楊廣。

楊廣問：「我有什麼罪，你們如此對我？」

造反的軍官馬文舉說：「楊廣，你拋棄社稷，四處巡遊，不停地騷擾百姓。登基以來，征戰無數，驕奢淫逸，多少百姓死於溝壑之中？如今民不聊生，盜賊蜂起，生靈塗炭，這都是你的罪過。你不知悔改，繼續寵信小人，文過飾非，竟然還敢說自己沒罪！」

這頓臭罵讓楊廣半天無話可說，過了一會楊廣又說：「我的確有罪，愧對天下百姓，但我並沒有虧待你們這些人。你們生活安逸富貴，為什麼要這樣對我？今天之事，何人為首？」

司馬德戡應聲說：「陛下多行不義，天怒人怨，想殺你的，何止一人？臣等平日的確受你寵幸，現在這麼做確實有負陛下。當今天下大亂，兩京失陷，我等欲歸無路，求生無門。只好借陛下的腦袋以謝天下，謀得一條生路。」

楊廣再次無話可說，突然看到封德彝也站在造反隊伍中，苦笑著問：「愛卿是讀書人，怎麼也摻合這種事？」封德彝羞愧得滿臉通紅，悄然退出。

楊廣平日最寵愛幼子趙王楊杲。楊杲當時年僅十二歲，現在也被押到楊廣身旁。小孩子沒見過真刀真槍和等待審判的景象，嚇得號啕大哭。裴虔通心裡正煩，隨手抽刀將楊杲殺死。小兒子的鮮血濺了楊廣一身。楊廣泣不成聲。

一行人商量來商量去，決定用刀殺死楊廣。

楊廣卻不同意：「你們這群無知小人，諸侯之血入地，田地要大旱三年；天子之首落地，你們知道會有什麼後果？天子有天子的死法，不能死於鋒刃。你們速速去取毒酒來！」楊廣這是想留個全屍。楊廣此前隱隱感覺到自己有人頭落地的危險，準備了一個盛有毒藥的小瓶。他把小瓶交給身邊姬妾，要求一旦宮中失事，自己帝位不保，姬妾們必須服毒先死，自己隨後服毒。但江都兵亂事起倉卒，左右姬妾已經逃散，亂軍一時找不到毒藥。

令狐行達急了，上前就要對楊廣動粗。楊廣擺擺手，無奈自己解下白練巾，遞給令狐行達。

令狐行達招呼軍官于弘達上前，一起將絲巾纏到楊廣的脖子上，各自用力一絞。楊廣頓時氣絕身亡，虛歲五十。

楊廣之死，是相當慘烈的。不過，歷代都沒有人同情楊廣，反而一致譴責他是咎由自取。《隋書》評價道：

土崩魚爛，貫盈惡稔，普天之下，莫匪仇讎，左右之人，皆為敵國。終然不悟，同彼望夷，遂以萬乘之尊，死於一夫之手。億兆靡感恩之士，九牧無勤王之師。子弟同就誅夷，骸骨棄而莫掩，社稷顛隕，本枝殄絕，自肇有書契以迄於茲，宇宙崩離，生靈塗炭，喪身滅國，未有若斯之甚也。

最後還引用《尚書》的「天作孽，猶可違，自作孽，不可逭」，以及《左傳》的「吉凶由人」、「妖不自作」、「夫兵，猶火也：弗戢，將自焚也」，作為印證。

楊廣死後，蕭皇后令宮人拆床板做了大小兩副棺材，將楊廣和趙王楊杲的屍體收斂。宇文化及將楊廣草草埋葬在吳公台下。史載：「發斂之始，容貌若生，眾咸異之。」李淵平定江南之後，將楊廣改葬雷塘。有人寫了「楊廣陵」三個字，權當地標而已。楊廣的墳墓就是個土丘，很快荒草萋萋，鮮有人去憑弔懷古。後人往往稱楊廣為「暴廣」或者乾脆就稱「逆」，眾口一辭地痛罵，哪還會去憑弔他。五代的羅隱是少數去此地懷古的名人，賦詩一首評價楊廣：

入郭登橋出郭船，紅樓日日柳年年。
君王忍把平陳業，只博雷塘數畝田。

三

宇文化及、司馬德戡等人當天就要發動叛亂的時候，江陽縣長張惠紹連夜跑去報告了主管司法監察的裴蘊。裴蘊和張惠紹商量，決定偽造詔書徵發城中的百姓為軍，然後說動碩果僅存的大將——榮國公來護兒——指揮軍隊鎮壓宇文化及等亂黨，救援楊廣。謀議已定，裴蘊派人把計畫告訴掌管機要的虞世基。虞世基是處理公文的高手，卻不太清楚政治現實，懷疑造反舉報不實，不同意裴蘊等人的計畫。這一來一往，裴蘊、虞世基等人也沒商量出什麼結果來，而宇文化及等人早已經率軍起事了。裴蘊、虞世基等人被捉。

隋王朝白白喪失了一次自我拯救的機會。裴蘊對自己的優柔寡斷很後悔：「和糊塗蛋商量大事，怎能不誤事呢。」

那一天，來護兒在五更天的時候出門準備上早朝，結果被叛軍捉住。來護兒喝問士兵：「陛下現在何處？」告知：「已經被捉了。」來護兒慨歎道：「我備位大臣，荷國重任，不能肅清凶逆，遂令皇室遭此大難，抱恨泉壤，知復何言！」

江都政變的那個凌晨，裴矩也早早起來準備上朝，途中遇到亂軍。裴矩心想，完了，橫豎都逃不過死了。誰想，造反的官兵們都念著裴矩給他們找老婆的好處，紛紛喊道：「不干裴黃門的事。」裴矩就此躲過一劫，一會遇到了宇文化及率領百餘騎兵路過。裴矩恭敬地迎拜，宇文化及也很客氣地安撫裴矩，命令裴矩參與政變後的制度重建和顧問工作。留在江都的開皇重臣蘇威在民間的聲望很好，很清廉，而且長期沒有參預朝政了，宇文化及專門下令不許傷害蘇威。因為蘇威「名位素重」，亂軍對蘇威相當尊敬。裴矩和蘇威就這麼僥倖逃過了災難。

在這場政變中，內史侍郎虞世基、御史大夫裴蘊、祕書監袁充、大將來護兒、將軍宇文協、千牛宇文皛、梁公蕭鉅等大臣被殺。在江都的皇族，包括廢蜀王楊秀與諸子、原漢王楊諒獨子楊顥、楊廣的兒子齊王楊暕，也都遇害。隋朝的中央機構隨著楊廣之死，也赴了黃泉。

常年權力爭鬥吞噬了楊廣的正常情感。他長期生活在多疑猜忌之中，對任何人都不信任，都提防戒備。楊廣和父親、兄弟的關係充滿了欺詐、表演和殺戮。他繼位後，和兒子、近親的關係也充滿提防。凡是他覺得有可能威脅到權力的宗室成員，都隨時帶在身邊。這是造成江都兵變時，近支皇族受戮眾多的原因。

楊廣登基後，冊立長子楊昭為皇太子。兩年後，楊昭英年早逝。此後，楊廣再也沒有冊立太子。二皇子齊王楊暕認為按順序應該立自己為太子。楊暕繼承了楊廣的許多特點，比如聰慧過人，又比如驕奢淫逸。他和妻子的姊姊私通，又用迷信方術陷害大哥楊昭的三個兒子等等。楊廣對楊暕時刻警戒，派人監視齊王府的一舉一動。他聽說楊暕擺宴飲酒，就想齊王做了什麼事這麼高興呢；聽說楊暕憂愁憔悴，又想齊王憂慮是不是別有企圖呢？楊廣擔心楊暕發動政變，嚴格限制

十幾天以後，楊侑又一次要禪位給李淵。他派使節捧著皇帝的寶璽授於李淵，並下禪讓詔書。詔書中寫道：「天禍隋國，大行太上皇在江都遇刺。我只是個小孩子，遭遇噩耗，心情糜潰，難以理事。相國唐王扶危拯溺，東征西討，總九合於一匡，決百勝於千里。天下全靠唐王的維持。現在是人心所向，天命難違。隋朝國運已去，我原本是代王，現在請求遵歷代聖賢的例子，回歸藩國，禪位唐王。天下臣民，都要改事唐朝。」之後的詔書內容是楊侑個人真情實感的流露：「我現在有一種如釋重負的感覺，希望能假手於人平定天下。希望天下臣民都能理解我的心意。」這一回李淵決定接受帝位。不過按照慣例，他們還得演一場戲。李淵要以自己道德淺薄，恐怕擔當不起治國重任而辭讓。百官臣僚要上表勸諫，人數越多，語言越懇切越好。皇帝也要不厭其煩地表現讓位的誠意，這樣的推來推去要表演三次。最後，李淵才同意。整個過程要表達的不僅是受禪者李淵的謙虛，更是要表現新朝的建立是天命所歸，人心所向的事情。

李淵同意後，在位半年的楊侑立即離開皇宮，宣布遜位，重新住回原來的官邸。

幾天後，五月二十日，甲子日。李淵選擇登基稱帝。他改大興殿為太極殿，即皇帝位。重新被稱為代王的楊侑又一次回到皇宮，親手將皇帝的寶璽交付李淵。因為李淵封爵是唐王，故改國號為「唐」，仍然定都長安；改隋義寧二年為唐武德元年，大赦天下，百官百姓，賜爵一級。李淵就是日後的唐高祖。他派人祭告南郊，告訴上天自己做了地上的皇帝。

一切禪讓手續，就此完成了。唐王朝建立了！

當月，李淵封楊侑為酇國公。與之前的遜帝一樣，楊侑沒有被允許前往封地，而是閒居長安。第二年（武德二年，六一九年）八月初一，楊侑薨，年僅十五歲。正史沒有記載楊侑的死因，因此野史就認定他是被李淵毒死的。楊侑在位沒有任何建樹，主要舉動就是一再給李淵加官晉爵，還多次下詔要求讓位。因此死後給他上謚號就有一定的難度，最後唐朝稱楊侑為「恭帝」。楊侑被葬於陝西省乾縣陽洪鄉乳台村南五百公尺處。他的族人繼承酅國公封號，一直傳到五代晉時期。

對於楊廣，唐朝君臣給他上了一個極壞的謚號，就是楊廣本人絞盡腦汁給陳朝末代君主陳叔寶找出來的謚號：煬。楊廣史稱「隋煬帝」。但痛恨楊廣的後人連壞謚號也不願意叫，一般用「逆」字稱呼他。

第十章

隋帝國的殘餘

李淵也好，李密也好，宇文化及也好，王世充也好，別看現在風風光光，若干年前都對楊廣俯首帖耳，本質上都是脫胎於隋帝國軀體的政治力量。他們相互廝殺混戰，演繹了無數幕亂世傳奇。還有許多農民領袖率領的農民軍也參與了最高統治權的爭奪，比如竇建德、杜伏威。千百年以來，農民武裝是推翻舊王朝的主力，卻只能做新王朝肇建的墊腳石。隋末的情形也不例外。

李淵笑到最後，勝利了，建立了大一統的唐朝。

一般王朝覆滅後，倖存的皇室成員往往會振奮祖宗餘烈，割據地方，延續國脈。但隋朝的情況比較特殊。首先，隋朝沒有安置強大的藩王勢力。皇帝遇刺後，沒有強有力的藩王能夠出頭重續皇統；其次，江都政變幾乎將隋朝近支皇室一網打盡。隋文帝楊堅的四兒子楊秀，在楊堅生前被廢為平民，理論上不算是皇室成員了。但楊廣即位後，毅然把楊秀帶在身邊，杜絕內患。宇文化及弒君叛亂後，不敢馬上自立，需要推舉一位新皇帝。楊秀是江都之內與楊廣血緣最近的人，在血統上最有資格繼承帝位。宇文化及也有意立楊秀為帝，但遭到了部下的一致反對。結果，楊秀和所有兒子都被殺了。

總之，楊廣之後，楊家沒有拿得出手的人來復辟隋王朝。

王朝的棄兒

一

隋煬帝楊廣死後，天下出現了三個以隋朝正朔自居，各自標榜正統的政權。第一個是李淵在關中扶持的代王楊侑政權，沿用隋朝旗號。第二個是宇文化及等人在江都翻出秦王楊浩（隋文帝楊堅之孫）為新皇帝，繼承了隋朝老一套的官僚機構。宇文化及把持朝政，任命司馬德戡為禮部尚書，裴虔通為光祿大夫、莒國公，裴矩為侍內。第三個是洛陽的越王楊侗（隋煬帝楊廣之孫）政權。隋煬帝的死訊傳到洛陽後，王世充與留守大臣元文都、盧楚等人奉越王楊侗為新皇帝，仍稱隋朝。楊侗以王世充為吏部尚書，封鄭國公，賦予征戰討伐大權。

這三個政權抬出來的都是隋煬帝楊廣的晚輩，都是三個傀儡（越王楊侗的情況稍好一點）。三個可憐的皇子皇孫，彷彿就是隋王朝的三名棄兒。王朝的主船已經在巨浪中沉沒，剩下三條小舢板被不懷好意的大浪推著，勉強前行。

江都的禁衛官兵們殺死隋煬帝楊廣以後，紛紛整裝要回老家。宇文化及決定取道徐州，進入山東，然後再西進返回關中。計議停當，宇文化及裹挾著隋朝殘餘勢力，帶上隋煬帝的遺孀蕭皇后等人北上。這是當年四月的事情。當時江淮地區有杜伏威率領的強大的造反勢力。杜伏威原本可以乘著江都隋軍倉皇被撤的有利時機，給予隋軍致命的打擊，就算不能徹底消滅掉宇文化及這股隋朝殘餘勢力，起碼也能占領江都等地以壯大自己。但杜伏威等人顯然沒有做好隋朝驟然滅亡的心理準備，不知道如何應對「後楊廣時代」的到來。思前想後，杜伏威竟然在八月時向洛陽的越王楊侗小朝廷上表稱臣，接受了隋朝的官爵。要說農民軍起事，沒有清晰的政治規畫還真是不行。像杜伏威這樣的，不僅白白浪費了天賜良機，還「模糊了鬥爭視線」，嚴重挫傷了手下農民兄弟的鬥志。

宇文化及等人沿著運河一路平安到達了徐州，捨舟登陸，暫作逗留。

江都政變的核心人物司馬德戡這時候率領後軍，給宇文化及打掩護。司馬德戡心中不滿：憑什麼你率大軍在前面逃命，我就要殿後當砲灰啊？於是，他聯絡趙行樞、李本、尹正卿、宇文導師等人，謀畫除掉宇文化及。可惜，司馬德戡把江都政變的那套經驗照搬了過來，把一件原本應該祕密進行的事情搞得人人都知道了。結果計畫沒開始，知情的許弘仁、張愷就向宇文化及告發了司馬德戡。宇文化及派弟弟宇文士及以遊獵為名來到後軍。司馬德戡還不知道事情已經敗露，出營參謁，被逮了個正著。宇文士及接著將司馬德戡的黨羽也一網打盡，帶去見大哥化及。宇文化及質問司馬德戡：「我們相約同心協力，共定海內，出於萬死。現在事情剛剛有些眉目，原本要想與你同享富貴，你為什麼要造反呢？」司馬德戡說：「我殺昏君楊廣的本意，是不堪忍受他的暴虐毒害。我們辛辛苦苦擁立了你，想不到你比楊廣更壞。怎麼能不殺你呢？」宇文化及無顏以對，下令縊殺司馬德戡。宇文化及這一支勢力剛成立不久，便發生了內訌，可謂出師不利。

稍作整頓後，宇文化及引兵繼續北上，留下裴虔通鎮守徐州。

二

宇文化及的隊伍呼啦啦的一片，人數很多，但缺衣少糧，亟需補充物資。宇文化及決心攻占一個大糧倉，補充休整。隋朝的兩大糧倉洛口倉和黎陽倉此時都在李密瓦崗軍的手裡。洛陽，宇文化及是不敢去的。他不願意去摻合李密和王世充兩大勢力的混戰，於是發兵十餘萬去進攻黎陽倉。李密不敢怠慢，親自率領步騎二萬，趕去會會宇文化及。

洛陽的越王政權見李密和宇文化及幹上了，決定調整策略。李密是造反者，是敵人；宇文化及是叛逆，是殺害先帝的凶手，是更大的敵人。兩害相權取其輕，洛陽方面的元文都、盧楚等大臣決定先要消滅宇文化及，給楊廣報仇。剛好當時李密放鬆了對洛陽的包圍，去找宇文化及幹架了，這就為雙方聯合起來先對付共同的敵人提供了可能。元文都等人讓楊侗派人授予李密太尉、尚書令的官職，真封他為魏國公。如果李密接受，就命令他先消滅宇文化及，然後承諾可以入朝輔政。李密可能是出於緩和與洛陽的關係，避免兩面受敵的考慮，接受了洛陽的任命，還派人去致謝。

李密得以專心對付宇文化及。他判斷宇文化及是來搶糧的，利在速戰，所以決心不與他交鋒，就堵在宇文大軍前進的道路，拖住他，耗光他，餓死他。宇文化及督軍晝夜猛攻黎陽倉。守倉的瓦崗軍大將徐世勣，拚了老命死守，硬是沒讓十萬大軍打下來。

李密估計宇文化及著急了，跑到陣前數落他說：「你宇文化及的祖上原本是匈奴人的奴僕破野頭氏，父兄子弟深受隋室厚恩，富貴累世，還娶了公主為妻，榮華富貴，無人可比。國家多難，你們本應該更加效忠王朝；主上失德，你們本應該冒死勸諫。現在倒好，你們率眾造反，躬行殺虐，枉害無辜，必將誅及子孫，為天地所不容！你們還不如速速投降於我，尚可保全家族。」李密深知宇文家的往事，對宇文化及兄弟三人現在的情況分析得透澈，打中了宇文化及的心痛處。宇文化及聞言默然，俯視良久，嗔目大叫：「現在是在和你談廝殺之事，何必作書生之言？」李密轉頭對隨從說：「宇文化及是個平庸儒弱的人，忽然要圖帝王大業，也就是趙高之流，成不了大事。我折根棍杖就能趕跑他。」

宇文化及明白只有得到黎陽的糧草，自己才能轉敗為勝，加緊督軍大修攻城器具，晝夜猛攻黎陽倉城。李密率精銳增援，倉城守軍裡應外合，出來一起把宇文化及的攻城器具都燒了。大火燒了一天一夜，可見宇文化及造了多少器具。

器具燒完了，宇文化及的糧草也見底了。李密知道後，假裝要跟他談和。宇文化及信以為真，大喜。談和後就可以向李密買糧食了。於是，宇文化及對越來越少的糧食不加控制，任由士兵們敞開了肚子吃，反而加速了糧草的匱乏。剛好這時李密部下有個人犯了罪，逃亡到宇文化及的陣營，將李密假和談真備戰的陰謀和盤托出。宇文化及那個生氣啊，恨不得把李密一口口吃了，而自己的糧食吃完了，為今之計，只能寄望在決戰中戰勝李密。宇文化及倉卒決定向瓦崗軍發動總攻。兩軍戰於童山之下。混戰中，李密被流矢射中，堅持作戰，最終大敗宇文化及的十萬大軍。宇文化及帶著殘部向北逃往魏縣（今河北大名西南），劫掠沿途州縣。宇文部下，江都隋朝殘餘勢力中的許多官員、兵將紛紛投降了李密。

當初宇文化及進攻黎陽的時候，把輜重、老弱都留於東郡，留代理刑部尚書王軌守衛。宇文化及大敗後，王軌獻城投降李密。江都隋朝的基本框架和許多遺老遺少都在東郡，現在也就歸入李密囊中。留在東郡的蘇威也隨眾投降。蘇威見到李密「再三舞蹈」，聲稱：「想不到今日再次見到聖明！」李密因蘇威年高望重，又主動投降，非常禮遇他。

按照之前李密和洛陽政府約定的條件，李密打敗了宇文化及就可以入朝輔政了。李密也有此意思，引兵西進，前往洛陽。他先派記室參軍李儉帶著親手絞死楊廣的凶手之一于弘達獻給越王楊侗，順便探探洛陽方面的口風。楊侗任命李儉為司農少卿，派他回去召李密入朝輔政。

李密意興風發，喜氣洋洋，要去洛陽上任。趕到溫縣的時候，洛陽方面突然傳來王世充誅殺元文都、盧楚等人，已經獨霸朝政的壞消息。李密知道自己晚了王世充一步，不得不怏怏地回到老巢金墉城。

三

王世充表面上靠窺測隋煬帝楊廣顏色，阿諛奉承才獲得寵信，看似是一般佞臣，實際上背地裡陰結豪強，聚斂人心，野心大大的。

王世充掌握著洛陽的軍隊，是擁戴楊侗為帝的核心人物。王世充沒想到楊侗還真把自己當皇帝了，不跟他王世充商量，就聽信元文都等人的意見，確定了聯合李密的策略，而且還承諾讓李密入朝輔政。李密來了，王世充往哪裡擺？

李密打敗宇文化及後，遣使告捷洛陽。洛陽城內一片歡呼聲，王世充卻對麾下諸將說：「元文都之輩，刀筆小吏而已。我看現在如果讓李密入朝，我們必為李密所管轄。我們人人與李密混戰多年，殺其父兄子弟，前後不計其數。大家一旦成為李密的部下，還有什麼好果子吃嗎？」部下官兵一下子就被王世充挑撥起來，反對朝廷召李密入洛陽。

元文都知道部隊的情緒後，大驚，與盧楚等人商量，認定是王世充使的壞，謀畫著把王世充引進宮中，埋伏武士幹掉他。大家定好了謀殺的日期，分頭準備去了。不料參與其中的將軍段達❶祕密讓女婿張志把整個計畫告訴了王世充。

王世充連夜發兵圍攻宮城。將軍費曜、田世闍等人出宮與王世充交戰。費曜的軍隊不是對手，王世充很快就攻門入內，捉住盧楚，喀嚓一刀殺掉。來到楊侗的寢宮門前，王世充令人叩門進言：「元文都等人想劫持皇上投降李密，段達知道後告訴了臣。臣入宮是誅殺奸臣，不敢謀反。」元文都當時在楊侗身邊，聞言，帶著楊侗來到乾陽殿，招呼衛兵保護。經過一場肉搏，元文都也被亂軍殺死了。楊侗下令打開大門迎王世充進來。王世充把宮中所有的衛兵都換上自己的人，才敢進來。入內後，王世充頓首流涕，懇切地說：「元文都品行惡劣，想暗中算計臣，危及國家。事情緊急，臣才出此下策。」楊侗能說什麼呢，只有點頭。王世充接著暗示楊侗，任命自己為尚書左僕射、總督內外諸軍事；又任命王世充的哥哥王惲為內史令，入居禁中，監管楊侗。

王世充擅權後，重賞將士，加緊打造刀仗器械，洛陽城中士氣大振。

王世充面臨的問題也和宇文化及一樣：沒有糧食。李密占著大糧倉，糧草富裕得很。王世充就建議用布匹和李密交換糧食。李密不同意，可部下的邴元真等人想從貨物貿易中謀取私利，不斷來勸李密答應。李密最後點頭同意了。之前，東都洛陽缺糧，許多人都失去了信心，不斷有人歸降李密。每天都有數百人逃出洛陽，投奔瓦崗軍。現在，洛陽源源不斷獲得糧草，人心穩定了下來。李密見每天來歸降的人越來越少，後悔死了，隨即又下令禁止賣糧食給洛陽。

李密也有李密的困難。他的地盤內沒有武器庫，士兵們的裝備得不到及時補充與更新。同時，李密下達的戰鬥命令越來越多，給予的賞賜越來越少。為了招降納叛，李密對前來歸降的人很重視，待遇很高，相對冷落了老部下。漸漸地，李密在瓦崗軍內的聲望下降了。許多將士開始抱怨李密。

王世充覺得時機成熟，傾城而出，招李密來決戰。

李密倉皇應戰，遭到大敗，從金墉城只率萬餘人逃向洛口倉。李密部將裴行儼在衝殺之中中流矢墜馬。程知節已經跑遠，見狀返身前去營救。他連殺數人，逼退了追兵，抱起裴行儼上馬撤退。程知節的戰馬載不動兩個人，跑得特別慢，很快就被王世充軍追上。程知節不忍將裴行儼丟下，遲疑間被一搶刺中，長槍穿胸而過。程知節忍住劇痛，回身折斷長槍，一把將執槍之人斬於馬下。如此壯舉，嚇得追兵紛紛勒馬遠看，不敢繼續追趕。程、裴二人終於安全返回本軍。

李密逃入洛口倉，與守軍邴元真合兵一處，要和王世充再戰。李密與眾人商議後，決定等王世充的部隊渡洛河之時，半道截擊。上天不保佑瓦崗軍，李密派出去的偵察騎兵不稱職，沒有把握住時機通知李密。等瓦崗軍整軍出戰的時候，王世充已經全軍安然渡過洛河了。李密知道沒有勝算，主動帶軍逃跑。邴元真投降，將洛口倉獻給了王世充。在李密陣營中的蘇威也跟著投降了王世充。蘇威回到了洛陽，這裡本來就是他的家。蘇威位極人臣的時候，就把府邸安在了洛陽，妻子和兒子的墓穴也在洛陽。經此一戰，王世充聲威大震。

這是武德元年（六一八年）九月間的事情。

目標是割據

李密連連慘敗，部眾越走越少。他想逃往黎陽據守。鎮守黎陽的人是徐世勣。有人就對李密說：「當初殺翟讓之際，徐世勣差點被砍死。聽說內傷到現在還沒有治好，內心不安。您率領敗軍去黎陽，萬一徐世勣居心不良，您就很危險了。」李密一聽有理，放棄了北奔黎陽的打算。

瓦崗軍的王伯當正率部駐守河陽，李密就渡過黃河來到河陽。

李密此時的情緒很差，對王伯當說：「兵敗了！這麼多年來，辛苦諸君了。我今日自刎，以謝眾人。」部下都哭成一團，不敢正視李密。李密提不起自殺的勇氣，又改口說：「感謝諸君一直跟隨我，我這就去關中。雖然我沒有尺寸之功，心懷愧疚，但投降李淵，諸君還能保住富貴。」部下府掾柳燮表示贊同，說：「昔日劉盆子投降東漢，安享晚年。李公您與唐朝皇室宗族有關聯，雖然不是唐朝起義人員，但是在東都洛陽纏住了隋朝的主力部隊，為唐公李淵不戰而據京師建立了大功。」眾人也都表示同意。李密於是率部西入長安，投降唐朝。李密入關之後，周邊尚且聚集了兩萬精兵和諸多文臣武將，勢力不容小覷。李淵對李密主動投降，大喜過望，親自率領文武百官出城相迎，慰勞再三，封李密為邢國公，拜光祿卿。

李密降唐後，黎陽的徐世勣成為關東瓦崗軍殘餘勢力的首領。瓦崗軍的殘部還控制著南起淮河，北到河北，東起黃河，西至洛陽的廣大地盤，部隊不下十萬人。這些領土和軍隊都聽從徐世勣的指揮。徐世勣面臨著重大選擇，既可以取代李密成為一方梟雄，也可以將地盤和軍隊作為籌碼，投靠唐朝換取富貴。他對部下說：「這些人口、土地都是魏國公（李密）的，我奉命把守而已。魏國公現已降唐了，我們也應該降唐。」有部下就建議徐世勣以自己名義把土地和部隊獻給李淵，換取更大的榮華富貴。徐世勣拒絕說：「如果我直接給李淵上表納土歸降，就是利用魏國公落敗之機為自己邀功。如此行為令君子不齒。我應該先把土地、戶籍交給魏國公，由他獻上。」於是，徐世勣派人向長安方面投降。李淵聽說徐世勣派人來了，以為是向自己投降，結果發現徐世勣依然是以臣禮向李密上表，李密再拿著徐世勣控制的軍隊和土地投降。李淵不禁感歎道：「徐世勣真是千古罕見的忠臣與君子！」李淵感動之餘，封徐世勣為萊國公，依然掌管東方瓦崗軍的殘部，並特別賜姓「李」。徐世勣從此改名為「李勣」（後來為避唐太宗李世民的名諱，去掉了「世」字）。

李淵對留在長安的李密開始很友好，很厚待，把表妹獨孤氏嫁給了他。後來禮數就慢慢淡薄了下去。李密當的光祿卿又是個虛職，沒什麼實權，平日裡難免遭遇其他實權官員的刁難和「吃拿卡要」。李密比較在山東的風光，內心不平起來。他私下對王伯當說：「我占據洛口的時候，曾經想任命崔君賢為光祿卿，不想現在自己當了光祿卿。」此時山東瓦崗軍舊部出現了不穩跡象，李密便與王伯當共謀逃出關中，自立為王，從頭開始。王伯當起初不贊成，但擰不過李密，同意了。於是李密藉口要去收撫山東舊部歸降李淵，得到李淵同意後，和王伯當等人準備東出潼關，回歸關東。武德元年（六一八年）十二月底，李密與王伯當行至途中的熊耳山，遭到唐軍埋伏，雙雙被殺，傳首長安。

李密之死成為了隋末唐初歷史的一大疑案。有人認為是李密等人中途造反自立的形跡非常明顯，被唐朝地方官府殺死的。有人認為是李淵一直暗中提防李密，聽說李密要回山東，將計就計，在途中安排了伏兵，一舉殺掉李密及其親信。

當時李勣還握有重兵，據守黎陽。李淵派人帶著李密的腦袋去向李勣說明情況。李勣奏請收葬李密，讓舊主子身首合一全屍安葬。李淵同意了，李勣操辦了李密的喪事，三軍縞素，辦得很風光。李勣將李密用君禮安葬在黎陽山西南五里，墳高七仞。

李密在關東地區影響很大，有一批鐵桿粉絲。在李密的葬禮上，有許多人悲傷哭泣，直至嘔血。

二

李密降唐後，王世充收降瓦崗軍在洛陽附近的餘眾，回到洛陽升官當了太尉、尚書令。

卻說躲在魏縣的宇文化及，日子越來越不好過，手下將士逃跑得越來越多。宇文化及知道自己必敗，歎道：「人生終究當死，豈能不感受一下當一天皇帝的感覺！」於是毒殺了傀儡皇帝楊浩，在魏縣即帝位，國號「許」，改元「天壽」。宇文化及麾下沒什麼可以拿得出手的人才，只有一個裴矩。宇文化及任命裴矩為尚書右僕射，封蔡國公。宇文化及這麼做完全是賭徒心理使然，破罐子破摔，反正要死了，過把皇帝癮再死豈不更好。

武德二年（六一九年）正月，李淵派淮安王李神通進攻宇文化及。宇文化及完全沒有應戰的信心，乾脆不打，向東逃到山東聊城。李神通尾隨宇文化及趕到聊城，開始圍攻。

不知道宇文化及是頭腦進水了，還是瞎貓想撞見死耗子想瘋了，他給割據幽州的羅藝寫了一封信，要招降羅藝。羅藝盤踞幽州多年，比宇文化及強大得多，怎麼可能反過來投降窮途末路的宇文化及。羅藝不僅不投降，還奚落了宇文化及一頓：「我是隋朝舊臣，深感朝廷大恩。宇文逆賊顛覆朝堂，令我痛心疾首。」羅藝將宇文化及的使者砍了腦袋，然後宣布為隋煬帝楊廣發喪，大哭三天。

宇文化及的招降工作在山東地區竟然取得了成功。山東農民起義的老前輩王薄接受了宇文化及的招降，率軍趕來和宇文化及的部隊共同守城。李神通攻城不克，暫且退軍。

河北大亨竇建德在去年（武德元年，六一八年）冬至就已經正式建國，定都樂壽，國號「夏」，改元「五鳳」。宇文化及在河北、山東各地跑來跑去，竇建德看得特別不順眼。現在宇文化及釘死在聊城了，臥榻之側豈容他人酣睡，竇建德隨即以討逆為名，發大軍去攻聊城。不等宇文化及有所反應，聊城的大門洞開。是王薄打開的城門，放竇建德入城。宇文化及和竇建德相比，王薄更喜歡竇建德，畢竟曾經同是革命戰友。

竇建德入城後，將宇文智及、楊士覽、元武達、許弘仁、孟景等人全部斬首，將宇文化及及其子宇文承基、宇文承趾押至襄國郡（今河北邢台）斬首。宇文化及的弟弟、隋朝駙馬宇文士及機靈，城破後拋妻棄子，逃亡濟北，又向西投降了唐朝。許政權滅亡，隋朝的傳國璽及鹵簿儀仗盡入竇建德之手。竇建德畢竟是以替隋煬帝報仇為由，入城後對殘存的隋朝皇室、大臣百官們相當客氣。他先去見蕭皇后，並穿上素服為隋煬帝楊廣哭喪盡哀，然後接見被俘的隋朝官員。那些隋朝舊臣顛沛流離，已經成了驚弓之鳥。他們見到傳說中河北最大的造反者竇建德後，莫不誠惶誠恐，戰戰兢兢。只有楊廣的女兒、宇文士及的妻子南陽公主神色自若，見到竇建德時侃侃而談。說到國破家亡，自己一介女流不能報仇雪恥時，南陽公主淚如雨下，泣不成聲。竇建德和其他聽眾莫不為之動容，陪著流淚。南陽公主和宇文士及生了一個兒子，叫做宇文禪師，年僅十歲。孩子雖小，也算是宇文家的子孫，要為伯伯宇文化及的弒君行為連坐，必須殺頭。竇建德敬重南陽公主，就問她：「宇文化及弒君，將族滅其宗。公主之子，本應當從坐，如果公主不能割愛，就赦免了孩子。」誰想南陽公主哭訴：「此事何須見問？」拒絕了竇建德的好意。宇文禪師最後被作為叛賊給殺掉了。

最後，竇建德讓隋朝的文武百官和尚有上萬人的前禁衛官兵自由選擇，聽其自去。竇建德選擇其中的優秀人才充實自己的隊伍，任命裴矩為左僕射，負責人事選舉；虞世南為黃門侍郎；歐陽詢為太常卿等等。其他隋朝殘餘勢力的去向大致是三條：回關中老家，投靠唐朝；去洛陽投靠王世充；去東突厥（隋朝的義成公主在那裡）。竇建德都發給路費。同年，竇建德攻克黎陽、齊州、兗州等地，遷都洺州（今河北永年東南）。裴矩替他的朝廷「創定朝儀，權設法律」。竇建德看到本陣營越來越有王朝的樣子，很高興，忙著攻城掠地，參與華北地區的割據混戰。

宇文化及死後，王薄也不是真心投靠竇建德，很快就帶著隊伍、地盤投降了唐朝。李淵任命王薄為齊州總管（駐歷城，今山東濟南）。從此，王薄這位隋末農民起義軍的「革命先驅」忙著在山東地區教訓「革命晚輩」們，勸說各個州縣的農民軍投降唐朝。不聽勸的，王薄就和他們兵戎相見。還別說，王薄取得了相當不錯的成績，為唐朝拓展了很大的地盤。

武德五年（六二二年）三月，王薄被仇家刺殺而死。

農民起義的早期歷史就是一部「江湖的歷史」，裡面免不了恩怨仇殺，出來混的人遲早要還的。而對於李唐王朝來說，王薄這種「同一個戰壕裡的陌路人」，死了也就死了，還免得以後自己動手剷除了。

過把癮就死

一

轉過來說洛陽的王世充。他做了皇帝了。

王世充身邊有個親信道士，叫做桓法嗣。這個道士自言能解圖讖，拿著一幅《孔子閉房記》的畫來找王世充。畫中有一個男子持一杆驅羊。桓法嗣說：「楊（羊），隋姓也。干（杆）一者，王字也。王居楊後，說明相國您要代隋為帝了！」這個茅山道士又取莊子〈人間世〉、〈德充符〉二篇讓王世充看。桓法嗣進一步附會說：「上篇言世，下篇言充，暗示著相國您的名字。當德被人間，而應符命為天子也。」王世充心中也有皇帝夢，竟然相信了這麼牽強附會的解釋，說：「既然天命要我當天子，我也不好推辭了！」他隨即以桓法嗣為諫議大夫，同時又捉了許多烏七八糟的小鳥，在鳥脖子上繫了許多書帛符命（上面寫滿「王世充當為天子」之類的話），再放飛出去。有人射中或者網住這些鳥，獻給朝廷，就立即賞賜官爵。因此，洛陽的鳥兒有了大難，大家都來打鳥，巴不得捉到有符命的鳥兒，去換取官爵。後來乾脆有人偽造符命，同樣能換得官爵。於是洛陽掀起了一股歌頌王世充，擁戴王世充為帝的狂熱風潮。乍看起來，王世充「眾望所歸」，被推舉為皇帝。

武德二年（六一九年）四月，王世充看預熱工作做得差不多了，就派姪子王行本帶毒酒去毒殺傀儡皇帝楊侗。楊侗知道最後的時刻來到了，懇請臨死之前能和母親見上一面。王行本不答應。無奈，楊侗焚香禱告，「願來世不生於帝王尊貴之家」。禱告完畢，楊侗喝下毒酒。王世充準備的毒酒毒性不夠，楊侗喝了以後好長時間都沒有死掉。王行本等不及了，乾脆拿了條絲帛把楊侗也給勒死了。

王世充即皇帝位，建元「開明」，國號「鄭」，任命段達為司徒。居住在洛陽的蘇威因為政治威望高，王世充每次安排人勸進，都把蘇威的名字寫在前面，表明自己深得隋朝舊臣的支持。蘇威也很配合。王世充真當了皇帝，扶蘇威排列在百官之前，待遇隆重。

洛陽的王世充與河北的竇建德，原本二人關係不錯，互相之間有所往來。王世充稱帝後，竇建德斷絕了與王世充的聯繫。原因是竇建德自己也想當皇帝，都已經開始建造天子旌旗和儀仗，出警入蹕，下書稱詔了。竇建德為了壯大聲勢，聯絡塞外的東突厥力量，藉此自重。突厥可汗的妻子義城公主是楊廣的姊妹，其實算是蕭皇后的小姑，說動可汗向竇建德索要蕭皇后和南陽公主。竇建德馬上派出一千騎兵護送皇后和公主出塞，同時將宇文化及的腦袋也捎帶上，結好義城公主。竇建德從此與突厥南北呼應，兵勢更盛。

王世充也好，竇建德也罷，看起來越來越強大。其實關東地區連年戰亂，早已經是十室九空，無人無糧無兵器。而關中的唐朝勢力穩紮穩打，占領西部和巴蜀，重視內政，實力不斷上升。東西部之間的實力對比變成了西強東弱。唐朝具備了消滅東方各割據勢力的能力。

武德三年（六二〇年）七月，李淵派秦王李世民進攻洛陽，正式拉開了統一戰爭大決戰的序幕。

王世充打不過李世民，洛陽被圍得水洩不通，只好厚著臉皮向竇建德求援。竇建德出於脣亡齒寒的考慮，出兵三十萬救援洛陽。武德四年（六二一年）五月，竇建德與唐朝大軍在虎牢關展開決戰，結果慘敗。竇建德被俘，七月斬首於長安，時年四十九歲。竇建德被俘後，夏國群臣商議要立竇建德的養子為新主子，繼續割據爭霸。夏國的尚書左僕射齊善行說：「夏王平定河朔，兵馬強壯，還是被擒受辱，這難道不是表明天命已經有所歸屬了嗎？我們不如效忠真命天子（指李淵），不要再塗炭生靈了。」一席話說得大家頻頻點頭。於是大臣們打開府庫，將財物分給士兵，解散了軍隊。然後，夏國的尚書左僕射齊善行、尚書右僕射裴矩、行台曹旦及竇建德的妻子曹氏（曹皇后）率領夏國官府，奉傳國等八璽，以河北山東之地降唐。夏國就此滅亡。

王世充得知竇建德勢力滅亡後，初期還想策畫洛陽「突圍戰」，可惜將領們都不想再戰了。王世充知道自己的戲也唱完了，打開城門投降唐朝。鄭亡。唐朝殺了段達，將王世充及其家眷遷往四川安置。路上，王世充也為仇人所殺。

隋朝的歷史這才算是徹徹底底地結束了。

二

竇建德失敗後，其部將劉黑闥於武德四年七月襲破漳南，重新樹起義旗，起兵反唐。第二年正月，劉自稱漢東王，改元「天造」，定都洺州，重建了農民政權，聲勢大振。隨後，劉黑闥又攻陷恆州（今河北正定），與唐將李建成、李元吉所率大軍對峙交戰於魏州。武德六年（六二三年）正月，劉黑闥被叛將諸葛德威執送李建成，次月遇害，餘部被唐軍擊破。

武德二年，江淮的杜伏威轉而投降了唐朝。杜伏威先擔任淮南安撫大使、和州總管，封楚王；後來，李淵又委任他主宰東南半壁軍事。江南起義軍李子通的勢力不斷壯大，杜伏威受命率兵渡江，多次進攻昔日的戰友，將戰敗於餘杭城下的李子通等人執送長安，又盡收其地，成為江淮地區最強盛的勢力。武德五年（六二二年）七月，李世民乘打敗劉黑闥之機，移師山東，一邊圍剿山東零星義軍，一邊監視江淮地區，威脅杜伏威。於是，唐王朝令杜伏威入朝，要接管他的地盤。杜伏威選擇了入朝，留在長安被任命為太保，當起了寓公。

去長安前，杜伏威留淮南道行台尚書左僕射輔公祏居守，將兵權交給了副職王雄誕。杜伏威走後，輔公祏與左遊仙等人積極活動，於武德六年八月奪取兵權，稱帝於丹陽，自稱宋國，樹起了反唐大旗。唐王朝派兵水陸俱進，由南、西、北三面進攻輔公祏。經過近半年鏖戰，輔公祏兵敗遁走至武康，為野人所擒，被殺於丹陽。割據湖北的梁國也被唐軍消滅。天下重新歸於一統。

千百年來，拋頭顱、灑熱血推翻舊王朝的農民兄弟們，最終總是成為少數貴族豪強建立新王朝的墊腳石。這一現象令人感歎深思。

注釋

❶段達是個老將。楊堅還在北周當丞相的時候，就用段達為大都督，領親信兵，常置左右。

尾聲

隋朝謝幕，盛唐開場

新的唐王朝建立了，有一些人卻永遠是屬於已經過去的隋王朝的。有人需要為隋朝守節，有人需要為隋朝盡忠，有人則憑藉能力和經驗為新王朝服務。隋朝是一個短時期內承擔了過多歷史責任，最終被自己規畫的宏圖大業壓垮的王朝。它那龐大的廢墟和業已開頭的千古制度為唐朝留下了豐碩的遺產。煌煌盛唐開始在隋朝的廢墟上成長……

唐武德四年（六二一年）五月，秦王李世民以勝利者的姿態進入東都洛陽。八十二歲的蘇威請見李世民。十年前，李世民主動拜見蘇威，蘇威可能理都不理。現在不同了，李世民是唐朝的秦王，蘇威是前朝的老人、本朝的草民，只好自降身價求見李世民。但蘇威還是以年老多病為理由，向接待的人說自己是來「看看」秦王的，不能拜見。李世民令人傳話說：「您是隋朝的老宰相，國家危難時刻拿不出補救的辦法，致使君主遇害、王朝傾覆。後來又依附反賊，見到李密、王世充等伏地跪拜，手舞足蹈。如今既然年老多病，就不需要相見了。」

唐軍凱旋回長安後，蘇威也流落到了長安，求見老同僚、昔日的下級李淵不成，再次腆著臉求見李世民。李世民還是不見。幾天後，年老多病的蘇威缺衣少食，無人理睬，淒涼地死在了李唐王朝的首都長安。

臨終之時，蘇威感覺彷彿又回到了昔日的長安城。那時的長安叫做大興，是隋王朝的首都，自己當了隋朝的宰相。這一當，就是三十年……

二

新的唐王朝建立了，有一些人卻永遠是屬於已經過去的隋王朝的。

裴矩降唐後官至民部尚書。他一直活到八十歲，歷事諸主，均受到禮遇，可謂奇跡。當然裴矩主要是靠自己的專業能力受到唐朝的重用。他熟悉檔案和往事，常常被唐朝皇帝和各部門叫去當顧問，解答一些諮詢。同時，裴矩對西域情況很了解（唐朝初期西域地區的西突厥是朝廷的大患）。他寫了《西域圖記》，記述了西域四十多個國家的情況和東西交通的路線，此外還寫了《開業平陳記》、《鄴都故事》、《高麗風俗》等書，簡直就是半個檔案館。不過要想恢復在楊廣時期的權力和聲望，裴矩是做不到了。他畢竟不是屬於唐朝的。裴矩在隋朝是個標準的佞臣和奸臣，但到了唐朝卻有犯顏勸諫的舉動。李世民剛即位的時候，想調查屬下官員貪汙受賄的情況，捉出蛀蟲，於是派人暗中拿著財物一個一個去「賄賂」那些官員。有個官員拿了一匹絹，李世民大怒，就要殺了這個官員。這時候，裴矩進諫了：「此人受賂，是應該治罪。但陛下先以物誘之，現在又要將他就地正法，有故意陷害的嫌疑。陛下這麼做，恐非導德齊禮之義。」李世民接受了裴矩的勸諫，給予當眾表揚。為什麼一個壞蛋到了唐朝就變成了好人了呢？關鍵還是皇帝不同了。什麼樣的皇帝帶出什麼樣的大臣。李世民善於納諫，裴矩才敢勇於勸諫。貞觀元年（六二七年），裴矩病逝。

屈突通是較早投降唐朝的隋朝重量級人物。他的起點很早，一投降就在秦王李世民的指揮下作戰，成為李世民集團的重要一員。武德九年（六二六年）六月初四日清晨，李世民率屈突通、長孫無忌、尉遲敬德、宇文士及、程知節（程咬金）、秦叔寶等親信發動玄武門事變，殺死太子李建成和齊王李元吉，向唐朝皇帝邁出了關鍵一步。「玄武門之變」後，李世民擔心洛陽發生動亂，派屈突通馳赴洛陽鎮守東方。李世民即位後，大封功臣。屈突通有大功，被任命為洛州都督，之後長期鎮守洛陽，成為唐初重臣名將。貞觀二年（六二八年），屈突通病逝，享年七十二歲。李世民下詔褒獎，追贈尚書右僕射，定諡號為「忠」。一個隋朝舊將在唐朝得到了「忠」字的諡號，難能可貴。貞觀十七年（六四三年），李世民命畫工將二十四名功臣繪圖於凌煙閣，和真人一般大小，史稱「凌煙閣二十四功臣」。屈突通名列第十二。

另一個位列「凌煙閣二十四功臣」的隋朝大臣是虞世南。虞世南是隋朝後期大名鼎鼎的奸臣虞世基的弟弟。虞世基一家人貴比王侯的時候，虞世南一人耐得清苦，終日讀書寫字。江都政變時，哥哥虞世基被叛軍所殺。叛軍對虞世南的評價是：「這是個苦讀秀才，與亂世無關。」因此，虞世南僥倖活了下來，先後在宇文化及、竇建德手中做事。李世民俘虜竇建德後，虞世南進入秦王府，給李世民做參軍。他從事的工作和哥哥虞世基一樣，幫助李世民處理公文檔案。虞世南果然是個純書生，不適合亂世而適合治世。他多年苦練，成為了唐朝初年最著名的書法家。李世民不僅喜歡虞世南的書法，而且經常拉他談論經史。貞觀十二年（六三八年），虞世南病逝，終年八十一歲。唐朝追贈他禮部尚書，定諡號為「文懿」。

除了以上三位在唐朝顯赫的隋朝舊臣外，多數隋朝大臣在唐朝沒沒無聞。武德元年（六一八年）年底，羅藝也投降了唐朝。李淵賜姓「李」，封他為燕郡王。此後，羅藝參與了唐朝消滅各地割據勢力的戰爭。貞觀元年（六二七年），羅藝起兵反唐，被擊敗後逃往西北烏氏（在今甘肅涇川縣內），為其部下所殺。在隋朝曾出使日本的文林郎、鴻臚卿掌客裴世清，投降唐朝後被任命為駕部郎中，官位止步於江州刺史。江都政變的重要人物裴虔通見宇文化及不行了以後，將徐州獻給了唐朝，換來了徐州總管的職位。唐朝穩定後，裴虔通轉任辰州刺史，封長蛇男爵，不久就被追究「殺逆之罪」，除名，發配嶺南。裴虔通最後死在了南方。

二

再說蕭皇后和南陽公主的情況。貞觀四年（六三〇年），李世民大破東突厥，迎接蕭皇后和南陽公主回長安。

南陽公主後來在洛陽遇到了丈夫宇文士及。宇文士及輾轉多處，最後投靠了唐朝。他跟隨還是秦王的李世民征討王世充、竇建德，因功被封為郢國公。李淵將宗室公主嫁給了宇文士及。宇文士及再次做了駙馬，成為隋朝和唐朝「雙料駙馬」。南陽公主與宇文士及重逢之時，物是人非。儘管雙方歷經滄桑，感情還在，但地位已變。宇文士及是唐朝官場上一顆處於上升期的新星，又是有婦之夫。南陽公主是前朝公主，本朝的草民。還是宇文士及最先提出雙方復婚，破鏡重圓。南陽公主斷然拒絕，說：「你兄弟殺我父皇，我與你是仇家。我之所以沒有手刃了你，是因為知道一切都是你那兩兄弟謀逆，你事先並不知情罷了。」宇文士及再三懇求，南陽公主也不答應。聯想到南陽公主將自己的親生兒子（宇文禪師）都殺了，宇文士及知道事情不可挽回，對南陽公主作揖，告辭而去。從此兩人不復相見。傳說南陽公主看破紅塵，出家為尼。而宇文士及在唐朝歷任中書令、殿中監，於貞觀十六年（六四二年）病逝。唐朝追贈他左衛大將軍、涼州都督，陪葬昭陵（唐太宗李世民陵墓）。

貞觀二十一年（六四七年），隋煬帝蕭皇后病逝，享年約八十歲。李世民以皇后之禮將她埋葬在楊廣身邊，定諡號為「愍皇后」。後人常說楊廣荒淫無恥。其實，楊廣和蕭皇后的感情非常好，從十幾歲結婚開始一直到死，都和蕭皇后廝守恩愛。楊廣後期的確有其他嬪妃，但並沒有冷落蕭皇后。楊廣有千般不是，但他對家庭的態度是負責的。

二〇一三年四月，江蘇省揚州市邗江區一處房地產項目施工時發現了兩座古墓，其中一座的墓誌寫著「隋故煬帝墓誌」等字樣，墓中出土了銅製的銜環鋪首，以及金鑲玉腰帶。但是，這兩座墓的占地面積分別只有二三十平方公尺，完全不符合帝陵的規制。當年年底，中國國家文物局和中國考古學會組織專家對墓葬的考古發掘進行鑒別。專家最後確認，此處墓葬是隋煬帝楊廣墓，是這位好大喜功的傳奇帝王的歸宿地。而另一座古墓是蕭皇后的墓葬。

此前，人們誤認為揚州邗江區另一處古跡為隋煬帝陵，這是因為唐代以後隋煬帝陵漸漸荒蕪，不為人知。清朝嘉慶年間，大學士阮元考證認為一處大土墩為隋煬帝陵，並且出資修復，又囑託書法家、揚州知府伊秉綬書寫墓碑。結果以訛傳訛，此處古跡就成了「隋煬帝陵」，還成為揚州著名的旅遊景點。二〇一三年春天的這次意外發現，還原了歷史真相，掀起了人們對隋煬帝的一場小關注。

三

說完隋朝官員和皇室的結局，我們再來看看那些造反者在唐朝的結局。

李勣無疑是這些人中的佼佼者。唐朝建立後，李勣被封為英國公，位列「凌煙閣二十四功臣」，出將入相，歷事唐高祖李淵、唐太宗李世民、唐高宗李治三朝，位高權重，被視為朝廷長城。李勣長期掌管軍隊，國內沒有戰事，他負責對外戰事。北討突厥和鐵勒，東征高麗，李勣一次在征途中染上暴疾。醫生開出藥方說，治療此病需要鬍鬚灰做藥引。李世民聽說後，剪下鬍鬚給李勣和藥。李世民是皇帝，他的鬍鬚可是「龍鬚」。龍鬚一到，李勣病立馬治好。古人說，鬍鬚毛髮受之父母，不能輕棄。李世民為李勣剪鬚，是多大的恩寵啊！還有一次，君臣宴飲，李勣喝得死醉。李世民親自脫下衣服給李勣披上，以免著涼。李世民臨死之前，向李勣託孤，希望李勣能像往年不負李密一樣效忠自己。李勣垂淚發誓效忠。唐高宗李治即位後，任命李勣為尚書左僕射。李勣效忠朝廷，為人謹慎，對於李治的帝家事不聞不問（李治和老婆武則天的家事特複雜）。武則天對李勣繼續器重，賞賜有加，如同家人一樣對待。因此，許多同期的大臣貶的貶，死的死，李勣在朝中依然巋然不動。正是在李治時期，李勣率軍東征高麗，占領平壤城，滅亡了高麗國。唐朝在高麗故地設置州縣，設安東都護府統管。李勣將楊廣未盡的事業給完成了，可謂是「隋朝的忠臣」。凱旋回朝不久，李勣就病逝了，享年七十六歲。李治親自為李勣舉哀，輟朝七日，追贈太尉，諡曰「貞武」，陪葬昭陵。

李勣的孫子李敬業一點都沒有繼承家族的忠心和謹慎，在武則天準備篡奪唐朝天下後舉兵造反。李敬業的造反除了那篇駱賓王起草的〈討武曌檄〉外，幾乎沒有可圈可點之處，很快就被武則天撲滅了。武則天將李敬業家族恢復「徐」氏原姓，滿門抄斬。李勣生前肯定不會想到家族會在不久之後被族誅。

李密被王世充打敗後，程知節、秦叔寶等將領投降了王世充。武德二年（六一九年）閏二月，王世充率部進攻唐朝穀州（治新安，今屬河南），程知節、秦叔寶為將軍隨軍出征。兩軍對陣之時，程知節、秦叔寶等突然率幾十名親信騎馬出陣上百步，然後勒馬回頭向王世充行禮，說：「承蒙接待，極欲報恩。公性猜貳，傍多扇惑，非我等託身之所，今謹奉辭。」說完，一行人臨陣倒戈，投降了唐軍。王世充氣得七孔生煙，但懾於程、秦二人的威名，不敢追趕。程知節、秦叔寶降唐，歸入秦王李世民麾下，都參加了「玄武門之變」，是李世民的親信。其中程知節封盧國公，位列「凌煙閣二十四功臣」。唐高宗李治在位時，程知節任蔥山道行軍大總管討伐西突厥，但殺降貪財，被免職。麟德二年（六六五年），程知節病逝家中。唐朝追贈驃騎大將軍，陪葬昭陵。

秦叔寶，本名秦瓊，常年戰爭讓他滿身傷痕，在唐朝建立後疾病纏身。秦叔寶曾對人說：「我從小就參軍打仗，參加了二百多役，屢中重瘡，前後出血怎麼也有幾升之多，安得不病乎？」貞觀十二年（六三八年），徐州都督秦叔寶去世，陪葬昭陵，追封護國公，位列「凌煙閣二十四功臣」。秦叔寶是隋唐英雄中傳奇色彩僅次於程咬金的角色。他在演義、戲劇以及評書中被後人視為「山東好漢」的代表。現在山東一帶有不少關於秦叔寶的遺跡，比如秦叔寶賣馬槐、秦叔寶府、秦叔寶墓等等。此外，秦叔寶與尉遲敬德還是傳統的兩大門神。

此外還要介紹的是位列「凌煙閣二十四功臣」之一的張亮。這是一個相對陌生的名字，因為在隋末大亂中張亮只是李勣（徐世勣）部下的普通軍士。張亮隨同主將降唐，並由李勣推薦進入李世民幕府，從此飛黃騰達。李世民兄弟相爭時，張亮受李世民指派去洛陽，招募敢死隊，被李元吉告發下獄。在獄中，張亮受到嚴刑拷打，拒不招供，掩護了李世民。就憑這一點，張亮成了貞觀明星。貞觀年間，張亮又揭發了侯君集謀反、隨征高麗，而且在地方行政上卓有成效。但張亮這個人喜好巫術，名聲日壞，結果在貞觀二十年（六四六年）被人告發謀反，受誅。

對於江都政變中的參與者，部分人在隋末亂世中被殺，不少人進入了唐朝，在唐初擔任軍政職務。起初，他們照常供職，還會因為工作出色受到朝廷褒獎。唐朝政局穩定後，意識形態問題重新提上議程，需要給江都政變定性。貞觀七年（六三三年）正月，唐太宗李世民下詔：「宇文化及弟智及、司馬德戡、裴虔通、孟景、元禮、楊覽、唐奉義、牛方裕、元敏、薛良、馬舉、元武達、李孝本、李孝質、張愷、許弘仁、令狐行達、席德方、李覆等，大業季年，咸居列職，或恩結一代，任重一時；乃包藏凶慝，罔思忠義，爰在江都，遂行弑逆，罪百閻、趙（秦丞相趙高與其婿閻樂的並稱），釁深梟獍。雖事是前代，歲月已久，而天下之惡，古今同棄，宜置重典，以勵臣節。其子孫並宜禁錮，勿令齒敘。」弑君，任何一代帝王都不能接受。當年的參與者因為縱殺隋煬帝的舉動，在幾十年後被定性為「弑逆」，在職者罷官，去世者追貶，並且罪及子孫。自身及其子孫都遭到禁錮，不能入仕。

四

唐初統治者都親身經歷了隋末的亂世，對隋朝滅亡有切身體驗。

隋朝為什麼「其興也勃焉，其亡也忽焉」呢？為什麼在「開皇盛世」之後十多年，隋朝就分崩離析了呢？唐初的官場和政治理論界都在感歎：「昔在有隋，統一寰宇，甲兵彊銳，三十餘年，風行萬里，威動殊俗，一旦舉而棄之，盡為他人之有。」如何吸取隋朝驟興驟亡的教訓，讓唐朝避免重蹈覆轍呢？這是擺在唐朝君臣面前的現實問題。

李淵在武德五年（六二二年）曾責成隋朝舊臣封德彝、大學問家顏師古合修《隋書》。歷史需要距離感，當時離隋朝滅亡太近，而封德彝等人也難以完全跳出主觀思緒。此次修史沒有成果。李世民在貞觀三年（六二九年）重申修寫隋史的重要性，任命魏徵為《隋書》主編。

魏徵出身於造反者，先是在元寶藏的義軍中工作，後來在李密手下掌管文書。李密敗後，瓦崗軍的人才多數被李世民籠絡走了，但魏徵卻效忠於太子李建成。李氏兄弟爭位的時候，魏徵鼓吹先下手為強，幹掉李世民。後來李建成被李世民幹掉了，很欣賞魏徵，重用為親信。魏徵辦事很較真，為隋朝歸納出了一系列「身亡國滅」的沉痛教訓，比如好大喜功，一意孤行，窮奢極欲，上下相欺，不施德政，濫用刑罰，加重人民的徭役租賦負擔等等。在具體政策上，魏徵認為隋朝敗在兩點：一是常年對外征戰；二是楊廣行幸無度，放棄關中戰略要地，遠遊揚州。隋朝窮兵黷武，政策措施太多，驚天擾民，天下騷動，就是再穩固的江山也會土崩瓦解。因而國家要想長治久安，關鍵是撫恤民眾，休養民力，讓百姓安居樂業。魏徵的研究成果針對性相當強。唐朝初期既接過了隋朝的均田制、租庸調制、二級地方官制、科舉選士等一系列遺產，也完全接受了上述執政思想，即使再大的戰事也沒有動用超過十萬軍隊。

唐朝首都長安城就是大興城，整座城市沿用了大興城的舊制，只是不斷充實使之更加宏偉壯麗。從李淵開始的歷代唐皇，就居住在城市北部中央——儘管他們也經常巡行東都洛陽城，繼續實踐著當年宇文愷設計這座城市時皇帝「至高無上，南面稱王」的思想。當年的大興善寺逐步發展為帶有鮮明天竺風格的大寺廟，佛教大興，常常組織有數萬人參加的法會。距大興善寺北約二里地、朱雀大街的中段坐落著著名的小雁塔。那原本是隋煬帝楊廣的「晉王府」，唐初一度是武則天的兒子李顯（中宗）的藩邸，武則天將其改名為小雁塔。

長安城最後發展成為人口不下百萬的全國第一大都市。

中唐詩人白居易家在長安，留下了許多有關長安的詩歌。他在〈登觀音台望城〉詩中寫道：「百千家似圍棋局，十二街如種菜畦。」描寫的就是長安整齊畫一的規整格局。城內大道筆直，街道兩旁建有排水溝，並栽種槐榆，綠樹成蔭，市容十分壯觀。而宮城和皇城內，多種梧桐柳樹。長安經濟空前繁榮，即使入夜也人聲鼎沸，交易不休……白居易最初是以科舉考生的身分搬來長安，長安已經是一個極度繁華、競爭激烈的帝國中心了。白居易這個年輕人初來乍到，去找文豪顧況「串門」，希望後者推薦、提攜一下自己。顧況看了白居易的名帖，淡淡地說了一句：「居易居易，長安物貴，居大不易。」

居住在長安城是不容易，長安城有盛唐的輝煌，更不容易。我們需要記住，這座偉大的城市是與隋朝同齡的……

〈附錄〉

隋朝歷史大事年表

時間	歷史事件	人物
北周・大定元年 隋・開皇元年 （五八一年）	二月十四日，隋王楊堅篡奪北周帝國的天下，建立隋帝國，是為隋文帝。	楊堅四十歲，楊廣十三歲。
	二月十六日，隋文帝楊堅立長子楊勇為太子。二十五日，封皇子楊廣為晉王、楊俊為秦王、楊秀為越王（九月時改封蜀王）、楊諒為漢王。	李淵十五歲。蘇威三十九歲。
	九月，隋文帝楊堅發動伐陳戰役，失敗。	
開皇二年 （五八二年）	五月，突厥汗國派大軍殺入長城。	李密誕生。

	六月，隋文帝楊堅命大臣高熲、宇文愷等在舊長安城旁興建新都，命名為大興（今西安城區）。	
	頒布均田和租調新令。	
開皇三年（五八三年）	三月，隋帝國正式遷都大興城。	
	四月，隋帝國八路大軍北伐突厥汗國，在白道川擊敗突厥沙缽略可汗。突厥分裂為東西兩部。	
	四月，隋文帝楊堅撤銷「郡」建制，保留「州」建制。從此地方三級政府變為二級政府。	
開皇四年（五八四年）	六月，隋文帝楊堅興建廣通渠。	
	秋，突厥沙缽略可汗與隋帝國和解。	
開皇五年（五八五年）	隋文帝楊堅修築長城（隋長城，自寧夏靈武至山西朔縣）。	
	五月，隋文帝楊堅初置「義倉」。	
開皇七年（五八七年）	四月，隋王朝在廣陵修築「山陽瀆」（古邗溝）。	

	八月，隋文帝楊堅徵召屬國西梁帝蕭琮至大興朝見。蕭琮叔父蕭巖率眾投奔陳朝。楊堅下令廢除西梁，西梁王朝結束（五〇二～五八七年）。	
開皇八年（五八八年）	十一月，隋文帝楊堅動員大軍五十一萬八千人，以晉王楊廣為元帥，準備總攻陳朝。	
開皇九年（五八九年）	正月，隋朝對陳朝展開總攻擊，隋大將賀若弼、韓擒虎攻陷建康，俘虜陳後主陳叔寶。陳王朝滅亡。	
	二月，隋朝大軍掃蕩南陳殘餘勢力。江南、嶺南諸州縣歸降隋朝。南北朝時期結束，中國統一。	
開皇十年（五九〇年）	江南人民因不習慣隋王朝統治，起兵反抗隋政府。	
	十一月，隋文帝楊堅派楊素為元帥，討平江南民變。隋大將裴矩平定嶺南民變。	
開皇十二年（五九二年）	楊素、高熲為宰相。	七月，蘇威罷相。
開皇十三年（五九三年）	二月，隋文帝楊堅命楊素興建仁壽宮。	

開皇十七年（五九七年）	二月，隋大將史萬歲平定南寧州（今雲南），雲南地區併入隋王朝版圖。	
開皇十八年（五九八年）	二月初，因高麗王國攻擊遼西，漢王楊諒率水陸大軍三十萬準備討伐高麗。	
	六月，隋軍討伐高麗失利，至九月下旬撤軍。高麗與隋王朝和解。	
	南寧州蠻夷首領爨翫反叛隋王朝。	
開皇十九年（五九九年）	二月，隋王朝三路大軍北伐突厥，楊素、高熲等大敗突厥軍。	李世民誕生。
	四月，突厥突利可汗內附。	
	十月，隋文帝楊堅冊封突厥突利可汗為啟民可汗，其部眾移居河套。	八月，高熲罷相。
	十二月，隋王朝再攻擊突厥汗國，都藍可汗為其麾下所殺，達頭可汗自立為步迦可汗，突厥汗國大亂。	

開皇二十年（六〇〇年）	四月，突厥攻擊中國邊塞，隋晉王楊廣、漢王楊諒、大將楊素、史萬歲等率軍迎擊，擊敗突厥軍。	六月，秦王楊俊病逝。
	十月，隋文帝楊堅廢黜太子楊勇；十一月，改立晉王楊廣為太子。	十月，大將史萬歲被殺。
	日本使者小野妹子抵達隋朝。	
仁壽元年（六〇一年）	突厥步迦可汗率軍入侵中國，擊敗隋軍。	
仁壽二年（六〇二年）	隋大將楊素北攻突厥，擊敗突厥軍。	八月，獨孤皇后逝世。
	十二月，楊廣、楊素誣陷蜀王楊秀，隋文帝楊堅廢楊秀為庶人，幽禁於內侍省。	
仁壽四年（六〇四年）	七月，太子楊廣謀殺父親楊堅，繼位稱帝，是為隋煬帝。	廢太子楊勇被殺。
	八月，漢王楊諒起兵反抗楊廣，楊諒兵敗被擒，囚禁而死。	十一月，陳叔寶病逝。

	十一月，隋煬帝楊廣興建東京洛陽新城。	
大業元年（六〇五年）	二月，楊素為宰相。	
	三月，興建「通濟渠」，自大興至揚州，建行宮四十餘座。	
	四月，隋大將劉方討伐林邑王國（占婆，故地在今越南中南部），攻陷其首都。	
	八月，隋煬帝楊廣出巡，第一次下江都（揚州）。	
	疏浚拓寬江淮間運河，仍名「邗溝」，取代山陽瀆。	
大業二年（六〇六年）	七月，隋政府興建「洛口倉」。	七月，太子楊昭病逝。
		七月，楊素逝世。
大業三年（六〇七年）	東突厥啟民可汗來中國朝見。	七月，高熲被殺。
	四月，州級政府改稱郡級政府，仍為二級地方官制。	
	四月，隋煬帝楊廣第一次北巡，至涿郡（今北京市）。	

	隋煬帝楊廣派裴矩經略西域。	
	隋王朝派羽騎尉朱寬、海師何蠻出使流求。	
大業四年（六〇八年）	正月，隋王朝興建「永濟渠」。	
	四月，日本國王遣使朝見，其國書曰：「日出處天子致書日落處天子，無恙。」	
	隋煬帝楊廣第二次北巡，至五原郡巡視長城。	
	七月，再度修築長城。	
	隋大將宇文述攻擊吐谷渾汗國，隋軍攻擊伊吾王國（今新疆哈密），併入版圖，設立伊吾郡。	
大業五年（六〇九年）	三月，隋煬帝楊廣西巡，重擊吐谷渾汗國。青海地區併入隋王朝版圖。六月，設立鄯善、西海、且末、河源四郡。隋王朝疆域到達極盛。	啟民可汗逝世。
	隋煬帝楊廣在張掖接受西北屬國朝見。	長孫晟逝世。
大業六年（六一〇年）	隋煬帝楊廣派張鎮周、陳稜等率軍征討流求，俘虜一萬餘人。	

	隋煬帝楊廣下詔興建「江南河」（鎮江至杭州）。	
大業七年（六一一年）	隋煬帝楊廣欲使高麗王高元朝見不成，下詔討伐高麗。	
	山東地區開始發生民變，王薄首義，竇建德起兵。	
	隋煬帝楊廣第三次北巡至涿郡。	
大業八年（六一二年）	正月，隋王朝大軍一百一十萬集結涿郡，開始討伐高麗王國（第一次征高麗）。	十月，宇文愷逝世。
	六月，隋煬帝楊廣包圍遼東城，無法攻下。	
	七月，陸軍宇文述於渡河時被高麗軍擊潰，海軍來護兒攻擊平壤，也被擊潰。隋軍損失慘重。	
大業九年（六一三年）	正月，隋煬帝楊廣再次召集全國軍隊於涿郡，御駕親征高麗王國（第二次征高麗），攻擊遼東城，失敗。	
	六月，楊玄感黎陽兵變，攻擊東都洛陽。隋王朝東征軍撤退。政府軍反擊，楊玄感兵敗自殺。	
大業十年（六一四年）	二月，隋煬帝楊廣三度召集軍隊，第三次征討高麗王國。高麗王高元遣使歸降。	

大業十一年（六一五年）	八月，隋煬帝楊廣四度北巡，突厥大軍包圍楊廣於雁門郡。	
	九月，突厥解除包圍，隋煬帝楊廣南返洛陽。	
大業十二年（六一六年）	七月，隋煬帝楊廣第三次下江都，命越王楊侗留守東都洛陽。自此楊廣一去不返。遍地民變，全國大亂。	十月，宇文述逝世。
	羅藝割據幽州，自稱幽州總管。	
	李密參加了瓦崗軍。	
隋・大業十三年 義寧元年（六一七年）	正月，竇建德割據河北，自稱長樂王。	
	二月，梁師都割據朔方郡，結援東突厥汗國。梁師都攻陷陝北諸郡，稱梁帝。	
	二月，劉武周割據山西北部。	
	二月，李密起兵攻陷洛口倉，稱魏公，割據河南諸郡。猛攻隋東都洛陽。	
	四月，薛舉占領隴西地區，稱西秦霸王，不久又稱秦帝。	

	七月，唐公李淵於太原起兵南下。	
	七月，涼王李軌占領河西走廊。	
	九月，王世充與李密洛口對峙。	
	十月，李淵占領首都大興城。	
	十月，蕭銑占領江陵地區，稱梁王。	
	十一月十六日，李淵遙尊楊廣為太上皇，擁立隋代王楊侑繼位稱帝，是為西京恭帝。	
	十二月，秦帝薛舉子薛仁杲攻擊李淵政權，被李世民擊敗。李淵派大將李孝恭率軍進入四川，招降四川諸郡，四川完全納入李淵的勢力版圖。	
隋・大業十四年 義寧二年 皇泰元年 唐・武德元年 （六一八年）	三月初十日深夜，江都政變。翌日凌晨，隋禁軍將領宇文化及等縊殺隋煬帝楊廣。宇文化及立秦王楊浩繼任皇帝，率軍北返。	虞世基、裴蘊、來護兒、楊秀等人遇害。
	梁王蕭銑於江陵稱帝，擁有兩湖地區。	

	五月十四日，隋西京恭帝楊侑讓位於李淵。二十日，李淵稱帝，建立唐王朝，是為唐高祖。	
	五月，隋東都政府擁立越王楊侗，繼位為皇帝。	
	九月，王世充擊敗李密軍。李密投奔唐朝政府。王世充掌握東都政府。宇文化及至魏縣，毒死傀儡皇帝楊浩，稱許帝。	
	十二月，李密叛唐出走，為唐軍所殺。	
	同年，唐朝開始陸續消滅其他割據政權。	
武德二年（六一九年）	二月，夏王竇建德擒殺許帝宇文化及。	
	三月，王世充任隋東都政府相國，封鄭王。四月，鄭王王世充奪取隋王朝東都政府（楊侗）政權，稱鄭帝。	八月，遜帝楊侑薨。
	隋王朝正式結束。隋朝殘餘軍隊及郡縣皆歸降唐朝政府。	

後記

感謝讀者閱讀本書！

唐朝詩人張祜某次夜宿金陵渡口的小旅館裡，寫下了一首〈題金陵渡〉。全詩是：「金陵津渡小山樓，一宿行人自可愁。潮落夜江斜月裡，兩三星火是瓜洲。」多愁善感的詩人坐在江邊小木樓的窗前，看著對岸的星火抒發著淡淡的憂思。全詩包含著一種中國文人特有的感覺，豐富繁雜，穿透了上千年的歲月蔓延到今天。

在詩人夜宿的小山樓的旁邊，京杭大運河靜靜地流淌著。這條神奇的運河貫穿了南北，也貫穿了一個帝王早期的雄姿英發，中期的瀟灑奮鬥，和晚期的頹廢彷徨與無助。這個帝王就是隋煬帝楊廣。張祜寫〈題金陵渡〉的時候，隋王朝轟然倒塌的餘波依然存在。它留下的三省六部制、《開皇律》、州縣二級制、均田制、大運河、科舉制度、長安城、洛陽城和隋煬帝傾全國之力營造的東亞國際體系都被唐王朝批判地繼承了。唐王朝在一定程度上繼續了隋煬帝未盡的事業，逐步走向了輝煌的頂點。而短命速亡的隋王朝和草草葬在離金陵不遠之處的楊廣，則逐漸淡出人們的談資範疇……

我用「曇花」來比喻隋王朝的短暫與輝煌，也代表了我對這個王朝的評價。

每一個王朝有每一個王朝的歷史責任。你不能不承擔這些責任，不能少幹，但也無須多幹。隋王朝就好像是一個短時間內承擔了過多的歷史責任，大包大攬，結果被重擔和「大業」壓垮的王朝。對於隋文帝楊堅來說，你吞併了陳朝，結束了延續四百年的亂世，締造了統一王朝，就足夠憑此名垂青史了。你已經完成了你這代人的責任。對於隋煬帝楊廣來說，你臣服了突厥鐵騎，修繕了長城，鞏固了王朝的北方邊界，憑此也足夠留名後世了。但是楊廣繼續修運河、通西域、下江南、三征高麗、大興土木，結果把「盤」做得越來越大。過重的歷史負擔，過於頻繁的政策措施，完全超過了天下百姓承受的能力和心理。最後，崩盤了，天下亂了，王朝覆滅了。這是一個悲劇。

隋朝原本是有希望成為「盛隋」的，結果成了「亂隋」。

作為後人，我們批評隋王朝，但同時也要牢記它的功績。《中國通史：隋唐五代時期》第一章高度評價了隋朝：「隋文帝主要的功績，在於統一全國後，實行各種鞏固統一的措施，使連續三百年的戰事得以停止，全國安寧，南北民眾獲得休息，社會呈現空前的繁榮。秦始皇創秦制，為漢以後各朝所沿襲，隋文帝創隋制，為唐以後各朝所遵循，秦、隋兩朝都有巨大的貢獻，不能因為歷年短促，忽視它們在歷史上的作用。」

本書最主要的原始史料來自《隋書》。同時對照范文瀾和蔡美彪主編的由人民出版社出版的巨著《中國通史》第四冊，周一良、鄧廣銘等編的《中國歷史通覽》（東方出版中心一九九四年一月版），以及電子版《舊唐書》、《資治通鑒》的相關內容，核對史實。其中附錄的歷史大事年表主要依靠《中國歷史通覽》完成。此外，我還參考了汪高鑫、程仁桃著《東亞三國古代關係史》（北京工業大學出版社二〇〇六年十月版），梅毅著《帝國的正午：隋唐五代的另類歷史》（陝西師範大學出版社二〇〇六年三月版），蔡磊著《隋亡唐興七十年：家國天下的父子兩代》（廣西師範大學出版社二〇〇八年一月版），惜秋著《隋唐風雲人物》（廣西師範大學出版社二〇〇七年七月版），張宏杰著《中國皇帝的五種命運》（山西人民出版社二〇〇七年一月版）等圖書。

我參考的依據還有從「中國知網」上下載的下列文章：胡如雷著〈隋朝統一新探〉，載於《歷史研究》一九九六年第二期；李建華著〈論隋煬帝的詩歌創作〉，載於《南陽師範學院學報（社會科學版）》二〇〇七年五月；木杉著〈隋唐東都洛陽城〉，載於《城鄉建設》二〇〇六年二月；劉明著〈楊素功過辨正〉，載於《常熟理工學院學報》二〇〇六年九月；張宏杰著〈楊廣本紀〉，載於《北京文學·中篇小說月刊》二〇〇七年一月；韓隆福著〈楊玄感兵變及其評價〉，載於《益陽師專學報》一九九七年第一期；李方著〈東突厥的歸附與隋前期的邊政〉，載於《西域研究》二〇〇四年第一期；沙憲如著〈論楊素〉，載於《遼寧師範大學學報（社科版）》一九九九年第六期；張劍平著〈蘇威政治思想及其晚節辨析〉，載於《延安大學學報（社會科學版）

》一九九九年十二月；趙文潤、張劍平著〈蘇威略論〉，載於《渭南師專學報》一九九二年第一期；趙昭著〈隋文帝的經濟改革及其歷史作用〉，載於《黃河科技大學學報》二〇〇一年十二月；徐迎花著〈論隋文帝的御國臨民之術〉，載於《黑龍江教育學院學報》二〇〇二年七月；賴紅衛著〈隋文帝性格研究〉，載於《渝西學院學報（社會科學版）》二〇〇二年六月；張先昌著〈隋文帝死因新探〉，載於《鄭州大學學報（哲學社會科學版）》二〇〇二年五月。

二〇一五年春節前後，本書再版事宜敲定，我投入了緊張的修訂過程。本書原版，史料稍嫌單薄，部分論述欠嚴謹。本來，我制定了一個雄心壯志的修訂計畫，無奈個人時間和精力有限，只能草草修改了部分內容，主要集中在楊勇和楊廣的太子之爭、隋文帝楊堅之死的謎團上。此外，增補了部分史料。修訂版與原版，多出一個章節。修訂版的史料，源自我閱讀《隋書》的補充記憶。部分重要論點來源，已在正文中注明。

本書最初由九州出版社出版，歸入其「歷史深處」系列。本次修訂版由台灣遠流出版公司出版繁體字版，大陸群言出版社出版簡體字版。在這裡，我要感謝九州出版社的雲岩濤編輯。雲先生是本書寫作的倡議者和最早的讀者。此外，我要感謝遠流的陳穗錚編輯，陳小姐的辛勤付出和對作者的寬容是本書修訂完成的重要保障。我要感謝群言出版社的楊耀林。我一直想向他致謝，如今終於有機會了。我還要感謝各位出版界同仁為本書再版付出的辛勞。沒有大家的幫助和勞動，就沒有本書的成功出版。我要特別感謝唐琳娜對我寫作的支持和鼓勵。

最後我用李商隱的〈隋宮〉來結束有關隋朝的思緒：

紫泉宮殿鎖煙霞，欲取蕪城作帝家。
玉璽不緣歸日角，錦帆應是到天涯。
於今腐草無螢火，終古垂楊有暮鴉。
地下若逢陳後主，豈宜重問後庭花？

宮闈重重的大興城籠罩在層層煙霞之中，隋朝君王還想選取江都建立奢華的別宮。如果玉璽沒有落在李家手裡，隋煬帝的豪華龍舟應該已經遊遍了天涯海角。可如今，腐草叢中已不見當年螢火蟲的影子，運河岸邊的垂楊柳也只剩下歸巢的烏鴉在聒噪不停。如果隋煬帝在陰間遇到陳後主（諡號也是「煬」），這兩個才子會不會探討一下〈玉樹後庭花〉呢？

歷史就是這麼有趣又發人深省。我相信張祜當夜在金陵渡口幽思的時候，多少也帶有淡淡的歷史情愫。

謝謝大家！

張程

二〇〇八年五月八日初稿於六合園
二〇一五年五月十六日修改於百子灣

國家圖書館出版品預行編目(CIP)資料

曇花王朝：隋帝國的短暫與輝煌 / 張程作. -- 初版 . -
- 臺北市 : 遠流, 2015. 07
面; 公分. -- (實用歷史叢書)

ISBN 978-957-32-7660-9(平裝)

1. 隋史

623.7 104010033